ESPACIO JOVEN 360

Libro del profesor

Equipo ESPACIO

Nivel

B1.1

Edinumen

© Equipo ESPACIO:
María Carmen Cabeza Sánchez, Francisca Fernández Vargas, Luisa Galán Martínez, Amelia Guerrero Aragón, Emilio José Marín Mora, Liliana Pereyra Brizuela y Francisco Fidel Riva Fernández
Coordinación: Amelia Guerrero Aragón

Depósito legal: M-29078-2018
ISBN - Libro del profesor: 978-84-9848-947-7

Impreso en España
Printed in Spain

Coordinación editorial:
David Isa

Diseño y maquetación:
Carlos Casado y Sara Serrano

Actividades interactivas:
Antonio Arias y Eva Gallego

Fotografías:
Archivo Edinumen

Impresión:
Gráficas Glodami. Madrid

Editorial Edinumen
José Celestino Mutis, 4. 28028 Madrid. España
Teléfono: (34) 91 308 51 42
Fax: (34) 91 319 93 09
e-mail: edinumen@edinumen.es
www.edinumen.es

ÍNDICE

1. Espacio Joven 360º

2. Libro del profesor

3. Guía didáctica

4. Apéndices

PRESENTACIÓN

Espacio Joven 360º es un curso comunicativo de lengua y cultura españolas, moderno e innovador, que integra múltiples contenidos y soluciones multimedia para facilitar una nueva experiencia de aprendizaje global y motivadora a jóvenes adolescentes, adaptándose a la forma en la que ellos interactúan en su día a día.

Dividido en cinco niveles y siguiendo las directrices del *Marco común europeo de referencia* (MCER) y del *Plan curricular del Instituto Cervantes*, **Espacio Joven 360º** conduce a la adquisición de una competencia comunicativa del nivel B1.2 y prepara para los nuevos exámenes DELE.

COMPONENTES DISPONIBLES

Para el estudiante

Libro del alumno

Cuaderno de ejercicios

eBook libro del alumno

Cuaderno de ejercicios *online*

Para el profesor

Libro del profesor

eBook libro del profesor

PACK **Guía Maestra Digital**

eBook alumno

eBook profesor

eBook ejercicios

Todo el material digital puede ser utilizado en ordenadores (PC, Mac), iPads y *tablets* de Android, con o sin conexión a internet.

LA PLATAFORMA ELETECA© 4.0

ELEteca© 4.0, una sólida plataforma de aprendizaje que amplía las posibilidades del manual y se adapta a las necesidades de cada escuela.

En la ELEteca el profesor dispone de diferentes recursos y funcionalidades digitales:

- **Funcionalidades** que permiten al profesor personalizar sus propios cursos, organizar materiales en línea, realizar tareas colaborativas, hacer un seguimiento de los estudiantes...
- **Extensión digital** con recursos extras para el alumno y el profesor: vídeos, actividades interactivas, materiales de ampliación, refuerzo, evaluación...

Altas y gestión

> Gestiona y administra tus clases de forma personalizada según las necesidades de tus grupos y de tu escuela.

Diversidad de actividades

> Accede a los recursos extras de los manuales, crea actividades propias y aprovecha los materiales y herramientas que te ofrece la plataforma.

Seguimiento personalizado

> Sigue el trabajo de tus estudiantes en la plataforma en tiempo real con un sistema avanzado de calificaciones, mensajería y notificaciones.

Audios y videotareas

> Disfruta de las nuevas actividades de audio y vídeo para un aprendizaje más activo y completo.

Módulo de eBooks integrado

> Accede a tus eBooks y Packs GMD de Edinumen con una única cuenta de usuario y en el mismo entorno.

EXTENSIÓN DIGITAL ESPACIO JOVEN 360

Espacio Joven 360º cuenta con una gran cantidad de recursos multimedia que han sido diseñados para enriquecer el proceso de enseñanza y aprendizaje de una forma global y motivadora, y que se ofrecen integrados en la secuencia didáctica del libro del estudiante.

ALUMNO

A lo largo de las unidades se hace referencia a diferentes **instrumentos digitales** a disposición del estudiante que permiten la **profundización** y la **revisión** de los contenidos, **dinamizando** el curso.

Actividades interactivas

+ Prácticas

Cada uno de los contenidos que aparecen en la unidad se complementan con nuevas actividades *online* para practicar y repasar de una manera divertida.

Serie

Sesión de cine

Serie sobre un grupo de jóvenes hispanos que protagonizan situaciones de la vida cotidiana.

360

Actividades colaborativas

Actividades variadas concebidas para ser desarrolladas como tareas de trabajo cooperativo a través de wikis y foros.

VIDEOGRAMAS

Vídeos didácticos

Vídeo situacional y explicación gráfica de los aspectos gramaticales de la unidad.

SPANISH BLOGGER

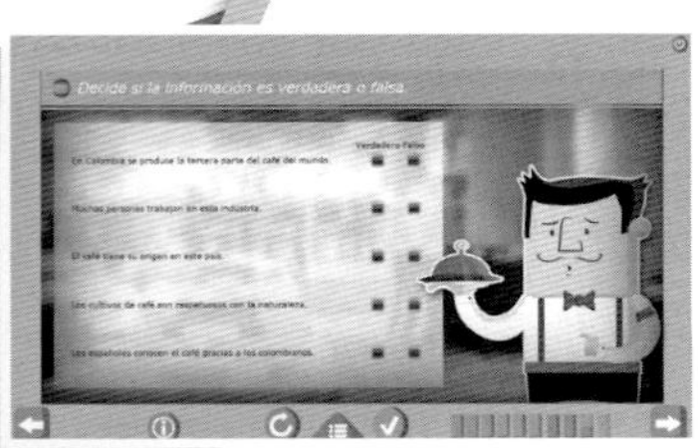

Spanish Blogger es un juego de carácter narrativo que permite a los estudiantes seguir aprendiendo español en un contexto lúdico, al finalizar la unidad. Vivirán la experiencia de trabajar en un periódico y de crear su propio blog sobre la cultura hispana.

Gamificación

PROFESOR

El profesor dispone en su espacio en la ELEteca de los siguientes materiales extras para que sus clases sean mucho más atractivas y dinámicas:

ELEteca

Material fotocopiable y proyectable

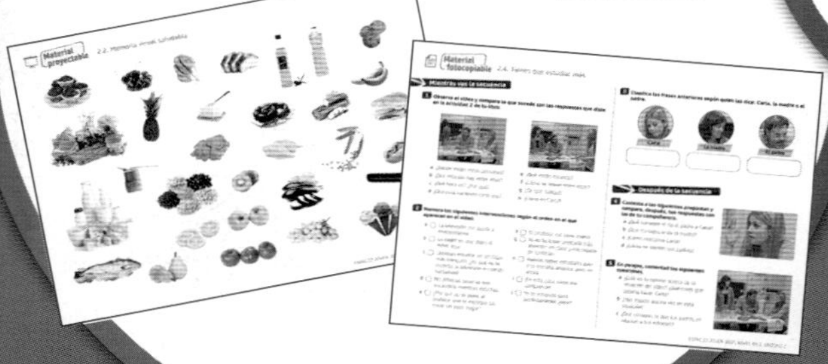

Test de evaluación

Guía de las actividades colaborativas

Claves del cuaderno de ejercicios

360

Audiciones y transcripciones

Vocabulario de cada unidad

Vídeos

VIDEOGRAMAS

La casa del español

Sesión de cine

¡Acción!

El estudiante dispone en su espacio de la ELEteca de actividades que se corrigen automáticamente y que permiten al profesor acceder a los resultados obtenidos a través del **libro de calificaciones *online***.

LIBRO DEL PROFESOR

El libro del profesor de **Espacio Joven 360º** es una guía didáctica completa para obtener un mayor rendimiento de las actividades y contenidos del libro del alumno. En cada unidad, las actividades se explican de manera clara y secuenciada. Para ello, se señalan las sugerencias de explotación, actividades opcionales, todas las transcripciones de las audiciones, soluciones o claves, etc., con las que reforzar y mejorar el proceso de enseñanza/aprendizaje. Además, encontrará información adicional útil sobre contenidos culturales, gramaticales, fonéticos y léxicos, con los que podrá resolver con más facilidad las dudas o preguntas que le puedan surgir a usted o a sus alumnos.

El **Libro del profesor** consta de:

1. **Guía didáctica** con sugerencias de explotación con claves, referencias a los contenidos multimedia, materiales fotocopiables y proyectables, información adicional, transcripciones, etc.
2. Relación del **material proyectable y fotocopiable** que están descargables en la plataforma educativa (ELEteca).
3. Apéndice de **transcripciones**.
4. **Claves** del cuaderno de ejercicios.

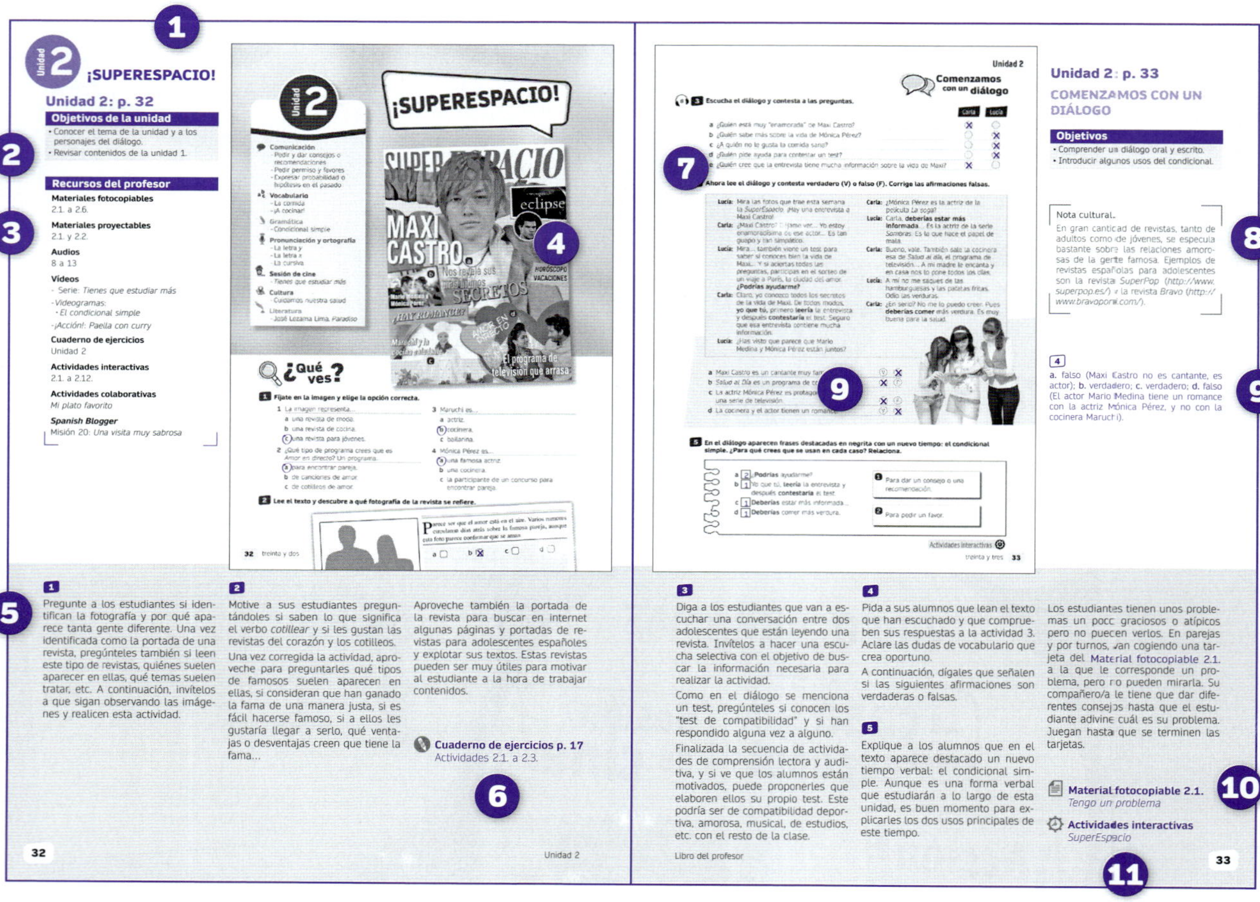

1. Unidad y título
2. Objetivos de la unidad o de la sección
3. Recursos del profesor
4. Libro del alumno
5. Sugerencias o información adicional para el profesor
6. Referencias a las actividades del cuaderno de ejercicios
7. Transcripciones de las audiciones
8. Notas culturales y gramaticales
9. Soluciones de las actividades
10. Material fotocopiable y proyectable
11. Actividades interactivas y vídeos

¿Qué ves?

Comenzamos con un diálogo

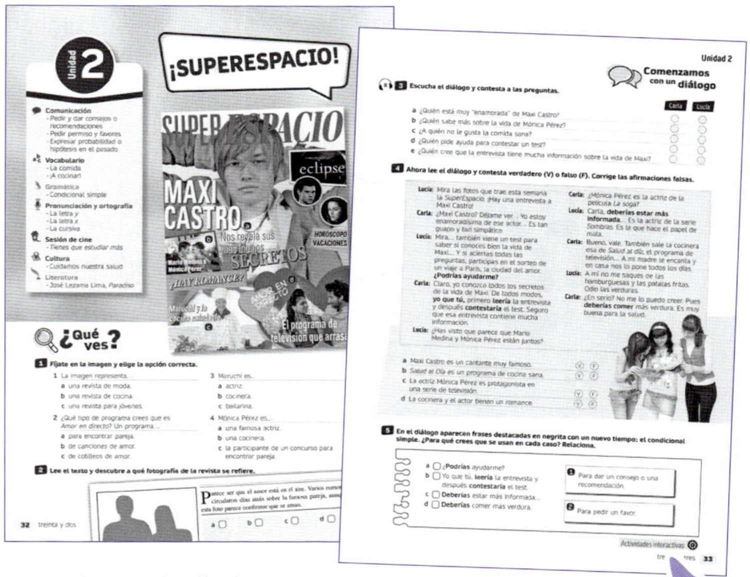

Referencia a las actividades interactivas.

Como indica el título, esta sección se centra en una **conversación** que introduce el **tema de la unidad**, el **vocabulario previo** y las **estructuras gramaticales**. Con ello los estudiantes comienzan a interpretar el significado y a usar la lengua en un contexto auténtico, sin necesidad de entender todas las palabras.

Sección: *¿Qué ves?*

Esta sección introduce el tema de la unidad, trabajando contenidos que los alumnos ya conocen o han estudiado anteriormente. La unidad se inicia con una imagen, es decir, un estímulo visual relacionado con el tema que se va a trabajar, y se explota con un par de actividades. El objetivo de este apartado es estimular, motivar a los estudiantes y revisar los contenidos estudiados anteriormente.

Sección: *Comenzamos con un diálogo*

Esta sección va siempre encabezada por un diálogo que gira alrededor del tema de la imagen de la sección anterior y que sirve como introducción a la unidad a través de la comprensión oral y escrita. Los diálogos son muestras de lengua sencilla y cotidiana que presentan situaciones cercanas al estudiante, en las que se activan estructuras gramaticales, contenidos léxicos y recursos comunicativos que los estudiantes van a trabajar en profundidad en otras secciones de la unidad.

Hablar por hablar

Presentación de los **objetivos comunicativos** a través de sencillos cuadros funcionales, seguidos de actividades de producción y comprensión oral.

Las estructuras y las funciones se presentan como elementos de la conversación.

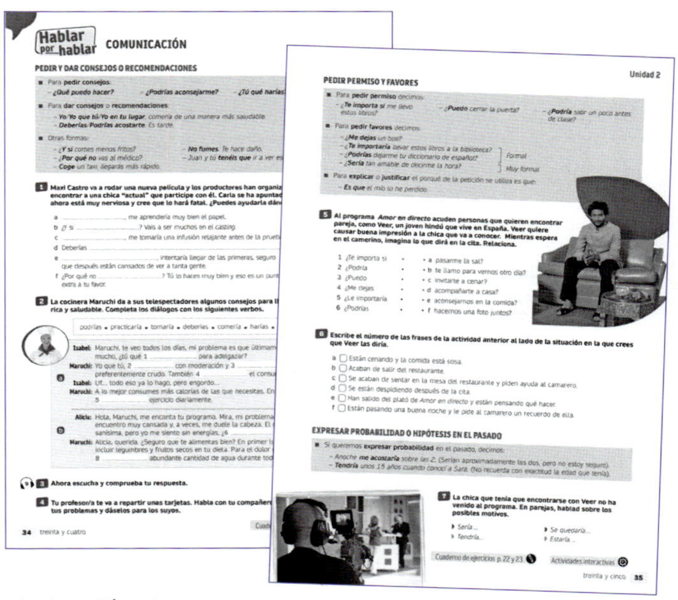

Sección: *Hablar por hablar (Comunicación)*

Esta sección presenta los contenidos funcionales de la lección de una forma esquemática y sencilla, con el objetivo de ayudar al estudiante a comunicarse utilizando el léxico y las funciones gramaticales que se trabajan en la unidad.

La sección consta de cuadros funcionales donde se sistematizan los diferentes exponentes para expresar una función determinada y se trabajan a través de varias actividades, que van desde una producción más sencilla hasta un grado de dificultad más complejo, con el fin de reforzar la autonomía oral de los estudiantes. Como se trata de un apartado centrado en la comunicación, primarán las actividades orales, ya sean de comprensión o de expresión.

Palabra por palabra

Resumen y análisis de los **elementos léxicos** introducidos en el diálogo a través de la presentación de **cuadros léxicos** y de actividades lúdicas y motivadoras. Trabajar las actividades con su compañero/a o en pequeños grupos anima a los estudiantes a aprender colaborativamente.

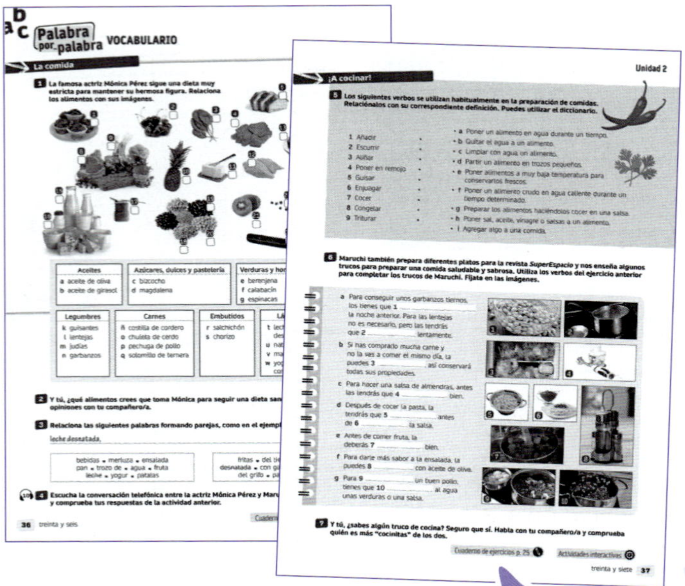

Referencias al *Cuaderno de ejercicios.*

Sección: *Palabra por palabra (Léxico)*

Esta sección trata de ampliar y/o presentar un léxico complementario al que puedan haber visto en apartados anteriores.

En este apartado, primero se realiza una presentación del vocabulario relativo a un tema determinado y, después, se trabaja con él. La práctica del vocabulario presentado se hace utilizando una variada combinación de ejercicios que tratan de activar todas las destrezas del estudiante. Estos ejercicios se presentan secuenciados desde tareas simples (prácticas controladas) a ejercicios de libre desempeño que ayudan a estimular la autonomía del estudiante y a facilitar la interacción con sus compañeros.

Paso a paso

Sistematización de los **aspectos gramaticales** gracias a cuadros con explicaciones claras y completas, y a una serie de actividades de reflexión.

El apéndice gramatical al final del libro del alumno ofrece numerosas **profundizaciones** de estos aspectos gramaticales.

Referencias a *Videogramas.*

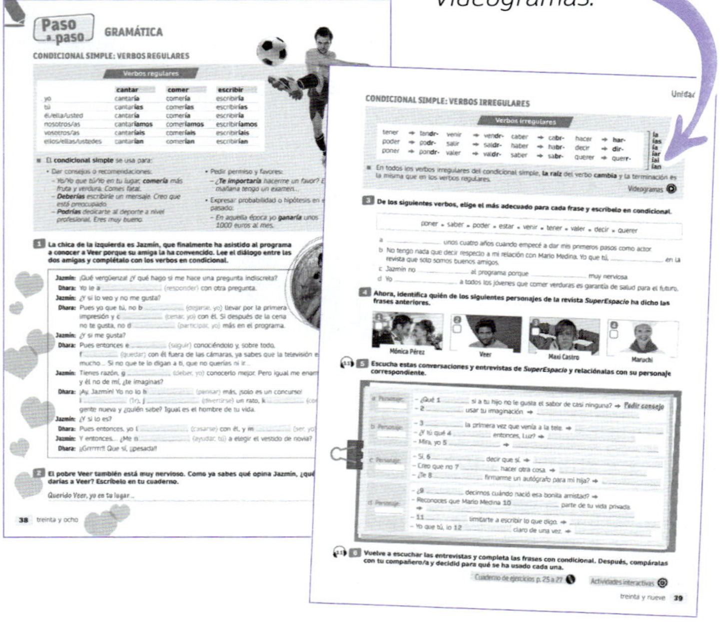

Sección: *Paso a paso (Gramática)*

Este apartado se centra en el estudio de la gramática. Generalmente se sigue la misma estructura en todas las unidades: presentación de un contenido gramatical y sus actividades correspondientes.

El objetivo de esta sección es doble: por un lado, se completan los contenidos de la unidad introduciendo de una manera más explícita los contenidos gramaticales necesarios para la correcta activación de las funciones comunicativas trabajadas en secciones anteriores. Por otro lado, se pretende ampliar la competencia gramatical de los estudiantes con la explicación de contenidos propios de su nivel de aprendizaje.

La sección va encabezada por cuadros de gramática con una serie de ejemplos significativos y claros.

La dinámica de los ejercicios es más pautada y controlada y presenta, por ello, menos contextualización que las otras secciones.

Sección dedicada a los **aspectos ortográficos y fonéticos** de la lengua española.

Sección: *Suena bien (Pronunciación y ortografía)*

En este epígrafe se trabaja la fonética, la ortografía y la pronunciación del español. Está encaminado a la enseñanza de la correcta pronunciación de las unidades léxicas y a la presentación de las principales reglas ortográficas que existen en la lengua española. Puesto que este apartado centra su atención en la pronunciación, normalmente aparecen varias audiciones, con las que los estudiantes escuchan y repiten en voz alta. Normalmente esta sección acaba con un dictado para poner en práctica lo aprendido.

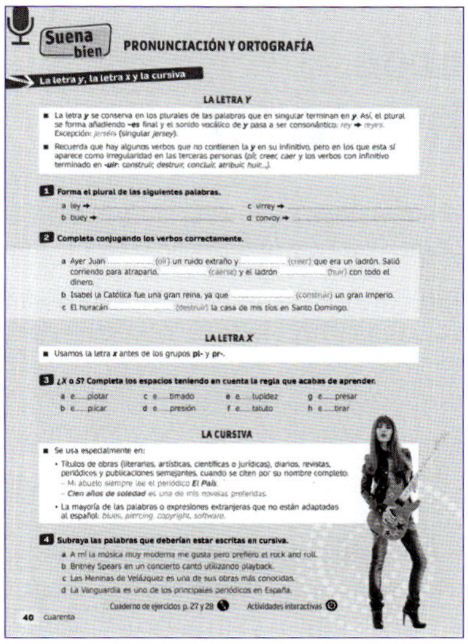
Suena bien PRONUNCIACIÓN Y ORTOGRAFÍA
La letra y, la letra x y la cursiva
LA LETRA Y
LA LETRA X
LA CURSIVA
40 cuarenta

Esta sesión presenta **vídeos** sobre la vida de un grupo de adolescentes, relacionados con el tema de la unidad. Van acompañadas de actividades para predecir e interpretar la historia.

Sección: *Sesión de cine (Vídeo)*

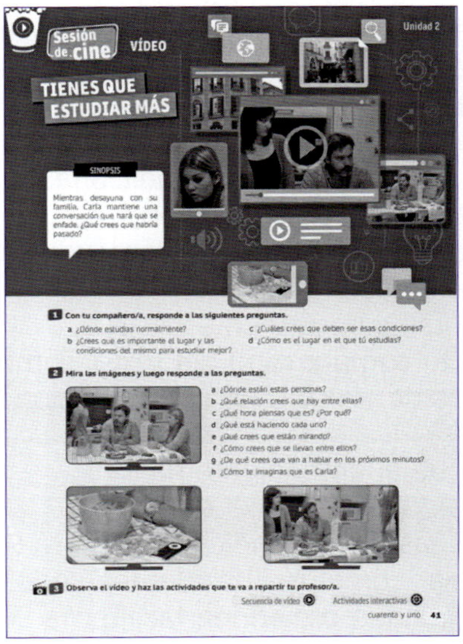
Sesión de cine VÍDEO
Unidad 2
TIENES QUE ESTUDIAR MÁS
SINOPSIS
cuarenta y uno 41

Serie en español en la que un grupo de jóvenes hispanos protagoniza situaciones de la vida cotidiana. La visualización y explotación de estos vídeos ayudará a los estudiantes a aprender más acerca de la cultura y los comportamientos de los hispanohablantes y a desarrollar su competencia sociocultural.

Cada vídeo se relaciona con el tema, el vocabulario y las estructuras de la unidad, para así reforzar el aprendizaje.

Para trabajar otros acentos hispanos, el profesor también dispone de la versión de Hispanoamérica de la serie *¡Acción!*

La unidad concluye con tres secciones que agrupan todos los elementos lingüísticos presentados en las páginas anteriores, permitiendo al estudiante la **utilización global y personal de las competencias adquiridas.**

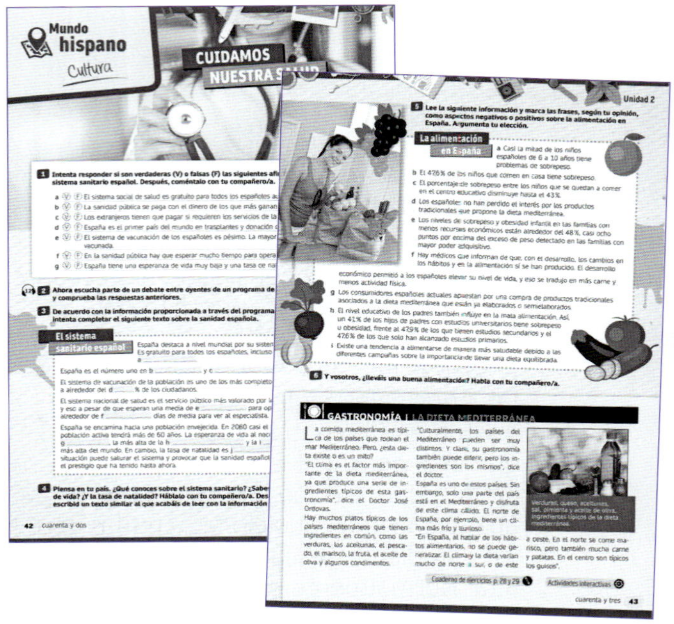

Mundo hispano

Desarrollo y profundización de uno o más **aspectos culturales** presentados en la unidad.

Esta sección cultural va más allá de una simple instantánea cultural e invita a los estudiantes a profundizar más en las perspectivas hispanas con información y actividades diseñadas para alentarles a ampliar el contenido cultural del texto.

Sección: *Mundo Hispano (Cultura)*

Este apartado acerca a los estudiantes la realidad sociocultural de España y de América Latina.
El objetivo principal es ofrecerles una nueva oportunidad para practicar y consolidar los contenidos estudiados, envolviéndolos en la cultura del idioma que están aprendiendo.
La información adicional que presenta esta sección se desarrolla a partir de un título y a través de textos, recursos visuales atractivos y ejercicios variados, donde se invita al alumno a la reflexión cultural, teniendo en cuenta su conocimiento del mundo y su edad. También se aprovecha para presentar temas transversales de valor universal.
Finaliza esta sección con un extracto de noticia sobre cine, música, sociedad, etc. para que los estudiantes profundicen más en el tema a través del uso de las nuevas tecnologías.

Érase una vez...

Introducción a autores hispanos, su contexto histórico y su trabajo, y culmina con una muestra o fragmento literario.

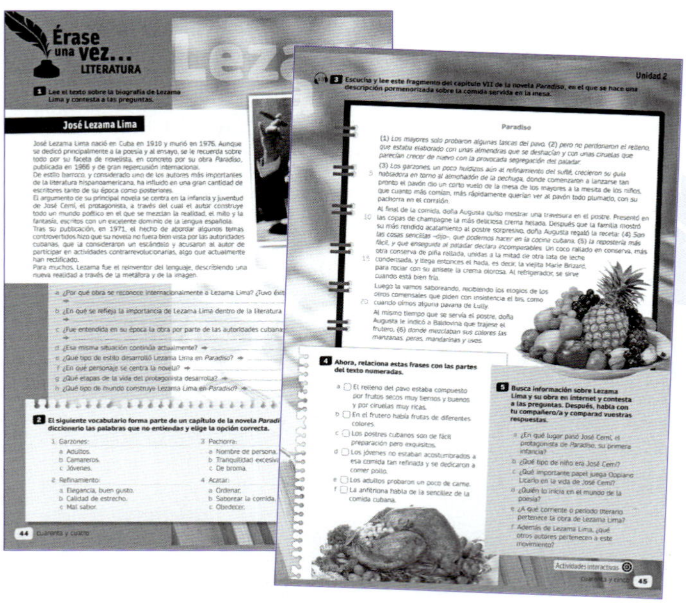

Sección: *Érase una vez (Literatura)*

Este apartado consiste en la explotación de un texto literario o relato a partir del cual se realizarán una serie de actividades. Los textos, de autores hispanos y de diferentes géneros literarios, están relacionados con los contenidos tratados a lo largo de la unidad y aporta información adicional. Todos los textos están grabados para trabajar también la comprensión auditiva. Al estudiante se le dan, además, herramientas complementarias que ayudan a la comprensión del texto, como actividades de léxico o de interpretación del mismo.
Una vez que el aprendiente ha comprendido perfectamente el texto con todas las ayudas indicadas, tendrá que trabajar con él realizando una serie de ejercicios que pretenden facilitar la comprensión lectora, la consolidación de los contenidos léxicos, gramaticales y funcionales aprendidos en la lección y trabajar la expresión escrita y la interacción oral.

Me preparo para el DELE

¡Me lo sé!

Para la **evaluación del aprendizaje**, se han incluido:

- **actividades de preparación al DELE**, concebidas según el modelo de las pruebas de examen de cada nivel;
- **actividades de evaluación** con puntuación, que se realiza de forma autónoma.

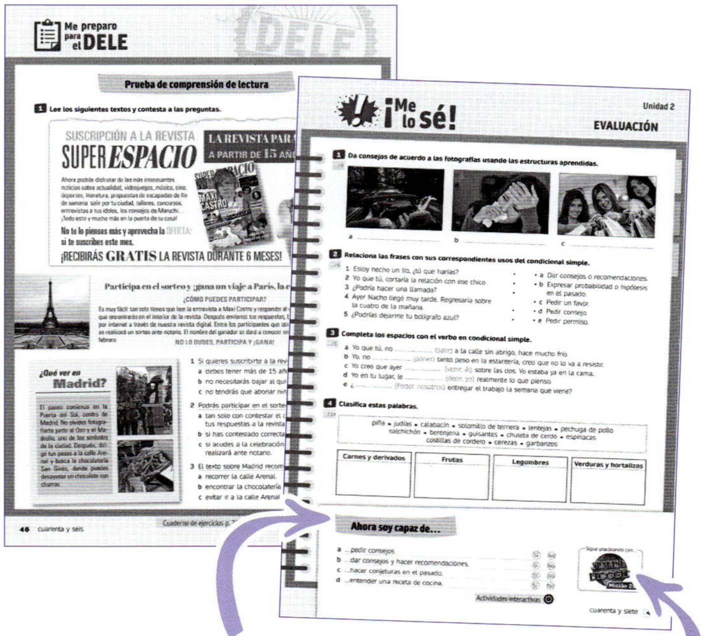

En la sección *Ahora soy capaz de...* se requiere que el estudiante demuestre, con sus propios ejemplos o explicaciones, qué ha aprendido en la unidad.

Referencias al juego *Spanish Blogger*.

Sección: *Me preparo para el DELE*

Esta sección tiene como objetivo la evaluación final del alumno, al mismo tiempo que se familiariza con las pruebas de examen de DELE, y que pueda prepararse para obtener el *Diploma oficial de español como lengua extranjera* (DELE).
Para ello se han seguido los modelos oficiales de examen, según el *Marco común europeo de referencia*. En cada unidad se practicará uno o dos tipos de prueba que el estudiante puede encontrar en un examen real; si bien hay que tener en cuenta que, aunque sean ejercicios del mismo tipo, trabajarán los contenidos de las unidades del libro y serán más breves.
Conviene que, al tratarse de una preparación de un examen, las actividades se realicen individualmente y en un tiempo determinado.

Sección: *¡Me lo sé! (Evaluación)*

La unidad finaliza con la evaluación de todos los contenidos trabajados a lo largo de la unidad. Son actividades en las que se evalúan principalmente las funciones, la gramática y el léxico vistos.
Los ejercicios se presentan en formato de test o examen, ya que su fin es la evaluación por parte del profesor. Al mismo tiempo se incorpora el apartado "Ahora soy capaz de..." que permite la autoevaluación o repaso por parte de los estudiantes.
Como complemento a este apartado, en algunos niveles el profesor va a encontrar en la plataforma educativa diferentes test (test de recuperación, profundización y verificación) para evaluar el aprendizaje de sus estudiantes.
Se incorpora al final de la unidad el videojuego narrativo ***Spanish Blogger*** (niveles A1, A2.1., A2.2. y B1.1.) o ***Spanish.org*** (nivel B1.2) para seguir practicando lo aprendido de una manera lúdica y divertida.

Cada uno de los contenidos de la unidad se refuerzan con **actividades interactivas** y con los ejercicios complementarios del **libro de ejercicios.**

ÍNDICE DEL LIBRO DEL ALUMNO

AHORA Y SIEMPRE

Unidad 0

Unidad 0: p. 10

Objetivos de la unidad

- Hablar de momentos del pasado.
- Hablar de planes y acciones futuras.
- Dar órdenes y consejos.

Recursos del profesor

Materiales fotocopiables
0.1. y 0.2.

Material proyectable
0.1.

Audios
1 a 3

Cuaderno de ejercicios
Unidad 0

Unidad 0

Comunicación
- Hablar del pasado
- Hablar de planes y acciones futuras, hacer promesas y conjeturas
- Dar órdenes, permiso, invitar, dar consejos e instrucciones

Vocabulario
- Ocio y tiempo libre
- Medioambiente

Gramática
- Contraste de pasados
- Futuro imperfecto
- Imperativo afirmativo y negativo

Pronunciación
- La tilde en interrogativas y exclamativas
- Los signos de puntuación

Cultura
- ¿Qué sabes de nuestra cultura?

¿Qué ves?

1 El señor Gregorio recuerda diferentes momentos de su vida. ¿En qué crees que está pensando? Observa las imágenes y habla con tu compañero/a.

1 **2** Ahora escucha lo que piensa y escribe los números de las frases en su lugar correspondiente.

a Cuando era niño... → 2, 7
b A los 18 años... → 1, 5, 9
c Cuando cumplí los 30... → 3, 6
d Hoy... → 4, 8

10 diez

1

1. Al acabar el bachillero, empecé a ir a la universidad; 2. De pequeño, jugaba mucho al fútbol con mis amiguitos; 3. Me casé con la mujer de mi vida; 4. Ahora estoy jubilado; 5. De joven tenía muchas novias; 6. Trabajaba muchas horas para mantener a mi familia; 7. Con 4 años aprendí a atarme los cordones; 8. Esta mañana he ido al parque y he echado una partida a las cartas; 9. A esa edad me afeité por primera vez.

1

Antes de empezar la unidad 0, recuerde a los estudiantes que a lo largo de ella van a revisar contenidos ya estudiados en el nivel anterior. En esta actividad de expresión oral se pretenden activar los conocimientos previos y crear la motivación para la audición de la actividad siguiente.

2

Después de realizar la actividad 2, puede pedir a los estudiantes que escriban las frases completas en sus cuadernos, a modo de dictado.

Unidad 0

RECUERDOS DEL COLEGIO

1 **El señor Gregorio tiene tan buena memoria que incluso se acuerda de su primer día de colegio. En parejas, mirad los dibujos e intentad imaginar cómo fue ese día.**

2 **Ahora comprueba tus suposiciones y completa el texto escribiendo los verbos en pasado.**

Cuando pienso en mi época de estudiante siempre vienen a mi memoria muy buenos recuerdos, bueno, menos el de mi primer día de colegio... Se puede decir que para mí 1 ...fue... (ser) toda una experiencia y, aunque ya 2 ...han pasado... (pasar) muchos años desde entonces, me acuerdo perfectamente de lo que 3 ...sentí... (sentir). Recuerdo que ese día mi madre me 4 ...despertó... (despertar) muy temprano y me 5 ...dijo... (decir) que teníamos que darnos prisa, porque si no íbamos a llegar tarde al colegio. 6 ...Me levanté... (Levantarse), 7 ...me vestí... (vestirse) yo solo y 8 ...desayuné... (desayunar) muy bien, porque mi madre siempre 9 ...decía... (decir) que "antes de estudiar, tu barriga debes llenar". Después, mi madre me 10 ...ayudó... (ayudar) a peinarme, yo 11 ...cogí... (coger) mi mochila nueva y 12 ...salimos/salí... (salir) hacia el colegio. Yo 13 ...estaba... (estar) muy emocionado porque 14 ...era... (ser) mi primer día de cole y ya 15 ...era... (ser) un niño mayor. Además, como toda mi vida 16 ...he sido... (ser) una persona muy curiosa e inquieta, 17 ...sentía... (sentir) mucha curiosidad por saber qué 18 ...era... (ser) eso del cole, pues mi hermano mayor, cuando 19 ...volvía... (volver) a casa, siempre 20 ...contaba... (contar) un montón de anécdotas divertidas sobre ese lugar y mis padres 21 ...se reían... (reírse) mucho con él. 22 ...Fui... (Ir) todo el camino contento, iba a conocer la escuela, a mis compañeros, a mi profesora... Sin embargo, cuando mi madre me 23 ...dejó... (dejar) en la puerta del colegio junto a los demás niños, 24 ...me puse... (ponerse) tan nervioso que 25 ...empecé... (empezar) a llorar y, para mi desconsuelo, ¡los demás niños también 26 ...lloraban... (llorar)! Aquello no 27 ...era... (ser) nada divertido, ni 28 ...se parecía... (parecerse) a las historias que 29 ...contaba... (contar) mi hermano. Además, mi madre ya no 30 ...estaba... (estar) allí y yo no 31 ...podía... (poder) volver a casa con ella. Enseguida 32 ...vino... (venir) mi profesora e 33 ...intentó... (intentar) consolarme, pero 34 ...estuve... (estar) todo el día triste y de mal humor, tanto que al final la profesora 35 ...llamó... (llamar) a mi madre por teléfono y ella 36 ...vino... (venir) a buscarme al colegio. Pero como ya 37 ...he dicho... (decir), ese fue el primer día. Cuando 38 ...me acostumbré... (acostumbrarse), el colegio me 39 ...encantaba... (encantar) y la profesora Margarita 40 ...fue... (ser) la mejor profesora que 41 ...he tenido... (tener) nunca.

Unidad 0: p. 11

RECUERDOS DEL COLEGIO

Objetivo

- Describir acciones del pasado.

1

Antes de empezar la actividad escriba en la pizarra: *Cuando pienso en mi infancia me vienen a la memoria muy buenos recuerdos* y pregunte a los alumnos si recuerdan algún momento especial de su infancia que quieran compartir con el resto de la clase.

A continuación, y sin abrir el libro, proyecte el **Material proyectable 0.1.** y pídales que, en parejas, intenten ordenar las imágenes e imaginen cómo fue el primer día de colegio del señor Gregorio. Con el fin de propiciar el diálogo, adviértales que deben ponerse de acuerdo hasta llegar a una única versión de la historia y contar esta en pasado. Después, en grupo clase, pídales que describan las viñetas y, entre todos, lleguen a una versión final. Finalmente, abren el libro y comprueban si el orden original de las viñetas coincide con el de ellos.

Material proyectable 0.1.
Mi primer día de colegio

2

En esta actividad confirman si también la historia que ellos han imaginado coincide con la del texto.

Como actividad oral adicional, invítelos a que narren una historia encadenada. Empiece con: *Cuando el señor Gregorio piensa en su época de estudiante le vienen a la memoria muy buenos recuerdos, bueno, menos el primer día de colegio, porque...* y continúa un alumno con otra frase, y así sucesivamente. Para que participen todos, indíqueles que no se ciñan solo a las viñetas sino que añadan más información.

Como actividad escrita adicional, pueden volver a leer el texto y escribir la versión contraria, escribiendo algunos adjetivos contrarios y/o poniendo algunos verbos en negativo, siempre con la condición de que la historia mantenga una coherencia. Por ejemplo: *Cuando pienso en mi época de estudiante vienen a mi memoria muy malos* (en vez de *pocos*) *recuerdos...* Después, los alumnos comparan sus versiones y se leen algunas en voz alta.

Unidad 0: p. 12

Objetivo

- Diferenciar las formas y usos de los verbos del pasado.

3 **Clasifica estas frases extraídas del texto anterior según los usos de los tiempos del pasado que conoces.**

a Se puede decir que para mí **fue** toda una experiencia.
b Ya **han pasado** muchos años desde entonces.
c Recuerdo que ese día mi madre me **despertó** muy temprano.
d Mi madre siempre nos **decía** que "antes de estudiar, tu barriga debes llenar".
e Yo **estaba** muy emocionado porque **era** mi primer día de cole y ya **era** un niño mayor.
f Toda mi vida **he sido** una persona muy curiosa e inquieta.
g Mi hermano mayor siempre **explicaba** un montón de anécdotas divertidas sobre ese lugar.
h Aquello no **era** nada divertido, ni **se parecía** a las historias que contaba mi hermano.
i Enseguida **vino** mi profesora e **intentó** consolarme, pero **estuve** todo el día triste y de mal humor.
j Margarita **fue** la mejor profesora que **he tenido** nunca.

Acción sin relación con el presente	Descripción de una situación	Acción reciente o relacionada con el presente	Acción habitual en el pasado	Valoración en el pasado
c, i	e, h	b, f	d, g	a, j

4 **Imagina cómo fue el primer día de colegio de tu compañero/a y escribe cuatro frases.**

a ...
b ...
c ...
d ...

5 **¿Recuerdas tu primer día de colegio? Cuéntaselo a tu compañero/a. Después, señala las que has acertado en la actividad anterior.**

Yo tenía 6 años cuando empecé el cole...

6 **Ahora, escribe aquí cómo fue realmente el primer día de colegio de tu compañero/a.**

Cuaderno de ejercicios p. 4 y 5

3

Se trata de que los estudiantes reflexionen y recuerden los diferentes usos del pasado que ya estudiaron en *Espacio Joven 360º, nivel A2.2.* Antes de realizar la actividad, pregunte en grupo clase cuántos pasados conocen y cuáles son los usos que recuerdan para cada uno de ellos. Una vez recordados los pasados, los alumnos pueden realizar la actividad. Se recomienda que la realicen en parejas para facilitar la reflexión. Después, corríjala en grupo clase y resuelva las dudas que puedan surgir.

4

Con esta actividad se intenta predecir lo que puede aparecer en la actividad 5. Pida a los estudiantes que intenten ser realistas en sus predicciones.

5 y **6**

La actividad 5 es un ejercicio oral en el que los estudiantes ponen en práctica lo recordado. Pasee por la clase y tome nota de los errores que puedan cometer durante sus producciones. Una vez terminada la actividad, haga una corrección en grupo clase en la pizarra. Después, vuelven a la actividad anterior y comprueban si sus hipótesis han coincidido con lo que ha explicado su compañero/a.

En la actividad 6 de expresión escrita, el estudiante tiene que recordar la historia de su compañero/a y poner en práctica los tiempos del pasado que están revisando. Es conveniente que corrija los textos independientemente. Elija algunos de ellos y déselos a otros estudiantes al azar para que los lean al grupo. Si se conocen de otro año, puede pedirles que adivinen a quién corresponden los textos. Otra opción es que intercambien los textos con el de su compañero/a e intenten corregirlos.

Cuaderno de ejercicios p. 4 y 5
Actividades 0.1. a 0.5.

REDES DEL FUTURO

1 **Esta es la página de una conocida red social. Víctor ha escrito sus planes para el futuro en su muro. Ayúdalo a completar las frases.**

facebook® Víctor | Inicio

Víctor Mañana me querréis todos un poco más. He jugado a la lotería y seguro que me tocará. Con ese dinero estudiaré pintura en Salamanca y, después de estudiar, me iré a vivir a la selva. ¡Ja, ja, ja!

Marta — hoy
a ¡Qué loco...! Creo que ...iré... (ir, yo) contigo. ¿Y ...podré... (poder, yo) estudiar allí?

Víctor — hoy
b ¡Marta! ¡Estamos hablando de la selva! Me temo que antes ...tendrás... (tener, tú) que acabar tus estudios aquí.

Marta — hoy
c ¿Y qué ...haremos... (hacer, nosotros) en la selva?

Víctor — hoy
d Supongo que yo ...pintaré... (pintar) y creo que tú ...serás... (ser) veterinaria y ...cuidarás... (cuidar) la reserva de animales.

2 **El comentario de Víctor ha causado tanto asombro entre sus amigos que se ha iniciado un interesante debate. Un fallo informático ha mezclado todas las intervenciones. Intenta ordenarlas.**

a [8] **Víctor:** Si tu padre te deja y si a mí me toca la lotería...
b [3] **Marta:** Oye, Mario, ¡no te pases! Ya sabes que a mí me encanta la naturaleza, el contacto con los animales y, además, ¿qué mejor lugar que la selva para una ecologista como yo?
c [7] **Mario:** Bueno, si mi padre me deja, **me iré** con vosotros.
d [9] **Marta:** Eso, eso, ja, ja, ja.
e [4] **Mario:** Hombre, yo creo que estáis exagerando, vale que nuestra ciudad no es precisamente la selva, pero hay muchos parques... y, además, el nuevo alcalde ha prometido que **construirá** más zonas verdes y que **trabajará** para un consumo responsable del agua y...
f [5] **Marta:** Vamos a ver, Mario, que estás hablando de políticos, ¿no ves que solo saben hacer promesas para ganar las elecciones?
g [2] **Víctor:** No te creas, Mario... Pienso que en el futuro en la ciudad **habrá** más contaminación y no me gusta mucho la idea.
h [6] **Víctor:** Tiene razón Marta. Anda, Mario, no te lo pienses y vente con nosotros a la selva...
i [1] **Mario:** ¿Cómo? ¿Que os **iréis** a la selva? ¿Y por qué? Bueno, Marta, ya sé que tú **irás** porque va Víctor, pero Víctor, ¿tú? Si a ti te encanta la ciudad...

2 **3** **Ahora escucha y comprueba tu respuesta.**

4 **En los diálogos anteriores aparecen en negrita distintos usos del futuro. Busca un ejemplo para:**

a Hablar de planes → ...
b Hacer conjeturas → ...
c Hablar de acciones futuras que dependen de una condición → ...
d Hacer promesas → ...

Cuaderno de ejercicios p. 5 y 6

Unidad 0: p. 13

REDES DEL FUTURO

Objetivo

- Practicar el futuro imperfecto y sus usos.

Nota cultural.
Facebook, Instagram y Twitter son las tres redes sociales que más se utilizan en España.

2
(Véase la transcripción en la pág. 134)

Material fotocopiable 0.1.

Respuestas:
a. Goya; **b.** Napoleón Bonaparte; **c.** Einstein; **d.** Mickey Mouse; **e.** Gandhi; **f.** Mortadelo; **g.** John Lennon; **h.** Groucho Marx.

4
Posibles respuestas:
a. Hablar de planes: Estudiaré pintura en Salamanca y después me iré a vivir a la selva; **b. Hacer conjeturas:** Pienso que en el futuro en la ciudad habrá más contaminación; **c. Hablar de acciones futuras que dependen de una condición:** Si mi padre me deja, me iré con vosotros; **d. Hacer promesas:** Ha prometido que construirá más zonas verdes y trabajará para un consumo responsable del agua.

REDES DEL FUTURO

En este apartado los alumnos repasarán el tiempo futuro y sus diferentes usos. Como actividad previa y para repasar la morfología del futuro, divídalos en parejas o en pequeños grupos para que escriban en un papel el infinitivo de algunos verbos y se lo pasen a la pareja o grupo contrario. Con un límite de tiempo, cada grupo deberá conjugar en futuro los verbos que le hayan tocado. Ganará el equipo que más verbos haya conjugado correctamente.

1

Para introducir el tema de esta actividad y de las sucesivas, pregunte a los alumnos qué entienden ellos por una "red social", cuáles conocen, si pertenecen a alguna o qué opinión tienen sobre ellas. Compruebe antes de leer el texto que los alumnos recuerdan el significado de la palabra *lotería*.

2 y **3**

Después de realizar la actividad 3, pregunte a los estudiantes qué proyectos tienen ellos para el futuro.

4

Explique a sus alumnos que en los diálogos de las actividades 1 y 2 se recogen los principales usos del futuro imperfecto. Si lo desea, escriba un ejemplo en la pizarra para cada uno de los usos.

Como actividad adicional para practicar el futuro, utilice el **Material fotocopiable 0.1.** Tienen que relacionar el nombre de algunos personajes con los planes que, en su momento, tenían para el futuro. Sería conveniente hacer un sondeo previo para comprobar que conocen a estos personajes. Posteriormente, pídales que piensen en un personaje y que hablen sobre sus planes para el futuro. El resto de los compañeros tendrá que adivinar de qué personaje se trata.

Material fotocopiable 0.1.
¡Qué personajes!

Cuaderno de ejercicios p. 5 y 6
Actividades 0.6., 0.7. y 0.8.

Unidad 0: p. 14

¡ACUÉRDATE!

Objetivos

- Revisar la forma del imperativo afirmativo.
- Hablar de los usos del imperativo.

¡ACUÉRDATE!

1 **Relaciona los siguientes enunciados con su imagen correspondiente.**

1 [c] ¡No os peleéis!
2 [a] Respire, por favor.
3 [d] Coged ensalada.
4 [e] No compréis en este supermercado, es muy caro.
5 [b] Entra.

a 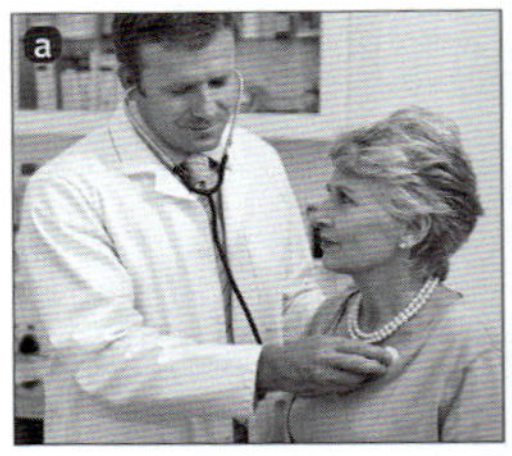
b 
c 
d 
e 

2 **Ahora, clasifica los enunciados anteriores en el lugar adecuado.**

Dar órdenes	Dar permiso	Invitar	Dar consejos	Dar instrucciones
1	5	3	4	2

3 **Así es como continúan los enunciados de la actividad 1. Completa los espacios con el imperativo.**

a Luis, ya te he dicho que no ...te pelees... (pelearse, tú) con tu hermana. Tú eres el mayor y tienes que dar ejemplo.

b Tiene usted un resfriado común: ...tómese... (tomarse, usted) estos sobres y ...descanse... (descansar), no ...haga... (hacer) muchos esfuerzos y ...beba... (beber) infusiones calientes con miel. Ya verá como en unos días está mejor.

c Mejor ...id... (ir, vosotros) al "Ahorra ya". Es muy fácil llegar. ...Mirad... (Mirar), ...bajad... (bajar) esta calle, después ...coged... (coger) la primera a la derecha y luego, ...seguid... (seguir) todo recto, lo veréis enseguida.

d ...Tomad... (Tomar, vosotros) también, unas servilletas, para no mancharos.

e ...Mira... (Mirar, tú), estoy jugando al videojuego que me han regalado, ¡es una pasada! ¿Quieres jugar conmigo? ...Ten... (Tener, tú) el otro mando.

a. Imagen b; b. Imagen a; c. Imagen e; d. Imagen d; e. Imagen b.

Cuaderno de ejercicios p. 6 a 8

1

Antes de comenzar con la actividad, conviene comentar con los estudiantes las imágenes para contextualizar las diferentes situaciones que se presentan. Invítelos a anticipar las instrucciones, consejos, órdenes, invitaciones y permisos que se dan en cada situación. Una vez que se han comentado y contextualizado las imágenes, pídales que realicen la actividad de manera individual y corríjala mediante una puesta en común.

Después de la corrección, pregúnteles qué tienen en común todas estas frases. El objetivo es que se den cuenta de que ahora vamos a revisar el imperativo, tanto afirmativo como negativo.

2

Los estudiantes verifican sus hipótesis anteriores clasificando las intervenciones de la actividad 1 en los diferentes usos del imperativo.

3

En esta actividad los estudiantes leen cómo continuaron los diálogos de las situaciones de la actividad 1, trabajando la forma: tienen que escribir los verbos entre paréntesis en imperativo, teniendo en cuenta si son negativos o si van en la forma de *tú* o *usted*. Después, pídales también que relacionen estas frases con las imágenes anteriores.

Como actividad adicional, puede practicar el imperativo de forma oral mediante el **Material fotocopiable 0.2.**, en el que los alumnos, distribuidos en parejas, visualizan una serie de situaciones y crean frases utilizando el imperativo con los usos anteriores.

Material fotocopiable 0.2.
Usos del imperativo

Cuaderno de ejercicios p. 6 a 8
Actividades 0.9. a 0.13.

Y ADEMÁS...

1 Hoy es jueves y Carlos y Santi hablan de los planes para el próximo fin de semana. Escucha la conversación y di qué hará Carlos el fin de semana si no va a la sierra.

2 Ahora lee el mensaje que le escribió Carlos a Santi el domingo por la noche y escribe los signos de puntuación que faltan (. , ... : ¡! ¿?).

facebook®

Carlos | inicio

Carlos — hoy

¡Hola Santi!
¿Qué tal el finde? Perdona por no haberte llamado para quedar, pero es que al final me fui a la sierra y, como allí no había cobertura, no te pude llamar. ¿Dónde fuisteis el sábado? ¿Estuvisteis al final en el parque donde fuimos la última vez? ¿Cómo os lo pasasteis? Yo he estado todo el finde muy tranquilo, montando en bici, haciendo senderismo y disfrutando del paisaje. Ya ves, dos días enteros sin chatear, sin conectarme a internet y ¡sin entrar en mi facebook!, me pregunto quién me habrá escrito, ojalá que Cristina... Oye, ¿al final fuiste el domingo con Jaime a jugar al tenis? es que, como yo no podía ir, me dijo que te llamaría a ti.
Por cierto, tenemos que hablar ya de la fiesta de Ana, aún no sé quién va a ir pero me ha dicho el dueño del local que cuantos más seamos, más barato nos sale. Bueno mañana hablamos... :P

3 ¿Quién sabe más sobre cultura española? En parejas, haceos preguntas alternativamente. Cada respuesta acertada vale un punto. Gana el que más puntos consiga.

Alumno A

1. ¿En qué comunidad española puedes visitar la Ciudad de las Artes y las Ciencias, ir a la fiesta de las Fallas y comer paella?
   a Cataluña. (b) Valencia. c Andalucía.
2. ¿Qué son las rancheras?
   (a) Canciones. b Un plato típico. c Fiestas.
3. ¿Qué son Timanfaya y Doñana?
   a Pueblos. b Ríos. (c) Parques naturales.
4. ¿Qué tipo de historia termina con una moraleja y sus personajes son animales?
   (a) Una fábula. b Una leyenda. c Un cuento.
5. ¿Quién escribió el *Quijote*?
   a Lorca. (b) Cervantes. c Góngora.
6. ¿Qué pueblo llegó a la península ibérica en el año 218 a. C.?
   a Los visigodos. (b) Los romanos. c Los musulmanes.

Alumno B

1. ¿En qué provincia de España puedo visitar la Alhambra, comer tapas y esquiar?
   a Barcelona. b Ibiza. (c) Granada.
2. ¿En qué comunidad española termina el Camino de Santiago?
   a Andalucía. (b) Galicia. c Valencia.
3. La historia de *Los amantes de Teruel* es...
   (a) una leyenda. b una fábula. c un cuento.
4. ¿En qué fiesta se corre delante de los toros?
   (a) Sanfermines. b Fallas. c Semana Santa.
5. ¿Las aventuras de qué capitán narró el escritor Arturo Pérez-Reverte?
   a Bardem. (b) Alatriste. c Mío Cid.
6. ¿Cuál es el pico más alto de España?
   a Aneto. b Mulhacén. (c) Teide.

Unidad 0: p. 15

Y ADEMÁS...

Objetivos

- Practicar los signos de puntuación en español.
- Revisar algunos aspectos culturales de España.

1

Ir a jugar al tenis el domingo con Jaime y salir con Santi, Mario y Berta para ir a la discoteca.

3

Santi: Oye, Carlos, ¿qué planes tienes para este finde?
Carlos: Pues la verdad es que todavía no lo sé, mi madre decía que quería ir a la sierra, que va a hacer muy buen tiempo y que hace mucho que no vamos, pero no sé si mi padre tendrá que trabajar. Si no me voy, igual voy a jugar al tenis con Jaime el domingo.
Santi: Bueno, pues si te quedas puedes salir con nosotros el sábado.
Carlos: Perfecto. ¿Qué tenéis pensado hacer?
Santi: Pues Mario y Berta decían de ir a la discoteca a la que fuimos la última vez.
Carlos: Ah, sí, estaba muy bien.
Santi: Mira, por ahí viene Ana.
Carlos: Oye, por cierto, que solo quedan dos semanas para su cumple.
Santi: ¡Hala, sí!, se me había olvidado.
Carlos: Voy a hablar con el dueño del local donde celebramos el cumple de Nacho.
Santi: Bueno, pero ya hablamos en otro momento que se acerca...
Carlos: Vale, Santi, ya hablamos.

1

Esta actividad de comprensión auditiva sirve para contextualizar la lectura del correo electrónico que los alumnos leerán en la siguiente actividad. Se trata de una escucha selectiva donde deben responder a la siguiente pregunta: *¿Qué hará Carlos el fin de semana si no va a la sierra con sus padres?*

2

Los alumnos pueden comprobar sus respuestas en parejas antes de la corrección en grupo clase. Para la corrección, proyecte el texto en la pizarra. Aclare que en algunos casos el uso de los signos es opcional como, por ejemplo, los puntos suspensivos o el punto y aparte.

Después de realizar la actividad, proyecte el texto y subraye las palabras tal y como aparecen en la captura. A continuación, pida a los alumnos que presten atención a estas palabras y pregúnteles: *¿Por qué algunas llevan tilde y otras no?* Se espera que lleguen a la conclusión de que las palabras que llevan tilde son pronombres interrogativos (*Qué, Dónde, Cómo, quién, quién*) y las que no llevan tilde son pronombres o adverbios relativos (*que, donde, que, que, como, que, que, cuantos*).

3

Al tratarse de una competición, propóngales que, cuando uno de los dos alumnos falle la pregunta, el otro puede contestar y llevarse el punto. También, dependiendo del tiempo del que se disponga, sugiérales que creen otras preguntas con los contenidos que recuerden de cursos anteriores.

Unidad 1 DE CINE

Unidad 1: p. 16

Objetivos de la unidad

- Conocer el tema de la unidad y a los personajes del diálogo.
- Revisar el léxico de la unidad 0.

Recursos del profesor

Materiales fotocopiables
1.1. a 1.6.

Materiales proyectables
1.1. a 1.4.

Audios
4 a 7

Vídeos
- Serie: *El taller de teatro*
- *Videogramas*:
  - *Contraste pretérito perfecto, indefinido e imperfecto*
  - *El pretérito pluscuamperfecto de indicativo*
- *¡Acción!*: *La casa de las paredes negras*

Cuaderno de ejercicios
Unidad 1

Actividades interactivas
1.1. a 1.12.

Actividades colaborativas
Me encanta ese género

Spanish Blogger
Misión 19: *De película*

Unidad 1 — DE CINE

- **Comunicación**
  - Expresar curiosidad, incredulidad, sorpresa y dar información
  - Expresar finalidad y causa de una acción
- **Vocabulario**
  - El cine y el teatro
  - Géneros de cine
- **Gramática**
  - Revisión de pasados
  - Pretérito pluscuamperfecto
- **Pronunciación**
  - La letra *h*
- **Sesión de cine**
  - *El taller de teatro*
- **Cultura**
  - Breve historia del cine español
- **Literatura**
  - Federico García Lorca

¿Qué ves?

1 Observa la imagen. ¿Qué está haciendo? ¿Dónde crees que está? Habla con tus compañeros.

2 En parejas, fijaos en las imágenes: ¿Qué veis? ¿Reconocéis algo? ¿Qué creéis que pueden tener todas ellas en común?

1 
2 
3 
4 

3 Relaciona cada titular con las imágenes anteriores.

a 1 COMIENZA EL CICLO DE TEATRO CLÁSICO EN EL MEJOR ENTORNO HISTÓRICO

b 4 ESTE AÑO LAS ACTIVIDADES EXTRAESCOLARES CON MÁS PARTICIPACIÓN HAN SIDO LOS TALLERES DE CINE Y TEATRO

c 3 LA NOCHE DEL CINE ESPAÑOL SE VISTE DE GALA

d 2 NUNCA ANTES UN DIRECTOR ESPAÑOL HABÍA PISADO TANTAS VECES LA ALFOMBRA DE HOLLYWOOD

16 dieciséis

1

Introduzca el tema de la unidad e invite a los estudiantes a prestar atención a la imagen. Dígales que aporten las ideas y el vocabulario que les transmite esta.

2

Señale una por una las imágenes y pregúnteles si las conocen, sin corregir ni aportar ninguna información. A continuación, pregunte en grupo clase: *¿Qué tienen todas en común?* Anime a los alumnos a que hagan sus hipótesis por parejas. La respuesta esperada es que en todas hay un elemento relacionado con el cine o el teatro. Es importante guiar a los estudiantes hacia esta respuesta y aprovechar para presentar los contenidos de la unidad y su contextualización en este ámbito.

3

La secuencia se cierra relacionando titulares de prensa con las imágenes vistas. Motive a los estudiantes diciendo que los siguientes titulares han aparecido en la prensa, pero sin fotografías. Anímelos a ilustrarlos con las imágenes de la actividad 2. Una vez más, se trata de que activen estrategias para hacer esta asociación sin ayuda. Primero de manera individual y, después, comparando sus respuestas en parejas. A continuación, mientras comentan sus hipótesis, proyecte las imágenes del **Material proyectable 1.1.** en el que se presentan los titulares junto a fotos similares a las del libro. Coméntelas una por una, deteniéndose en los términos *cine*, *teatro*, *director de cine*, *premio* y, finalmente, llame la atención sobre el concepto *taller de cine y teatro*. Es importante asegurarse de que entienden el significado, ya que servirá de contextualización de la siguiente actividad.

Material proyectable 1.1.
De cine y teatro

Comenzamos con un diálogo

4 **Escucha el diálogo y completa.**

Ricardo: ¿Te has enterado de los talleres de este curso? a He oído que van a ser totalmente diferentes.

Daniela: b ¿Y eso?

Ricardo: Pues c parece que han contratado a dos famosos para organizar un taller con el Departamento de Literatura.

Daniela: d ¡No me lo puedo creer! Dos famosos trabajando en un instituto...

Ricardo: Ya, tía, pero, e según dicen, a estos los han elegido por su relación con la cultura y por su carrera profesional. He oído que son amigos de Paco, el de Literatura, parece que se conocieron cuando trabajaban juntos en una escuela de idiomas, creo que enseñaban español.

Daniela: f ¡Anda ya! Dos profesores famosos, g ¡imposible! Pero, h dime, dime, que i estoy intrigadísima ¿De qué es el taller? ¿Quién lo va a impartir?

Ricardo: j Al parecer, es un taller de cine y teatro.

Daniela: k ¡Qué guay!

Ricardo: La parte de cine la va a impartir la directora y guionista Anamar Orson y la parte de teatro el actor Cristian Pascual.

Daniela: l ¿En serio? Pero si los dos son conocidísimos... ¡Cristian Pascual en el instituto! m ¡Qué fuerte! n ¿Hablas en serio?

Ricardo: Sí, Daniela, sí, hablo en serio, aunque si quieres, llamamos para preguntar al Departamento de Literatura, porque no estoy demasiado seguro.

5 **Contesta verdadero (V) o falso (F). Después, escucha de nuevo y comprueba.**

		V	F
a	Daniela y Ricardo están hablando del nuevo profesor de Literatura.		X
b	Ricardo ha oído que este año van a tener un taller de cine y teatro.	X	
c	El taller lo va a impartir un importante director de cine.		X
d	El taller lo va a organizar el profesor de Literatura con dos amigos que son muy famosos.	X	

6 **Relaciona las frases que aparecen en el diálogo anterior con lo que expresan.**

1 Pregunta si alguien conoce una información.
2 Informa de algo con seguridad.
3 Expresa sorpresa por lo que dice otra persona.
4 Expresa interés o curiosidad por lo que dice otra persona.
5 Expresa que no cree lo que dice otra persona.
6 No dice quién le ha contado esa información.

a ¡Qué fuerte!
b ¿Te has enterado de...?
c Hablo en serio.
d ¡Anda ya!
e Cuenta, cuenta...
f Según dicen...

Actividades interactivas

Unidad 1: p. 17

COMENZAMOS CON UN DIÁLOGO

Objetivos

- Comprender un diálogo oral y escrito.
- Contar historias y reaccionar ante ellas.

5

a. falso (Están hablando sobre un nuevo taller de cine y teatro que se va a impartir en el instituto); **b.** verdadero; **c.** falso (La parte de cine la va a impartir la directora y guionista Anamar Orson y la parte de teatro, el actor Cristian Pascual); **d.** verdadero.

4

Contextualice la actividad diciendo que van a conocer a Ricardo y a Daniela, dos estudiantes de un instituto que este año ofrece unas actividades muy peculiares relacionadas con el tema anterior. Haga una primera escucha al mismo tiempo que leen, para que los alumnos se familiaricen con la situación. Es conveniente advertirles que en esta primera escucha no es necesario completar los espacios en blanco. Después, pídales que realicen una segunda escucha en la que sí deben completar el diálogo.

5

Pídales que realicen ahora esta actividad de comprensión auditiva contestando verdadero o falso. Acláreles cualquier duda en la comprensión de la situación, sin dar por correctas o incorrectas las respuestas. Una vez que los estudiantes han respondido, realice una tercera escucha para comprobar si lo han hecho correctamente.

Después de esta actividad, invítelos a que hagan un resumen de la situación que se desprende del diálogo entre Ricardo y Daniela.

6

Contextualice la actividad comentando con los alumnos el contenido del diálogo y las reacciones de los protagonistas. A continuación, comente las intenciones señaladas en esta actividad y pídales que las relacionen con las expresiones que aparecieron en el diálogo de la actividad 4. Finalmente, pida a los estudiantes que comprueban sus respuestas en el recuadro de la página 18 del libro del alumno.

Actividades interactivas
Taller de cine y teatro

Unidad 1: p. 18

HABLAR POR HABLAR

Objetivos

- Expresar curiosidad, incredulidad y sorpresa.
- Dar información.

Hablar por hablar COMUNICACIÓN

EXPRESAR CURIOSIDAD, INCREDULIDAD, SORPRESA Y DAR INFORMACIÓN

■ Para expresar: ■ Para comenzar a dar:

Sorpresa positiva o negativa	Incredulidad o contrariedad	Interés, curiosidad o pedir más información	Una información sin hablar de la fuente
– ¡Qué guay! – ¿Y eso?	– Imposible. – ¡Anda ya! – Qué raro... – Qué extraño...	– Cuenta, cuenta... – Estoy intrigadísimo/a – Dime, dime...	– Al parecer/Parece que... – He oído que... – ¿Te has enterado de que...? – Según dicen...
– ¡No me lo puedo creer! – ¡No me digas! – ¿Hablas en serio? – ¡Qué fuerte!			

1 Fíjate en las imágenes y reacciona ante esas situaciones con las expresiones anteriores. Justifica tus reacciones, ya que pueden ser varias.

Esta semana has llegado tarde cuatro veces.

a Imposible

Tengo que contaros algo muy fuerte que me pasó ayer.

b Cuenta, cuenta...

Cuando mi abuela era joven ya usaba internet.

c ¿Hablas en serio?

El año pasado nadie suspendió Matemáticas.

d ¡Qué guay!

¿Te has enterado de que este año no hay excursión de fin de curso?

e ¿Y eso?

El sábado conocí a una chica superinteresante.

f ¡No me digas!

2 Crea tres situaciones similares a las anteriores para que reaccione tu compañero/a.

3 Tienes que contar la siguiente información, pero no quieres decir quién te lo ha dicho, ni dónde, ni cómo te has enterado. Sin embargo, tu información proviene de:

a Un programa de radio que iba escuchando el conductor del bus sobre una nueva ley reguladora de internet que permite todo tipo de descargas.
b Dos portadas de periódicos, una noticia de televisión y un comentario en el ascensor sobre la boda de un futbolista con una famosa modelo.
c Dos chicas de un curso superior que comentan lo divertido que es el nuevo profesor de Español que tu grupo va a tener este curso.

Cuaderno de ejercicios p. 9

EXPRESAR CURIOSIDAD, INCREDULIDAD, SORPRESA Y DAR INFORMACIÓN

Proyecte el cuadro comunicativo en la pizarra y dé las explicaciones, aclaraciones o ejemplos necesarios para que queden claros los usos.

1

Se presentan aquí unas imágenes para comentar en grupo clase. Guíe la actividad analizando los aspectos significativos de las viñetas para contextualizar las situaciones comunicativas que representan.

Después, de manera individual, completan los diálogos con las expresiones anteriores. En la corrección, dígales que justifiquen sus respuestas.

2

En parejas, cada uno explica una situación hipotética ante la que el otro tiene que reaccionar con las expresiones vistas. Ayúdelos con el uso correcto de los tiempos verbales, pero sin detenerse demasiado en ello, ya que en posteriores secciones se tratarán los contextos del pasado más detenidamente.

Después, trabaje con el Material fotocopiable 1.1., donde se presentan diferentes situaciones. Los estudiantes preparan sus intervenciones para interactuar durante unos minutos. Camine por la clase y corrija posibles errores relativos a la adecuación situacional del uso de las expresiones vistas.

Material fotocopiable 1.1.
Situaciones

3

Los estudiantes realizan de manera individual esta actividad. Recuérdeles antes el contexto en el que Ricardo le da información a Daniela sin hablar de la fuente y los diferentes recursos para hacerlo del cuadro de la sección. Asegúrese de que entienden los enunciados y déjeles unos minutos para la realización del ejercicio. En la corrección, una vez que los estudiantes ponen en común sus diferentes propuestas, pida una reacción por parte de otros compañeros.

Cuaderno de ejercicios p. 9
Actividades 1.1. y 1.2.

EXPRESAR FINALIDAD Y CAUSA DE UNA ACCIÓN

Por	Para
■ Con **por** expresamos: • **Causa** por la que se realiza una acción: – *A estos famosos los han elegido* ***por*** *su relación con la cultura y* ***por*** *su carrera profesional.*	■ Con **para** expresamos: • **Finalidad**, meta u objetivo por el que se realiza una acción: – *Han contratado a dos famosos* ***para*** *organizar un taller con el Departamento de Literatura.*
■ Otros usos: • **Aproximación temporal y espacial:** – *Los Beatles triunfaron* ***por*** *los sesenta.* – *Ana ha viajado* ***por*** *muchos países.* • **Medio de comunicación** (teléfono, correo electrónico, fax): – *Me enteré del premio de Ana* ***por*** *la tele.* • **A través de:** – *Cuando miré* ***por*** *la ventana estaba lloviendo.* • **Frecuencia:** – *Vamos al cine dos veces* ***por*** *semana (dos veces a la semana).*	■ Otros usos: • **Tiempo límite o plazo:** – *Los deberes son* ***para*** *el próximo lunes.* • **Destinatario:** – *Estos talleres son* ***para*** *estudiantes.* • **Opinión:** – ***Para*** *mí, las películas románticas son muy aburridas.*
! – *Llegó tarde* ***por*** *estar en un atasco.* – *Llegó tarde* ***porque*** *estuvo en un atasco.* – ***Como*** *estuvo en un atasco, llegó tarde.*	! – *Estudió* ***para*** *ser directora de cine.* – *Estudió* ***con el objetivo/el fin/la finalidad*** *de ser directora de cine.*

4 **Selecciona la opción correcta.**

a Creo que el hotel está [por]/ **para** el centro.
b En vacaciones nos comunicamos [por]/ **para** correo electrónico.
c **Por** /[Para] los españoles, reunirse **por** /[para] comer es muy importante.
d Tenemos que estar listos **por** /[para] las ocho.
e Gracias [por]/ **para** todo, estas flores son **por** /[para] ti.
f Llamo [por]/ **para** teléfono a mi abuela una vez [por]/ **para** semana.
g No me sonó el móvil, es que estábamos pasando [por]/ **para** un túnel.

5 **Completa el siguiente cuestionario con *por* o *para*. Después, hazle las preguntas a tu compañero/a.**

Alumno A

a ¿Qué haces ...para... mejorar tu español?
b ...Para... ti, ¿qué es mejor: una película en tu casa o en el cine?
c ¿Has viajado mucho ...por... tu país?
d ¿Cómo te comunicas más con tus amigos: ...por... internet o ...por... teléfono?
e ¿...Para... quién piensas que deberían ser los descuentos en los teatros y los cines?

Alumno B

a ¿Cuál es la mejor película ...para... ti?
b ¿Cómo sueles entregar los trabajos de clase: ...por... correo electrónico o ...por... escrito?
c ¿...Para... quién piensas que se estrenan más obras de teatro?
d ¿...Por... qué países te gustaría viajar?
e ¿Cuáles son los mejores consejos ...para... sacar buenas notas?

Cuaderno de ejercicios p. 9 a 11 · Actividades interactivas

Unidad 1: p. 19

HABLAR POR HABLAR

Objetivo

• Expresar la finalidad y la causa de una acción.

4

a. por (aproximación espacial); **b.** por (medio de comunicación); **c.** Para (opinión), para (finalidad); **d.** para (tiempo límite o plazo); **e.** por (causa), para (destinatario); **f.** por (medio de comunicación), por (frecuencia); **g.** por (a través de).

EXPRESAR FINALIDAD Y CAUSA DE UNA ACCIÓN

Introduzca esta sección escribiendo en la pizarra estas frases con huecos: *___ aprender español hay que viajar ___ países hispanos. / Anoche cancelaron el concierto ___ la tormenta*. Pida que intenten completar los huecos con *por* o con *para*. Después, pregúnteles el porqué de su elección. Es el momento de introducir algunos usos de *por* y *para* y de reflexionar sobre ellos. A continuación, proyecte el cuadro con el resto de usos de *por* y *para* y de otros exponentes que también expresan causa (*porque*, *como*) y finalidad (*con el objetivo de*, *con el fin de*...), deteniéndose en aspectos de estilo o registro formal de algunos de ellos.

4

Actividad individual para discriminar los usos de *por* y *para*. Después, haga una puesta en común en la que los estudiantes tienen que tratar de justificar su elección tomando como referencia el cuadro de usos.

5

Actividad de integración de destrezas en la que cada miembro de la pareja completa los huecos de su cuestionario con *por* o *para* antes de hacerle las preguntas a su compañero/a. Aunque las preguntas de A y B son distintas, contienen los mismos usos, facilitando así que puedan comentar o corregir sus elecciones mutuamente. Paséese por la clase para asegurarse de que la interacción se está realizando de manera correcta en cuanto al uso de las preposiciones.

Como actividad adicional, divida la clase en dos grupos y encargue a cada uno la redacción de diez frases correctas e incorrectas empleando los usos de *por* y *para* presentados. Después, los grupos tienen que lanzarse las frases oralmente y confirmar si son correctas o no. Gana el grupo que más aciertos consiga.

Cuaderno de ejercicios p. 9 a 11
Actividades 1.3. a 1.7.

Actividades interactivas
Expresar curiosidad, incredulidad y sorpresa

Unidad 1: p. 20

PALABRA POR PALABRA

Objetivo

- Aprender el vocabulario relacionado con el cine y el teatro.

3

a. **Interpretar** un corto, una obra, una película, **profesión:** actor, actriz; b. **Estrenar** una obra, una película, un corto, **profesión:** director/a, cineasta; c. **Abrir** el telón, **profesión:** telonero; d. **Rodar** una película, un corto, **profesión:** cineasta, director, (el) cámara; e. **Protagonizar** una película, una obra de teatro, **profesión:** actor, actriz; f. **Escribir** un guion, una obra, **profesión:** guionista, escritor/a.

Material fotocopiable 1.2.

Respuestas:

El laberinto del fauno: **Nacionalidad:** hispano-mexicana; **Año de estreno:** 2006; **Dirección:** Guillermo del Toro; **Protagonistas:** Ivana Baquero, Ariadna Gil, Maribel Verdú, Sergi López y Álex Angulo; **Lugares donde se rodó:** diferentes localizaciones rurales de España; **Género:** cine fantástico/terror/suspense/drama.

Los otros: **Nacionalidad:** española; **Año de estreno:** 2001; **Dirección:** Alejandro Amenábar; **Protagonistas:** Nicole Kidman; **Lugares donde se rodó:** en un pueblo de Cantabria; **Género:** suspense/terror.

Los lunes al sol: **Nacionalidad:** española; **Año de estreno:** 2002; **Dirección:** Fernando León de Aranoa; **Protagonistas:** Javier Bardem, Luis Tosar, José Ángel Egido; **Lugares donde se rodó:** Vigo (Galicia); **Género:** drama/denuncia social.

Palabra por palabra VOCABULARIO

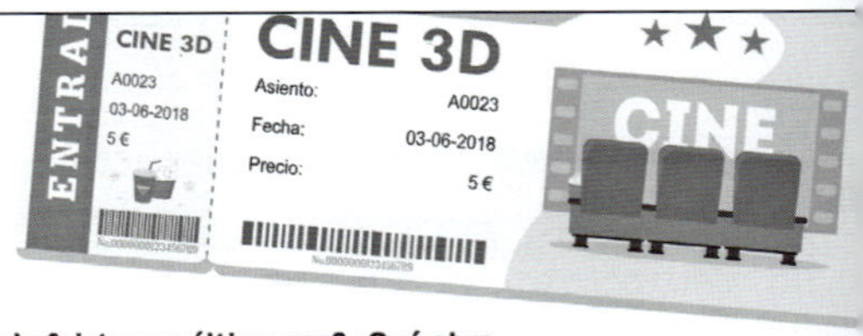

El cine y el teatro

1 ¿Qué prefieres: el cine o el teatro? ¿Cuándo fuiste por última vez? ¿Qué obra de teatro o película viste? ¿Sobre qué trataba? ¿Te gustó? Habla con tu compañero/a.

2 Clasifica las siguientes palabras en el lugar correspondiente.

escenario ▪ cámara ▪ actor ▪ corto ▪ director/a ▪ guion ▪ aplausos ▪ actriz ▪ decorado
espectador/a ▪ premio ▪ escritor/a ▪ obra ▪ rodaje ▪ público ▪ taquilla ▪ telón ▪ película
compañía ▪ cartelera ▪ efectos especiales ▪ festival ▪ séptimo arte ▪ cineasta ▪ argumento

Cine	Teatro	Cine y teatro
cámara, corto, guion, rodaje, película, efectos especiales, séptimo arte, cineasta	escenario, aplausos, decorado, escritor/a, obra, telón, compañía	actor, director/a, actriz, espectador/a, premio, público, taquilla, cartelera, festival, argumento

3 Ahora, asocia estos verbos con sustantivos del cuadro anterior. Después, escribe la profesión o profesiones relacionadas con estos verbos.

a Interpretar... ➔ .... ➔ ....
b Estrenar... ➔ .... ➔ ....
c Abrir... ➔ el telón ➔ telonero
d Rodar... ➔ .... ➔ ....
e Protagonizar... ➔ .... ➔ ....
f Escribir... ➔ .... ➔ ....

4 Amplía tu vocabulario con palabras de la misma familia. Fíjate en el ejemplo.

a Los **protagonistas** protagonizan una obra o película.
b Los **guionistas** escriben el .... de una película.
c El **telonero** abre el .... en el teatro.
d Los **decoradores** ganaron un premio por el .... de la obra.
e Javier Bardem, uno de los **intérpretes** de la película *No es país para viejos*, ganó un Óscar por su .... como Anton Chigurh.
f Los espectadores **aplaudieron** a todos los actores de la obra, pero la actriz principal recibió los .... más fuertes.

Cuaderno de ejercicios p. 11 y 12

1

Comience la secuencia animándolos a expresar sus gustos y hábitos en relación con el cine y el teatro, formulando las preguntas de la actividad. Para fomentar la expresión oral, es conveniente que los alumnos hablen durante unos minutos sin realizar corrección alguna.

2

Escriba en la pizarra, en tres columnas: *Cine / Teatro / Cine y teatro* y anímelos a que, en grupo clase y con los libros cerrados, digan y clasifiquen palabras que conozcan pertenecientes a estos campos semánticos. A continuación, abren el libro y se comenta el significado de los términos de la actividad; pregúnteles si los conocen y anímelos a explicar su significado.

3

Los alumnos tienen que completar las colocaciones léxicas con las palabras de la actividad anterior y, después, relacionar esas actividades con las profesiones que las realizan.

4

Actividad para ampliar el vocabulario de la sección con palabras de la misma familia léxica. Puede sugerirles ampliar la lista con otras palabras: *interpretar, el/la intérprete, la interpretación; estrenar, el estreno; rodar, el rodaje...*

Como actividad adicional, use el Material fotocopiable 1.2., donde que se incluyen tres textos sobre tres películas españolas (1), y sus fichas técnicas a completar (2). En tríos, reparta una tarjeta de la parte 1 a cada miembro del equipo para que la lean individualmente y se la cuenten a sus compañeros. Juntos deben completar las fichas técnicas, excepto el género, que rellenarán en la sesión siguiente.

Material fotocopiable 1.2. (1 y 2)
De película

Cuaderno de ejercicios p. 11 y 12
Actividades 1.8. a 1.11.

Géneros de cine

comedia

drama

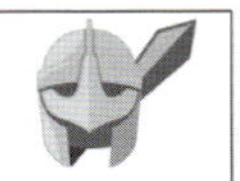
histórica

romántica

ciencia ficción

acción

denuncia social

terror

independiente

aventuras

5 Completa estas opiniones sobre el cine con las palabras de arriba.

1 No me gusta ir al cine para ver historias de amor tontas. Odio esas películas a románticas tan típicas del cine comercial como *3 metros sobre el cielo*. Prefiero sufrir un poco con las historias tristes y realistas de los b dramas o de las duras películas del cine de c denuncia social como *También la lluvia*, donde se habla sobre la eterna opresión de los poderosos sobre los débiles en cualquier época o contexto. Bueno, y también me gustan las películas d históricas como *Ágora*, donde puedes aprender sobre lo que sucedió en otras épocas sin tener que estudiar.

2 A mí me encanta morirme de miedo viendo una peli de e terror como *Rec*, o imaginar mundos de fantasía con una película de f ciencia ficción como *Verbo*, o de g aventuras de personajes como *Águila Roja*. Otra opción para un viernes por la noche es partirse de risa con una buena h comedia como *Familia*. Las carcajadas son muy buenas para la salud, por eso no me gustan las películas lacrimógenas.

3 Cuando voy al cine prefiero no pensar demasiado y pasar un buen rato, por eso no entiendo a la gente que odia el cine comercial. Dicen que el cine i independiente es muy artístico, pero muchas personas creemos que es demasiado serio y aburrido. En general, me gusta mucho el cine comercial, excepto las películas de j acción como *Celda 211*, creo que son demasiado violentas.

6 Vuelve a leer los textos y busca expresiones con estos significados.

a Reír mucho: partirse de la risa
b Sonido que hacemos al reír: carcajada
c Divertirse: pasar un buen rato
d Pasar mucho miedo: morirse de miedo
e Película que hace llorar: lacrimógena

7 Elige el significado adecuado para cada expresión.

1 ¿Qué tal los exámenes?
Me ha ido de cine.
(a) Me ha ido muy bien y lo he aprobado todo.
b Los resultados han sido normales.

2 ¿Vas a invitar a Matilde a tu fiesta? Es muy **cómica**.
a Es muy famosa.
(b) Es muy graciosa y divertida.

3 ¡No **hagas un drama**! Solo era un móvil.
(a) No exageres.
b No te preocupes.

4 Carmen **es muy protagonista**.
(a) Siempre quiere ser el centro de atención.
b Quiere ser actriz.

5 Carlos es **un peliculero**.
a Rueda películas.
(b) Es un poco mentiroso y exagerado.

Cuaderno de ejercicios p. 12 y 13 · Actividades interactivas

Unidad 1: p. 21

PALABRA POR PALABRA

Objetivos

- Aprender los diferentes géneros de cine.
- Conocer expresiones relacionadas con el cine.

GÉNEROS DE CINE

Escriba la palabra *género* en la pizarra y presente su significado. A continuación, muestre los diferentes géneros de cine que aparecen en la sección. Ahora sí, pueden terminar de completar la ficha 2 del **Material fotocopiable 1.2.** Anímelos a que digan títulos de películas que conozcan de los diferentes géneros.

5

Pida que completen individualmente las opiniones sobre el cine con los géneros que ya conocen. Completados los textos, haga una puesta en común y pregunte: *¿Qué tienen en común todas las opiniones?* El objetivo es llegar a la conclusión de que en todas las opiniones se habla de sensaciones y reacciones ante diferentes películas.

Después de la actividad, pregunte si conocen otros géneros y enseñe: *del oeste* o *western*, *de animación* o *dibujos animados* y *policíacas*.

6

Pida a sus alumnos que relacionen las expresiones con otras del texto que tengan el mismo significado y con los géneros que las representan.

7

Explique ahora que existen, en el lenguaje coloquial, un buen número de expresiones idiomáticas relacionadas con el mundo del cine y el teatro. En parejas, y por el contexto de las frases, tienen que deducir el significado de las expresiones en negrita. Después, haga una puesta en común y ofrezca las soluciones.

Como actividad adicional, tanto para reforzar la fijación de las expresiones aprendidas en la unidad como para activar estrategias de comunicación, realice un juego en el que un estudiante tiene que definir una expresión y el resto de la clase tiene que averiguarla.

Cuaderno de ejercicios p. 12 y 13
Actividades 1.12. y 1.13.

Actividades interactivas
El cine y el teatro. Géneros de cine

Unidad 1: p. 22

PASO A PASO

Objetivo

• Revisar los tiempos del pasado.

Paso a paso GRAMÁTICA

REPASO

REVISIÓN DE PASADOS

■ Recuerda que usamos:

pretérito indefinido	pretérito imperfecto	pretérito perfecto
• Para hablar de una acción terminada en un periodo de tiempo terminado sin relación con el presente: – *Anamar **volvió** de Venecia anoche.*	• Para describir personas, cosas y situaciones pasadas y para hablar de hábitos en el pasado: – *Cuando **vivían** en Madrid trabajaban juntos.*	• Para hablar de acciones terminadas en un pasado reciente o en un periodo de tiempo no terminado: – *Este año Anamar **ha ganado** dos premios.*

Videogramas

1 **Ayer Cristian llamó a Anamar y le dejó un mensaje en el contestador. Lee lo que le dijo y completa los espacios con los marcadores del recuadro.**

en ese momento ▪ otra cosa ▪ entonces ▪ luego ▪ el otro día

¡Anamar! Te he llamado mil veces esta semana. ¿Todavía no has vuelto de Berlín? Mira, te llamo para contarte que a ...el otro día... quedé con Paco para tomar una caña y me propuso colaborar en un taller de cine y teatro en su instituto. Yo acepté y b ...entonces... me sugirió organizarlo contigo. c ...En ese momento... dije que estabas muy ocupada, pero d ...luego... pensé: *Solo van a ser cuatro semanas y siempre te ha encantado trabajar con jóvenes...* Ah, e ...otra cosa..., la respuesta tiene que ser urgente. Paco necesita confirmar nuestra colaboración para empezar a organizarlo.

5 **2** **Ahora escucha el mensaje y comprueba.**

3 **Completa este cuadro con los marcadores de la actividad anterior.**

MARCADORES DEL RELATO

■ Sirven para indicar aproximadamente cuándo sucede una acción: ***una vez**, **hace unos días/meses/minutos/años**..., **un día**,* el otro día, en ese momento.

■ Sirven para dar continuidad y hacer avanzar la historia: ***al principio**, **después**, **a continuación**, **más tarde**, **unos momentos después**,* entonces, luego.

■ Sirven para añadir, puntualizar o especificar alguna información adicional: ***por cierto**,* otra cosa.

4 **Crea un diálogo entre Anamar y Cristian e interprétalo con un compañero/a. Tu profesor/a te dará toda la información para cada intervención.**

Cuaderno de ejercicios p. 13 a 15

22 veintidós

REVISIÓN DE PASADOS

Para la revisión de los pasados, contextualice el cuadro recordando el diálogo entre Ricardo y Daniela de la pág. 17 sobre el taller de teatro cuyos organizadores eran Anamar Orson, Cristian Pascual, y Paco, el profesor de Literatura. Los tres trabajaron en el pasado en la misma escuela. Señale las imágenes, lea las frases que las acompañan y reflexione con ellos sobre el uso de cada pasado en su contexto.

Proyecte el vídeo de gramática para ver una explicación gramatical de los tiempos del pasado.

Videogramas
Contraste pretérito perfecto, indefinido e imperfecto

Para motivar la siguiente actividad, pregunte: *¿Cómo creéis que se han puesto en contacto los tres amigos para organizar el taller?*

1 y **2**

Realice una primera lectura ignorando los huecos y pregunte: *¿Qué tiene de particular este texto?* Se espera que respondan que no sabemos cuándo sucede, ya que no hay marcadores temporales y la información aparece muy concentrada en el tiempo, sin pausas que separen y ordenen las acciones. Comente que, por ello, es conveniente usar en el relato marcadores que lo sitúen. A continuación, completan el mensaje de voz con los marcadores propuestos y comprueben sus respuestas con la actividad 2.

3

Los alumnos reflexionan sobre el uso de los marcadores del relato clasificándolos en el recuadro. Amplíe la lista si lo considera oportuno.

4

En parejas, preparan una conversación telefónica a partir de las sugerencias de las tarjetas del Material fotocopiable 1.3. y según el orden propuesto en ellas. Enseñe *aprobar las oposiciones.*

Material fotocopiable 1.3.
Una conversación telefónica

Cuaderno de ejercicios p. 13 a 15
Actividades 1.14. a 1.19.

PRETÉRITO PLUSCUAMPERFECTO

(1) *Anamar llegó a Madrid a las 19:00.*

(2) *Cristian dejó el mensaje a las 19:30.*

- **Fíjate:** *Cuando Cristian dejó el mensaje, Anamar* ***ya había llegado*** *a Madrid.*
- El **pretérito pluscuamperfecto** se usa para hablar de hechos terminados en un momento anterior a otro momento en el pasado.

yo	**había**	llegado / comido / vivido
tú	**habías**	
él, ella, usted	**había**	
nosotros/as	**habíamos**	
vosotros/as	**habíais**	
ellos, ellas, ustedes	**habían**	

In the verb table, the column at the right reads: lleg**ado**, com**ido**, viv**ido**.

Para otros usos, ver **Apéndice gramatical** p. 118

Videogramas

5 **Fíjate en la trayectoria de Anamar, una de los ponentes del taller de teatro, y completa las siguientes frases empleando el pretérito indefinido o el pretérito pluscuamperfecto.**

Bienvenidos | Sobre mí | Descripción | Perfil

Anamar ORSON

- Nació en Valencia, en 1970, donde vivió hasta que comenzó sus estudios universitarios en Barcelona.
- Terminó la carrera de Filología Clásica en 1992.
- Se mudó a Roma en 1993 y dos años después comenzó un máster en cine y televisión que terminó en 1998.
- En 1999 regresó a España, realizó un curso para enseñar español a extranjeros y comenzó a trabajar en una escuela de idiomas de Madrid.
- En el año 2001 escribió su primer guion para una miniserie de Telemadrid, lo firmó con el apellido de origen irlandés de su madre y, desde entonces, comenzó a llevar ese apellido.
- Rodó su primer corto en el año 2003, por el que recibió el premio del Festival de Cine de San Sebastián.
- En febrero de 2005 dejó la escuela. Un mes después, empezó a rodar *Laberinto*, su primera película premiada con dos goyas a la mejor película y al mejor actor revelación.

a Cuando Anamar ...escribió... (escribir) su primer guion en el año 2001, ya ...había comenzado... (comenzar) a trabajar en una escuela.

b Antes de rodar su primera película, Anamar ya ...había escrito... (escribir) un guion para Telemadrid.

c Cuando ...terminó... (terminar) de rodar *Laberinto* en marzo de 2005, Anamar ya ...había dejado... (dejar) la escuela de idiomas.

d Cuando Ana ...se hizo... (hacerse) famosa por su primera película, ya ...se había cambiado... (cambiarse) el apellido.

Cuaderno de ejercicios p. 15 y 16 · Actividades interactivas

Unidad 1: p. 23

PASO A PASO

Objetivo

- Aprender el pretérito pluscuamperfecto.

Material proyectable 1.2.

Respuestas:

Hablar de hechos terminados en un momento anterior a otro: a, c, f, i, j.
Expresar una acción posterior a otra en el tiempo: d, g.
Hablar de algo que se hace por primera vez: b, e, h.

PRETÉRITO PLUSCUAMPERFECTO

Comience recordando lo sucedido ayer con Anamar y señalando la hora de llegada de su vuelo en la primera imagen. Es conveniente dejar claro que *llegar* es una acción en el pasado anterior a *llamar*, sucedida también en el pasado. En este momento recuérdeles el mensaje de voz de la actividad 1 y señale la hora en la que se dejó (19:30). Concluya la presentación del pluscuamperfecto proyectando el cuadro y fijando su morfología.

A continuación, proyecte el vídeo de gramática para ver una explicación gramatical del pluscuamperfecto.

Videogramas
El pretérito pluscuamperfecto de indicativo

5

Continuando con el pretexto de la unidad, presente la biografía de la directora Anamar en orden cronológico. Después, de manera individual, completan el ejercicio. Es importante que los alumnos sean conscientes de que las acciones que aparecen en pretérito pluscuamperfecto son anteriores a las que aparecen en pretérito indefinido.

Como actividad adicional, para profundizar en otros usos del pluscuamperfecto, remítalos a la pág. 118 del *Apéndice gramatical*. Después, entregue por parejas un juego de tarjetas desordenadas del Material fotocopiable 1.4. Primero, forman frases correctas uniendo las tarjetas y, después, comprueban sus respuestas con el Material proyectable 1.2. y clasifican estas frases según el uso correspondiente del pluscuamperfecto. Como complemento y actividad más libre, sugiera la interpretación y narración del contexto de cada frase.

Material fotocopiable 1.4.
El pretérito pluscuamperfecto

Material proyectable 1.2.
El pretérito pluscuamperfecto

Cuaderno de ejercicios p. 15 y 16
Actividades 1.20. y 1.21.

Actividades interactivas
Revisión de pasados. Pretérito pluscuamperfecto

Unidad 1: p. 24

SUENA BIEN

Objetivo

- Aprender el uso de la letra *h*.

Suena bien PRONUNCIACIÓN

La letra *h*

- En español la letra ***h*** no se pronuncia nunca: *hola, hoy, hablar...*
- Se escriben con ***h***:
  - Las palabras que empiezan por ***hue-***, ***hie-***, ***hui-***: *huevo, hierba, huida...*
  - Las palabras que empiezan por los prefijos ***hidro-***, ***hiper-***, ***hipo-***, ***helic-***, ***homo-***, ***hetero-***: *hidrógeno, hipermercado, hipopótamo, hélice, homogéneo, heterogéneo...*
  - La mayoría de las palabras que empiezan por ***hosp-***, ***horm-***, ***horn-***, ***herm-***, ***hern-***: *hospital, hormiga, horno, hermético, hernia...* Hay excepciones como: *Ernesto, ermita.*
  - Otras palabras se escriben con ***h*** por derivación de palabras de la misma familia: *habitante, habitar, habitación...*

1 **Usa el diccionario y completa el cuadro con nuevas palabras.**

hue-	hie-	hidro-	hiper-
Respuesta abierta	Respuesta abierta	Respuesta abierta	Respuesta abierta

LA LETRA *H* EN PALABRAS HOMÓFONAS

- Existe un grupo de expresiones que suenan igual, pero que tienen significados diferentes:
  - ***a*** (preposición) / ***ha*** (verbo *haber*)
    *Voy **a** la estación.* / *No **ha** llegado el tren.*
  - ***ay*** (exclamación) / ***hay*** (verbo *haber*) / ***ahí*** (adverbio)
    *¡**Ay**! Me he golpeado con esa mesa que **hay** que quitar de **ahí**.*
  - ***haber*** (verbo) / ***a ver*** (preposición + verbo)
    *Este curso no va a **haber** excursión. **A ver** qué hacemos.*
  - ***hecho*** (verbo *hacer*) / ***echo*** (verbo *echar*)
    *He **hecho** un café. Siempre le **echo** dos cucharadas de azúcar.*
  - ***hola*** (saludo) / ***ola*** (movimiento del agua del mar)
    ▸ *¡**Hola**! ¿Qué te ha pasado?* ▸ *Estaba en la orilla, vino una **ola** y me mojó.*

6 **2** **Completa con las palabras homófonas anteriores. Después, escucha y comprueba.**

a Mónica ...ha... vuelto ...a... Madrid.
b Ven ...a ver... estos libros de cine tan chulos, creo que los van ...a... vender todos y no va ...a haber... más hasta el próximo mes.
c ¡...Ay... Isaac! Quita el portátil de ...ahí..., ¿no ves que no ...hay... espacio suficiente?
d ¡...Hola..., Sergio! ¿Has visto qué ...olas... tan buenas ...hay... hoy para hacer surf?
e Otra vez he ...hecho... una tortilla horrible, siempre le ...echo... demasiada sal.

Cuaderno de ejercicios p. 16 · Actividades interactivas

LA LETRA *H*

Presente la sección con el Material proyectable 1.3., donde se presentan diferentes grupos de palabras. Los estudiantes tienen que fijarse en la forma, mientras usted va pronunciando en voz alta las palabras a la vez que las señala sin preocuparse del significado. Primero, hay que llamar la atención en la ausencia de sonido, correspondiente a la grafía *h*, en todas las palabras. Después, mostrando cada grupo, intente que los alumnos infieran las similitudes de las palabras por compartir la misma raíz. Por último, recuérdeles que esta misma grafía, en palabras como *chocolate* o *chocar*, sí que tiene un sonido propio.

Material proyectable 1.3.
Palabras con h

1

Haga una puesta en común y reflexione sobre la frecuencia de uso y rentabilidad de los términos encontrados por los estudiantes.

LA LETRA *H* EN PALABRAS HOMÓFONAS

Antes de leer el cuadro, escriba en la pizarra la frase: *El tren que llega _a las cuatro todavía no _a llegado.* Lea la frase y pregunte en clase abierta: *¿Cuál de las dos "a" lleva hache?* Deje que los estudiantes respondan y utilice esta frase como pretexto para presentar esta parte del cuadro.

2

Antes de realizar la audición, lea las frases y asegúrese de que comprenden el contexto de cada una de ellas.

Cuaderno de ejercicios p. 16
Actividades 1.22. y 1.23.

Actividades interactivas
La letra h

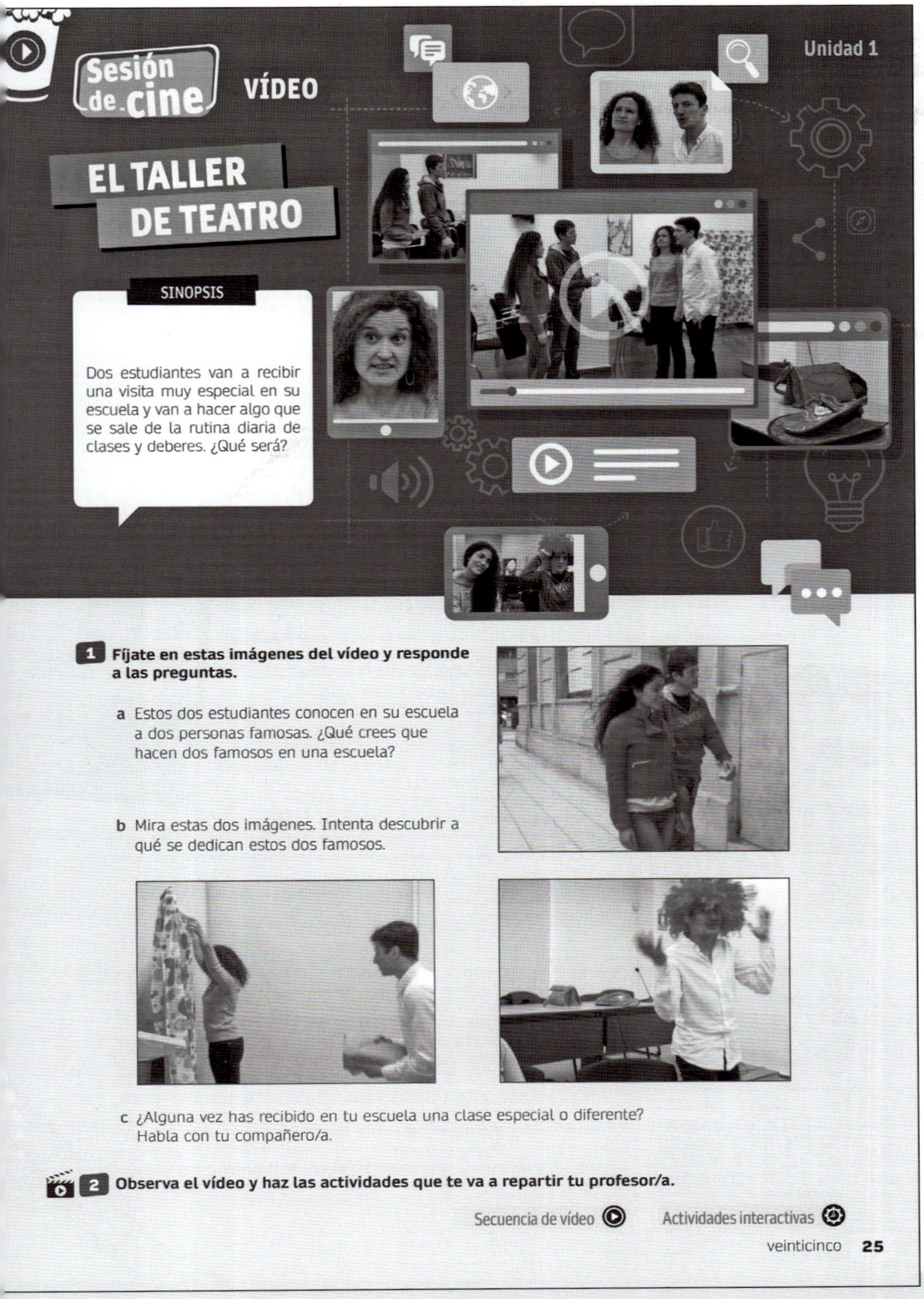

Unidad 1

Sesión de cine VÍDEO

EL TALLER DE TEATRO

SINOPSIS

Dos estudiantes van a recibir una visita muy especial en su escuela y van a hacer algo que se sale de la rutina diaria de clases y deberes. ¿Qué será?

1 **Fíjate en estas imágenes del vídeo y responde a las preguntas.**

a Estos dos estudiantes conocen en su escuela a dos personas famosas. ¿Qué crees que hacen dos famosos en una escuela?

b Mira estas dos imágenes. Intenta descubrir a qué se dedican estos dos famosos.

c ¿Alguna vez has recibido en tu escuela una clase especial o diferente? Habla con tu compañero/a.

2 **Observa el vídeo y haz las actividades que te va a repartir tu profesor/a.**

Secuencia de vídeo · Actividades interactivas

veinticinco **25**

Unidad 1: p. 25

SESIÓN DE CINE

Objetivos

- Visionar un vídeo donde aparecen los contenidos de la unidad.
- Comprender conversaciones cotidianas entre hispanos.

1

a. Están allí porque van a impartir un taller de teatro; **b.** Trabajan en teatro, son los personajes que se mencionaban en el diálogo de la página 17: la directora y guionista Anamar Orson y el actor Cristian Pascual.

Material fotocopiable 1.5.

Respuestas:

1. Anamar: b, h; **Cristian:** a; **Los dos:** c, d, e, f, g.
2. a. Porque para dar un curso tienen que pensar en los estudiantes y no en el público y en los críticos como cuando filman una serie o una película; **b.** Tendrán que hacer de actores, directores, guionistas, decoradores, etc.

Material fotocopiable 1.6.

Respuestas:

2. 1. d; **2.** c; **3.** f; **4.** a; **5.** b; **6.** e. **3. a.** V; **b.** F; **c.** F; **d.** V. **4.** Acercarse a las chicas y dejar a Sebas con Alba para que pueda hablar con ella a solas. **5. Alba:** a, d, e; **Sebas:** b, c, f. **6.** La casa de las paredes negras. **9. a.** F; **b.** V; **c.** F; **d.** F.

Diga a los estudiantes que observen las imágenes del vídeo e identifiquen los diferentes detalles que aparecen. Pregúnteles: *¿Dónde se desarrolla la acción? ¿Dónde están las personas que aparecen? ¿Por qué lo creéis?*

A continuación, invítelos a que lean la sinopsis de forma individual y comprueben sus hipótesis.

1

En parejas, los estudiantes tienen que observar cada una de las imágenes sobre los protagonistas del vídeo y contestar a las siguientes preguntas sobre el tema que va a aparecer en este.

2

A continuación, proyecte el vídeo y presente el Material fotocopiable 1.5.

Material fotocopiable 1.5.
El taller de teatro

Secuencia de vídeo
El taller de teatro

Actividades interactivas
El taller de teatro

Si lo desea, puede trabajar otros acentos a través de la serie hispana *¡Acción!* y del Material fotocopiable 1.6.

Material fotocopiable 1.6. (1 y 2)
La casa de las paredes negras

¡Acción!
La casa de las paredes negras

Actividades interactivas
La casa de las paredes negras

Unidad 1: p. 26

MUNDO HISPANO

Objetivo

- Acercar a los estudiantes al cine español.

Material proyectable 1.4.

a. El cine mudo y el sonoro. Pregunte por su fecha de inicio, cuándo llegó a España...; **b.** Las vanguardias, como el surrealismo en la pintura representado por Dalí, también llegan al cine experimental; **c.** La agitación política y social de los años 30 terminará en un terrible conflicto: la guerra civil española. Pregunte cómo creen que afectó este hecho histórico a la cultura y al cine; **d.** y **e.** Representan la Dictadura del general Franco, su victoria y posterior propaganda de un régimen privado de libertad y con censura; **f.** Representa la producción del cine de la época, películas centradas en estereotipos, niños prodigio y heroína folclórica; **g.** La fuerte influencia de la Iglesia Católica en los argumentos de las películas y en todo lo relativo a educación y cultura; **h.** Imagen que representa el inicio del cambio político y cultural después de la muerte de Franco: la Transición. Se instauró la monarquía con la figura del rey Juan Carlos I; **i.** Repercusiones culturales de la nueva época de libertad artística, *la movida* y el nacimiento de directores muy relacionados con este movimiento; **j.** Imagen que representa el éxito internacional del cine español: Garci gana un Óscar por *Volver a empezar* y Almodóvar es nominado por *Mujeres al borde de un ataque de nervios*; **k.** Imagen del pintor español nacido en el siglo XVIII Francisco de Goya. Los premios otorgados por la Academia de las Artes y las Ciencias Cinematográficas de España llevan su nombre; **l.** Imagen representativa del cine actual en España.

Mundo hispano

Cultura

BREVE HISTORIA DEL CINE ESPAÑOL

1 **Lee estos textos y ordénalos por orden cronológico.**

a [4] El cine español después de la Transición

Tras la muerte de Franco en 1975 y el inicio de la transición a la democracia, comenzó un importante periodo de libertad artística.
Sin embargo, en los años setenta el cine español sufrió una profunda crisis por la falta de infraestructuras. De esta época se recuerdan películas de reconocidos cineastas como Elías Querejeta y Pilar Miró, entre otros.
A partir de los años ochenta comienza un gran periodo para el cine español: directores como Pedro Almodóvar, José Luis Garci, Bigas Luna y Montxo Armendáriz, entre otros, iniciaron en estos años sus carreras y las desarrollaron con éxito nacional e internacional durante la década posterior.
Además, en 1986 se fundó la Academia de las Artes y las Ciencias Cinematográficas, organismo encargado de la organización de los famosos premios Goya y que ha promocionado y difundido los méritos del cine producido en este país.
En la actualidad, son muchos los directores españoles con éxito y reconocimiento internacional. Junto a los anteriormente nombrados, triunfan películas de Alejandro Amenábar, Julio Médem, Fernando León de Aranoa e Isabel Coixet.

b [3] El cine español y la Dictadura

El cine producido durante el franquismo fue, en general, un medio de propaganda de las ideas políticas, morales y religiosas oficiales. Las películas contrarias a la dictadura se censuraban o, simplemente, se prohibían. Florecieron las películas religiosas, las comedias y las películas de heroína folclórica o niños prodigio. En todas se exageraban los rasgos estereotípicos españoles y se defendían los valores políticos y religiosos del franquismo. A pesar de esta difícil situación, hubo casos de excepcionales directores como Luis García Berlanga y Juan Antonio Bardem, que consiguieron burlar la moral oficial rodando brillantes películas con influencia del realismo italiano de los años cincuenta, por ejemplo, *Bienvenido Mister Marshall*, de Luis García Berlanga (1953).

26 veintiséis

BREVE HISTORIA DEL CINE ESPAÑOL

Antes de la lectura, contextualice el tema de la sección y la secuencia de actividades con las imágenes del **Material proyectable 1.4.**, donde se proyectan conceptos clave de los textos. Comente las imágenes una por una conectando lo que representan con los contenidos y aspectos culturales de los textos que tienen que leer. Esto servirá de calentamiento y actividad motivadora.

Material proyectable 1.4.
Breve historia del cine español

1

Una vez comentadas las imágenes, los alumnos pueden proceder a la lectura de los textos para, posteriormente, ordenarlos. Pueden comparar sus respuestas en parejas antes de la corrección en grupo clase.

Antes de la lectura, enseñe o comente: *cine experimental, confiscación, cintas, fascistas, represión, exilio, propaganda, censura, heroína folclórica, niños prodigio, estereotipo, burlar, infraestructuras.*

Unidad 1

c [1] Los inicios

El 11 de octubre de 1896 Eduardo Jimeno Correas filmó *Salida de la misa de doce del Pilar de Zaragoza* con la primera cámara Lumière que un año antes había comprado en Lyon, Francia. Un año después, el barcelonés Fructuós Gelabert rodó *Riña en un café*, la primera película española con argumento. Posteriormente, el siglo XX comenzó con una producción de cine casi inexistente hasta finales de los años 20, época de vanguardias artísticas en Europa. Surgió así el cine experimental, representado por directores como Luis Buñuel que, con impactantes películas como *Un perro andaluz*, consiguió el prestigio internacional y cierto escándalo en España.

d [2] Cine y Guerra Civil

Cuando en 1928 llegó el cine sonoro a España, pocas productoras habían desarrollado medios técnicos para realizar películas. Esto provocó una crisis en la producción de trabajos cinematográficos, basados principalmente en adaptaciones literarias y alguna película experimental. De esta época destaca un buen número de documentales sobre la agitación social y política de los primeros años 30. La llegada de la Guerra Civil produjo una lógica crisis cinematográfica por la destrucción de los estudios y la confiscación de cintas del momento. El final de la guerra, con la victoria fascista del franquismo, inició una política de represión ideológica que afectó a todos los campos artísticos; así, en 1945, se quemaron todos los trabajos que se habían confiscado y numerosos cineastas brillantes tuvieron que exiliarse para poder seguir trabajando con libertad.

2 Ahora, escribe estos títulos en su texto correspondiente.

- Cine y Guerra Civil.
- El cine español y la Dictadura.
- Los inicios.
- El cine español después de la Transición.

3 Busca en los textos las frases donde se recogen estas afirmaciones.

a Las películas de Buñuel tuvieron proyección internacional, pero no se entendieron muy bien en España.
→ ....
b El ejército fascista retiró las películas y destruyó estudios cinematográficos.
→ ....
c Muchos de los mejores directores huyeron al extranjero por miedo a la represión.
→ ....
d El régimen franquista vigiló y controló las actividades cinematográficas.
→ ....
e La película *Bienvenido Mister Marshall* no fue censurada.
→ ....

CINE | ¡ESTÁ DE MODA!

El cine en español, y en especial el mexicano, tiene cada vez más presencia en los festivales y cines internacionales y, sin duda, el director más destacado del nuevo cine mexicano es Guillermo del Toro, que supo que quería dedicarse al cine desde niño, cuando veía las películas de animación japonesas. Cuando estudiaba en el instituto comenzó a filmar y a los 21 años rodó su primera película. En esa época también fundó el Festival de Cine de Guadalajara. Del Toro ha filmado películas basadas en cómics, de terror, históricas, de ciencia ficción... Sus dos películas más queridas son *El laberinto del fauno* y *El espinazo del Diablo*, porque le dieron a conocer en muchos países y le permitieron trabajar en proyectos más ambiciosos e interesantes. En 2017 produjo una fantasía romántica titulada *La forma del agua*, con la que consiguió cuatro premios Óscar.

Guillermo del Toro, en la presentación de la película *Don't be Afraid of the Dark*.

Cuaderno de ejercicios p. 16 y 17 · Actividades interactivas

Unidad 1: p. 27

MUNDO HISPANO

Objetivo

- Conocer al cineasta Guillermo del Toro.

3

a. Películas como *Un perro andaluz* consiguieron el prestigio internacional y cierto escándalo en España; **b.** Por la destrucción de los estudios y la confiscación de cintas del momento; **c.** Numerosos cineastas brillantes tuvieron que exiliarse para poder seguir trabajando con libertad; **d.** Las películas contrarias a la dictadura se censuraban, o simplemente, se prohibían; **e.** A pesar de esta difícil situación, hubo casos de excepcionales directores como Luis García Berlanga y Juan Antonio Bardem, que consiguieron burlar la moral oficial.

2

Continúa la secuencia de comprensión lectora poniendo un título a cada fragmento previamente ordenado.

3

Para cerrar la secuencia de comprensión lectora pida a los alumnos que encuentren en el texto frases con el mismo significado que las presentadas.

¡ESTÁ DE MODA!

Invite a los estudiantes a que lean el texto de la noticia. Forme grupos de trabajo y sugiérales la búsqueda de más información sobre Guillermo del Toro para una posterior presentación delante de la clase.

Si lo desea, invítelos a realizar la actividad colaborativa 1. En grupos, decidirán el género de cine que más les gusta a todos y aportarán ejemplos de películas pertenecientes a este.

Actividades colaborativas
Me encanta ese género

Cuaderno de ejercicios p. 16 y 17
Actividades 1.24. y 1.25.

Actividades interactivas
Breve historia del cine español

Unidad 1: p. 28

ÉRASE UNA VEZ...

Objetivos

- Conocer a Federico García Lorca.
- Analizar dos fragmentos teatrales de este autor hispano.

Érase una vez... LITERATURA

Federico García Lorca

Federico García Lorca fue un escritor andaluz perteneciente a la Generación del 27, **(1)**. La mayoría de los miembros del grupo estudió la obra de los clásicos españoles, publicó en las mismas revistas, vivió en la Residencia de Estudiantes y cultivó una literatura basada en la mezcla de lo popular y de lo culto, de lo tradicional y de lo moderno, mirando tanto a su entorno español como al ámbito universal.

Lorca, como casi todos sus compañeros, apoyó públicamente las reformas democráticas de la Segunda República, en especial las dedicadas a la cultura y la educación, **(2)**.

En aquella época, Lorca viajó también a Nueva York y Argentina, país en el que continuó con sus obras de teatro.

Durante los tres años que duró la guerra civil española y tras la victoria de Franco en 1939, muchos escritores tuvieron que huir al extranjero por miedo a la represión. **(3)**.

Sus libros de poemas más conocidos son *Romancero Gitano* (1928), *Poeta en Nueva York* (1930) y *Poema del cante jondo* (1931). **(4)** (en todas se producen conflictos entre las normas establecidas y la libertad). Sus temas son el amor, la muerte, el destino, la soledad, la frustración, la tradición, el campo... Sus personajes favoritos: la mujer, los gitanos, los niños y los marginados. Escribió con un estilo cuidado, tradicional y vanguardista al mismo tiempo, **(5)**.

1 **Las siguientes frases están extraídas del texto que acabas de leer. Escribe al lado de cada una el número del lugar en el que deberían aparecer.**

a Sus obras de teatro más famosas son *Bodas de sangre* (1933), *Yerma* (1934) y *La casa de Bernarda Alba* (1936) ➜ 4

b un grupo de escritores que compartieron experiencias y características literarias comunes. ➜ 1

c y su lenguaje sigue siendo muy investigado por sus enigmáticos símbolos: la luna, el caballo, el agua, los gitanos... ➜ 5

d Federico García Lorca no tuvo tanta suerte, murió asesinado en 1936, el mismo año en el que estalló la guerra. ➜ 3

e y fundó la compañía teatral La Barraca, con la que estuvo dirigiendo e interpretando diversas obras de teatro del Siglo de Oro por distintas ciudades y pueblos de toda la geografía española. ➜ 2

28 veintiocho

FEDERICO GARCÍA LORCA

Secuencia de integración de destrezas dentro de un contexto de contenido cultural. Comience la sesión sondeando los conocimientos previos de los alumnos sobre Lorca. Después de escuchar sus intervenciones, propóngales la lectura del texto que ofrece más datos de la vida y obra del escritor.

Como primera actividad facilitadora de la comprensión textual, sugiera que escriban un resumen de cada párrafo con el fin de extraer las ideas principales del texto, y que le den un título a cada uno de ellos.

1

Infórmeles que el texto que han leído está incompleto y que ahora lo van a ampliar intercalando las frases de esta actividad en el lugar correspondiente.

Deténgase en el último aspecto del texto y comente algunos de los temas y símbolos de Lorca. Como símbolos, se ofrecen algunas de las interpretaciones más aceptadas por los estudiosos del escritor. Es necesario matizar que la simbología lorquiana es muy compleja y que no siempre es unívoca, ya que depende del tema concreto de la obra. Dicho esto, comente el valor de algunos de los elementos más representativos de su simbología. Por ejemplo, elementos del paisaje, atmosféricos y de la naturaleza: el viento y el agua en movimiento como símbolo de libertad; el caballo puede simbolizar la muerte, pero también la energía e incluso lo masculino; la luna representa la muerte, pero también la esterilidad; las flores simbolizan la felicidad; la sangre, los instintos; las palomas, la masculinidad, etc. Por otro lado, los colores también tienen un fuerte sentido simbólico: el verde, que puede simbolizar muerte o rebeldía; el negro como símbolo de la represión, la falta de libertad o el fanatismo católico; o el rojo simboliza la sangre, el dolor o la pasión. Con estos datos se facilita la realización de las actividades siguientes.

2 Escucha estos fragmentos y relaciónalos con la obra de teatro de Federico García Lorca a la que pertenecen.

a

Señora: Niña, dame un abanico.

Amelia: Tome usted. (*Le da un abanico redondo con flores rojas y verdes.*)

Señora: (*Tirando el abanico al suelo*) ¿Es este el abanico que se da a una viuda? Dame uno negro y aprende a respetar el luto de tu padre.

Martirio: Tome usted el mío.

Señora: ¿Y tú?

Martirio: Yo no tengo calor.

Señora: Pues busca otro, que te hará falta. En ocho años que dure el luto no ha de entrar en esta casa el viento de la calle. Haceros cuenta que hemos tapiado con ladrillos puertas y ventanas. Así pasó en casa de mi padre y en casa de mi abuelo.

b

Chica joven y guapa:
¡Ay, qué prado de pena!
¡Ay, qué puerta cerrada a la hermosura!,
que pido un hijo que sufrir, y el aire
me ofrece dalias de dormida luna.
Estos dos manantiales que yo tengo
de leche tibia, son en la espesura
de mi carne, dos pulsos de caballo
que hacen latir la rama de mi angustia.
¡Ay, pechos ciegos bajo mi vestido!
¡Ay, palomas sin ojos ni blancura!
¡Ay, qué dolor de sangre prisionera
me está clavando avispas en la nuca!
Pero tú has de venir, amor, mi niño,
porque el agua da sal, la tierra fruta,
y nuestro vientre guarda tiernos hijos
como la nube lleva dulce lluvia.

b ***Yerma***

Obra teatral de Federico García Lorca que narra la historia de Yerma, una joven campesina que sufre porque desea tener un hijo. La directora Pilar Távora adaptó la obra y en 1999 se estrenó en el cine.

a ***La casa de Bernarda Alba***

Fue la última obra de teatro de Lorca. En ella, Bernarda, mujer tradicional y autoritaria, encierra a sus hijas jóvenes en casa tras la muerte de su marido.
La obra fue llevada al cine en 1987 por el director Mario Camús.

3 **Contesta a estas preguntas.**

a ¿Cómo se llaman los personajes presentados como "Señora" y "Chica joven y guapa"?
→ ....

b ¿Qué características de la obra de Lorca observas en los textos?
→ ....

c ¿Qué tienen en común ambas obras?
→ ....

Actividades interactivas

Unidad 1: p. 29

ÉRASE UNA VEZ...

3

a. Bernarda Alba es la señora y Yerma es la chica joven y guapa; **b.** Personajes femeninos, la frustración, las tradiciones (como el luto), la falta de libertad...; **c.** Las dos son obras de teatro de Lorca, tienen personajes femeninos y han sido adaptadas al cine. También tienen argumentos de historias duras de falta de libertad y represión, y ambas muestran un lenguaje cargado de símbolos.

2

Comente las principales obras de Lorca y enlácelas con esta actividad. A continuación, presente los títulos de las obras *Yerma* y *La casa de Bernarda Alba*. Escriba el término *yerma* en la pizarra y proponga su búsqueda en el diccionario (RAE: *inhabitado, incultivado, que no tiene cultivo ni labor*). Proyecte las carátulas de las películas y señale el cartel de la primera preguntando por su relación con el término *yerma*: *¿A quién se refiere?* Después, comente la imagen del cartel de *La casa de Bernarda Alba* y pregunte por la relación de esas mujeres y por sus aspectos: *¿Qué personalidades pueden tener?* A continuación, proceda a la lectura de las fichas de ambas obras para comparar sus respuestas.

Después de la secuencia anterior, los estudiantes hacen una primera lectura y escucha de los fragmentos para relacionar cada uno con la obra a la que pertenece.

3

Tras esta primera lectura, los estudiantes tienen que responder a las preguntas relacionado la información de las fichas con los fragmentos.

Actividades interactivas
Federico García Lorca

Unidad 1: p. 30

ME PREPARO PARA EL DELE

Objetivos

- Familiarizarse con el examen de español DELE.
- Prepararse para lograr el nivel.

1

1. b (Al evento asistieron no solo directores y actores noveles, sino que contó con la presencia de un buen número de veteranos); 2. a (Este año la Academia de las Artes y las Ciencias Cinematográficas de España, organismo dependiente del Ministerio de Cultura, ha contado con un presupuesto mucho más bajo que en años anteriores, por lo que, después de unos meses de muchas dudas, ha conseguido celebrar su duodécima edición con la ayuda de la publicidad de empresas privadas); 3. c (Antes de entregar el primer premio, Amelia Guillén dedicó unas palabras a todos los profesionales anónimos del séptimo arte, técnicos de sonido, cámaras, maquilladores, decoradores...).

Me preparo para el DELE

Prueba de comprensión de lectura

1 **Lee el siguiente texto sobre un certámen cinematográfico y marca la opción correcta.**

XII EDICIÓN DE JÓVENES TALENTOS CINEMATOGRÁFICOS

Una apuesta por el cine más actual

El pasado 4 de marzo se celebró el duodécimo certamen de jóvenes talentos cinematográficos. Al evento asistieron no solo directores y actores noveles, sino que contó con la presencia de un buen número de veteranos que acudieron a interesarse por el trabajo de las nuevas generaciones.

Este año la Academia de las Artes y las Ciencias Cinematográficas de España, organismo dependiente del Ministerio de Cultura, ha contado con un presupuesto mucho más bajo que en años anteriores, por lo que, después de unos meses de muchas dudas, ha conseguido celebrar su duodécima edición con la ayuda de la publicidad de empresas privadas.

En la apertura del acto la presentadora, Amelia Guillén, agradeció la colaboración de estas empresas patrocinadoras y pidió al público un fuerte aplauso para los más de 300 candidatos a los diferentes premios.

Antes de entregar el primer premio, Amelia Guillén dedicó unas palabras a todos los profesionales anónimos del séptimo arte, técnicos de sonido, cámaras, maquilladores, decoradores..."todos ellos absolutamente imprescindibles, pero invisibles para la gran mayoría del público", señaló la presentadora.

1 Al certamen acudieron...
- a actores y directores jóvenes únicamente.
- (b) actores y directores de diferentes generaciones.
- c actores y directores de diferentes partes del mundo.

2 Este año el certamen ha estado en peligro...
- (a) por las pocas ayudas recibidas del Estado.
- b porque había pocas empresas patrocinadoras.
- c por la falta de candidatos.

3 La presentadora del certamen...
- a pidió un gran aplauso a los profesionales anónimos.
- b se emocionó al entregar el primer premio.
- (c) reconoció el trabajo de profesionales del cine no conocidos por el público.

30 treinta Cuaderno de ejercicios p. 17 a 19 Actividades interactivas

ME PREPARO PARA EL DELE

Dedique una sesión de clase para realizar esta actividad. No haga ningún tipo de comentario que sirva de ayuda a los estudiantes y simplemente deles las instrucciones como si fuera el examen real.

Para obtener más información sobre los diplomas DELE, acceda a *https://examenes.cervantes.es/es/dele-para-escolares/examenes/a2-b1*

También puede obtener modelos de exámenes similares a este en el manual *El Cronómetro. Nivel A2/B1 para escolares* (Editorial Edinumen).

La prueba de comprensión de lectura del DELE A2/B1 para escolares tiene cuatro tareas y se caracteriza por:

	Prueba de Comprensión de lectura
50 min.	Características
Tarea 1	Anuncios publicitarios, carteleras, mensajes personales y avisos de todo tipo (museos, libros, deportes, vacaciones, juegos, ropa, estudios, profesiones, asignaturas, lugares donde vivir...).
Tarea 2	Textos descriptivos, narrativos o informativos (anécdotas, información práctica, experiencias...): cartas, noticias, diarios, biografías, guías de viaje...
Tarea 3	Textos informativos simples (pueden ser sobre un personaje relevante en cualquier disciplina o campo profesional) o relatos (cuentos adaptados, fragmentos de novelas juveniles...).
Tarea 4	Textos descriptivos, narrativos, informativos o epistolares (anécdotas, información, relatos, entrevistas, etc.).

1

Para su corrección, lea con sus estudiantes el texto y aclare las dudas de vocabulario que puedan surgir. Pídales que subrayen en el texto las soluciones de cada una de las respuestas.

Cuaderno de ejercicios p. 17 a 19
Actividades 1.26. a 1.30.

Actividades interactivas
Expresión e interacción escritas
Expresión e interacción orales

¡Me lo sé!

Unidad 1

EVALUACIÓN

1 Relaciona.

.../4

1 ▸ Los materiales del taller son gratis.
2 ▸ ¡Han robado las cámaras del taller!
3 ▸ Han publicado las notas del examen de español.
4 ▸ Te aseguro que te envié el correo. ¿De verdad que no lo has recibido?

[2] a ▷ ¡Qué fuerte! Si las compraron ayer.
[4] b ▷ No, ¡qué raro!
[1] c ▷ ¡Qué guay!
[3] d ▷ ¡Anda ya! Si lo hicimos ayer...

2 Decide si son correctos los usos de *por* y *para*.

.../5

		Sí	No
a	El estreno de su primera película fue *para* mayo.		X
b	Mis padres van al cine una vez *por* semana.	X	
c	Mi sueño es poder viajar *para* el mundo.		X
d	Gracias *para* todo.		X
e	Es una película muy fuerte, no es muy adecuada *para* todas las edades.	X	

3 Escribe los verbos entre paréntesis en el tiempo de pasado correcto.

.../16

Cristian **a** .... (nacer) en 1971 en Bilbao, ciudad en la que **b** .... (realizar) sus estudios de Bellas Artes. Tres meses antes de terminar la carrera, **c** .... (decidir) su profesión, quería ser actor y **d** .... (mudarse) a Londres para perfeccionar su inglés y estudiar interpretación. Durante el tiempo en que **e** .... (vivir) en Londres, por las mañanas **f** .... (estudiar) Arte Dramático y por las tardes **g** .... (enseñar) español. Encontró ese trabajo con la ayuda de Paco, un profesor de español que **h** .... (conocer) antes de subir al avión en Madrid. En 1999 **i** .... (trasladarse) a Madrid, donde **j** .... (continuar) trabajando como profesor de español, de nuevo con Paco, que ya **k** .... (regresar) a España un año antes. En la escuela **l** .... (conocer) a Anamar y en el año 2002 **m** .... (actuar) por primera vez en una serie de televisión que **n** .... (escribir) Anamar el verano anterior. Por esta serie se hizo muy famoso y desde entonces no **ñ** .... (parar) de trabajar en cine, televisión y teatro. De hecho, se rumorea que últimamente **o** .... (recibir) varias ofertas de algunos de los directores más prestigiosos del mundo del cine.

4 Completa estas frases con una palabra o expresión relacionada con el cine y el teatro.

.../5

a Una persona que a menudo no dice la verdad es un/a ....
b Un tipo de cine más relacionado con el arte que con la taquilla es el cine ....
c Cuando he tenido un gran día o todo me ha salido bien digo que me ha ido ....
d Cuando vamos al cine para ver una comedia podemos escuchar muchas ....
e Para comprar las entradas de una película o una obra, tienes que pasar por la ....

Ahora soy capaz de...

		Sí	No
a	...expresar sorpresa y curiosidad en español.		
b	...expresar finalidad y causa.		
c	...hablar de acciones pasadas anteriores a otras pasadas.		
d	...hablar del cine español.		

Sigue practicando con... Spanish Blogger Misión 19

Actividades interactivas

Unidad 1: p. 31

¡ME LO SÉ!

Objetivos

- Practicar los contenidos aprendidos en la unidad.
- Autoevaluar su aprendizaje.
- Revisar lo aprendido con actividades lúdicas.

3

a. nació; **b.** realizó; **c.** había decidido; **d.** se mudó; **e.** vivió; **f.** estudiaba; **g.** enseñaba; **h.** había conocido; **i.** se trasladó; **j.** continuó; **k.** había regresado; **l.** conoció; **m.** actuó; **n.** había escrito; **ñ.** ha parado; **o.** ha recibido.

4

a. peliculero/a; **b.** independiente; **c.** de cine; **d.** carcajadas; **e.** taquilla.

¡ME LO SÉ!

En esta sección los estudiantes revisarán los contenidos vistos en la unidad. Esto le servirá para evaluar si estos han asimilado los objetivos propuestos.

Una vez que han terminado de realizar los ejercicios de estos apartados, es un buen momento para la reflexión sobre la evolución de su aprendizaje.

Actividades interactivas
Evaluación

AHORA SOY CAPAZ DE...

Explique a los estudiantes que esta actividad les servirá para evaluar su proceso de aprendizaje.

Pídales que reflexionen exhaustivamente y tomen conciencia de los conocimientos que han adquirido en esta unidad.

SPANISH BLOGGER

Invítelos a seguir practicando lo aprendido en esta unidad a través de la Misión 19. Con ella, los estudiantes podrán utilizar el español en un contexto divertido.

Misión 19
De película

Unidad 2

¡SUPERESPACIO!

Unidad 2: p. 32

Objetivos de la unidad

- Conocer el tema de la unidad y a los personajes del diálogo.
- Revisar contenidos de la unidad 1.

Recursos del profesor

Materiales fotocopiables
2.1. a 2.6.

Materiales proyectables
2.1. y 2.2.

Audios
8 a 13

Vídeos
- Serie: *Tienes que estudiar más*
- *Videogramas*:
  - *El condicional simple*
- *¡Acción!*: *Paella con curry*

Cuaderno de ejercicios
Unidad 2

Actividades interactivas
2.1. a 2.12.

Actividades colaborativas
Mi plato favorito

Spanish Blogger
Misión 20: *Una visita muy sabrosa*

Nota cultural.

En gran cantidad de revistas, tanto de adultos como de jóvenes, se especula bastante sobre las relaciones amorosas de la gente famosa. Ejemplo de revistas españolas para adolescentes es la revista *SuperPop* (*http://www.superpop.es/*).

Unidad 2

¡SUPERESPACIO!

Comunicación
- Pedir y dar consejos o recomendaciones
- Pedir permiso y favores
- Expresar probabilidad o hipótesis en el pasado

Vocabulario
- La comida
- ¡A cocinar!

Gramática
- Condicional simple

Pronunciación y ortografía
- La letra *y*
- La letra *x*
- La cursiva

Sesión de cine
- *Tienes que estudiar más*

Cultura
- Cuidamos nuestra salud

Literatura
- José Lezama Lima, *Paradiso*

¿Qué ves?

1 Fíjate en la imagen y elige la opción correcta.

1 La imagen representa...
a una revista de moda.
b una revista de cocina.
(c) una revista para jóvenes.

2 ¿Qué tipo de programa crees que es *Amor en directo*? Un programa...
(a) para encontrar pareja.
b de canciones de amor.
c de cotilleos de amor.

3 Maruchi es...
a actriz.
(b) cocinera.
c bailarina.

4 Mónica Pérez es...
(a) una famosa actriz.
b una cocinera.
c la participante de un concurso para encontrar pareja.

2 Lee el texto y descubre a qué fotografía de la revista se refiere.

Parece ser que el amor está en el aire. Varios rumores circularon días atrás sobre la famosa pareja, aunque esta foto parece confirmar que se aman.

a ☐ b ☒ c ☐ d ☐

32 treinta y dos

1

Pregunte a los estudiantes si identifican la fotografía y por qué aparece tanta gente diferente. Una vez identificada como la portada de una revista, pregúnteles también si leen este tipo de revistas, quiénes suelen aparecer en ellas, qué temas suelen tratar, etc. A continuación, invítelos a que sigan observando las imágenes y realicen esta actividad.

2

Motive a sus estudiantes preguntándoles si saben lo que significa el verbo *cotillear* y si les gustan las revistas del corazón y los cotilleos.

Una vez corregida la actividad, aproveche para preguntarles qué tipos de famosos suelen aparecen en ellas, si consideran que han ganado la fama de una manera justa, si es fácil hacerse famoso, si a ellos les gustaría llegar a serlo, qué ventajas o desventajas creen que tiene la fama...

Aproveche también la portada de la revista para buscar en internet algunas páginas y portadas de revistas para adolescentes españoles y explotar sus textos. Estas revistas pueden ser muy útiles para motivar al estudiante a la hora de trabajar contenidos.

Comenzamos con un diálogo

3 Escucha el diálogo y contesta a las preguntas.

		Carla	Lucía
a	¿Quién está muy "enamorada" de Maxi Castro?	X	○
b	¿Quién sabe más sobre la vida de Mónica Pérez?	○	X
c	¿A quién no le gusta la comida sana?	○	X
d	¿Quién pide ayuda para contestar un test?	○	X
e	¿Quién cree que la entrevista tiene mucha información sobre la vida de Maxi?	X	○

4 Ahora lee el diálogo y contesta verdadero (V) o falso (F). Corrige las afirmaciones falsas.

Lucía: Mira las fotos que trae esta semana la *SuperEspacio*. ¡Hay una entrevista a Maxi Castro!
Carla: ¿Maxi Castro? Déjame ver... Yo estoy enamoradísima de ese actor... Es tan guapo y tan simpático.
Lucía: Mira... también viene un test para saber si conoces bien la vida de Maxi... Y si aciertas todas las preguntas, participas en el sorteo de un viaje a París, la ciudad del amor. **¿Podrías ayudarme?**
Carla: Claro, yo conozco todos los secretos de la vida de Maxi. De todos modos, **yo que tú,** primero **leería** la entrevista y después **contestaría** el test. Seguro que esa entrevista contiene mucha información.
Lucía: ¿Has visto que parece que Mario Medina y Mónica Pérez están juntos?
Carla: ¿Mónica Pérez es la actriz de la película *La soga*?
Lucía: Carla, **deberías estar más informada**... Es la actriz de la serie *Sombras*. Es la que hace el papel de mala.
Carla: Bueno, vale. También sale la cocinera esa de *Salud al día*, el programa de televisión... A mi madre le encanta y en casa nos lo pone todos los días.
Lucía: A mí no me saques de las hamburguesas y las patatas fritas. Odio las verduras.
Carla: ¿En serio? No me lo puedo creer. Pues **deberías comer** más verdura. Es muy buena para la salud.

		V	F
a	Maxi Castro es un cantante muy famoso.	○	X
b	*Salud al Día* es un programa de cocina sana.	X	○
c	La actriz Mónica Pérez es protagonista en una serie de televisión.	X	○
d	La cocinera y el actor tienen un romance.	○	X

5 En el diálogo aparecen frases destacadas en negrita con un nuevo tiempo: el condicional simple. ¿Para qué crees que se usan en cada caso? Relaciona.

a [2] ¿**Podrías** ayudarme?
b [1] Yo que tú, **leería** la entrevista y después **contestaría** el test.
c [1] **Deberías** estar más informada...
d [1] **Deberías** comer más verdura.

1 Para dar un consejo o una recomendación.
2 Para pedir un favor.

Actividades interactivas

Unidad 2: p. 33

COMENZAMOS CON UN DIÁLOGO

Objetivos

- Comprender un diálogo oral y escrito.
- Introducir algunos usos del condicional.

4

a. falso (Maxi Castro no es cantante, es actor); **b.** verdadero; **c.** verdadero; **d.** falso (El actor Mario Medina tiene un romance con la actriz Mónica Pérez, y no con la cocinera Maruchi).

3

Diga a los estudiantes que van a escuchar una conversación entre dos adolescentes que están leyendo una revista. Invítelos a hacer una escucha selectiva con el objetivo de buscar la información necesaria para realizar la actividad.

Como en el diálogo se menciona un test, pregúnteles si conocen los "test de compatibilidad" y si han respondido alguna vez a alguno.

Finalizada la secuencia de actividades de comprensión lectora y auditiva, y si ve que los alumnos están motivados, puede proponerles que elaboren ellos su propio test. Este podría ser de compatibilidad deportiva, amorosa, musical, de estudios, etc. con el resto de la clase.

4

Pida a sus alumnos que lean el texto que han escuchado y que comprueben sus respuestas a la actividad 3. Aclare las dudas de vocabulario que crea oportuno.

A continuación, dígales que señalen si las siguientes afirmaciones son verdaderas o falsas.

5

Explique a los alumnos que en el texto aparece destacado un nuevo tiempo verbal: el condicional simple. Aunque es una forma verbal que estudiarán a lo largo de esta unidad, es buen momento para explicarles los dos usos principales de este tiempo.

Para finalizar con esta sección, dígales que en el diálogo también se hace referencia a una serie española, en este caso inventada. Aproveche para proponerles que investiguen cuáles son las series de actualidad en España o en algún otro país de Hispanoamérica. Por otra parte, pídales que busquen o aclaren cuáles son las características que definen a una serie de televisión.

Actividades interactivas *SuperEspacio*

Unidad 2: p. 34

HABLAR POR HABLAR

Objetivo

- Aprender a pedir y dar consejos o recomendaciones.

1

Posibles respuestas:

a. Yo que tú/Yo en tu lugar/Yo; **b.** inventas algo original/estudias bien tu papel; **c.** Yo/Yo que tú/Yo en tu lugar; **d.** ser tú misma/no ir demasiado arreglada, están buscando a alguien natural; **e.** Yo en tu lugar/Yo/Yo que tú; **f.** cantas una canción/recitas un poema/bailas.

Hablar por hablar COMUNICACIÓN

PEDIR Y DAR CONSEJOS O RECOMENDACIONES

- Para **pedir consejos**:
  – *¿Qué puedo hacer?* – *¿Podrías aconsejarme?* – *¿Tú qué harías?*
- Para **dar consejos** o **recomendaciones**:
  – ***Yo/Yo que tú/Yo en tu lugar***, *comería de una manera más saludable.*
  – ***Deberías/Podrías acostarte***. *Es tarde.*
- Otras formas:
  – *¿**Y si** comes menos fritos?*
  – *¿**Por qué no** vas al médico?*
  – ***Coge** un taxi, llegarás más rápido.*
  – ***No fumes**. Te hace daño.*
  – *Juan y tú **tenéis que** ir a ver esa película. Es preciosa.*

1 **Maxi Castro va a rodar una nueva película y los productores han organizado un *casting* para encontrar a una chica "actual" que participe con él. Carla se ha apuntado a las pruebas, pero ahora está muy nerviosa y cree que lo hará fatal. ¿Puedes ayudarla dándole algunos consejos?**

a ...., me aprendería muy bien el papel.
b ¿Y si ....? Vais a ser muchos en el *casting*.
c ...., me tomaría una infusión relajante antes de la prueba.
d Deberías ....
e ...., intentaría llegar de las primeras, seguro que después están cansados de ver a tanta gente.
f ¿Por qué no ....? Tú lo haces muy bien y eso es un punto extra a tu favor.

2 **La cocinera Maruchi da a sus telespectadores algunos consejos para llevar una alimentación rica y saludable. Completa los diálogos con los siguientes verbos.**

podrías ▪ practicaría ▪ tomaría ▪ deberías ▪ comería ▪ harías ▪ disminuiría ▪ prepararía

a

Isabel: Maruchi, te veo todos los días, mi problema es que últimamente estoy engordando mucho, ¿tú qué 1 harías para adelgazar?
Maruchi: Yo que tú, 2 comería con moderación y 3 prepararía las comidas con aceite, preferentemente crudo. También 4 disminuiría el consumo de azúcar y de sal.
Isabel: Uf... todo eso ya lo hago, pero engordo...
Maruchi: A lo mejor consumes más calorías de las que necesitas. En ese caso, yo en tu lugar, 5 practicaría ejercicio diariamente.

b

Alicia: Hola, Maruchi, me encanta tu programa. Mira, mi problema es que últimamente me encuentro muy cansada y, a veces, me duele la cabeza. El médico dice que estoy sanísima, pero yo me siento sin energías, ¿6 podrías darme algunos consejos?
Maruchi: Alicia, querida. ¿Seguro que te alimentas bien? En primer lugar, 7 deberías incluir legumbres y frutos secos en tu dieta. Para el dolor de cabeza, yo que tú, 8 tomaría abundante cantidad de agua durante todo el día.

9 **3** **Ahora escucha y comprueba tu respuesta.**

4 **Tu profesor/a te va a repartir unas tarjetas. Habla con tu compañero/a, pídele consejos para tus problemas y dáselos para los suyos.**

Cuaderno de ejercicios p. 20 y 21

PEDIR Y DAR CONSEJOS O RECOMENDACIONES

Introduzca la sección confesando a los alumnos que tiene un problema y que no sabe cómo solucionarlo. El problema puede ser que tiene que mudarse a un piso pequeño y no sabe qué hacer con tantos muebles, que su pareja no colabora en las tareas del hogar, que los hijos tampoco ayudan o que no hacen los deberes, etc. Naturalmente, los estudiantes intentarán darle algún consejo, por lo que aprovecharemos para introducir las expresiones para dar consejos que aparecen en el cuadro. Sería bueno repetirlas grupal e individualmente. Como todavía no han estudiado la forma del condicional, ayúdelos para que de esta forma se vayan habituando a ella hasta que la vean en la página 38.

1

Advierta a los alumnos que en esta actividad hay varias respuestas posibles. Pueden comparar sus respuestas en parejas antes de realizar la corrección en grupo clase.

2 y **3**

Después de la corrección, en grupos de 4 o 5 estudiantes, pueden dar otras sugerencias para evitar engordar y para evitar el dolor de cabeza.

4

Los estudiantes tienen unos problemas un poco graciosos o atípicos pero no pueden verlos. En parejas y por turnos, van cogiendo una tarjeta del **Material fotocopiable 2.1.** a la que le corresponde un problema, pero no pueden mirarla. Su compañero/a le tiene que dar diferentes consejos hasta que el estudiante adivine cuál es su problema. Juegan hasta que se terminen las tarjetas.

Material fotocopiable 2.1.
Tengo un problema

Cuaderno de ejercicios p. 20 y 21
Actividades 2.1. y 2.2.

PEDIR PERMISO Y FAVORES

- Para **pedir permiso** decimos:
  - *¿**Te importa si** me llevo estos libros?*
  - *¿**Puedo** cerrar la puerta?*
  - *¿**Podría** salir un poco antes de clase?*
- Para **pedir favores** decimos:
  - *¿**Me dejas** un boli?*
  - *¿**Te importaría** llevar estos libros a la biblioteca?* } *Formal*
  - *¿**Podrías** dejarme tu diccionario de español?* } *Formal*
  - *¿**Sería** tan amable de decirme la hora?* } *Muy formal*
- Para **explicar** o **justificar** el porqué de la petición se utiliza *es que*:
  - ***Es que** el mío lo he perdido.*

5 **Al programa *Amor en directo* acuden personas que quieren encontrar pareja, como Veer, un joven hindú que vive en España. Veer quiere causar buena impresión a la chica que va a conocer. Mientras espera en el camerino, imagina lo que dirá en la cita. Relaciona.**

1 ¿Te importa si
2 ¿Podría
3 ¿Puedo
4 ¿Me dejas
5 ¿Le importaría
6 ¿Podrías

a pasarme la sal?
b te llamo para vernos otro día?
c invitarte a cenar?
d acompañarte a casa?
e aconsejarnos en la comida?
f hacernos una foto juntos?

6 **Escribe el número de las frases de la actividad anterior al lado de la situación en la que crees que Veer las diría.**

a [6a] Están cenando y la comida está sosa.
b [4d] Acaban de salir del restaurante.
c [2e] Se acaban de sentar en la mesa del restaurante y piden ayuda al camarero.
d [1b] Se están despidiendo después de la cita.
e [3c] Han salido del plató de *Amor en directo* y están pensando qué hacer.
f [5f] Están pasando una buena noche y le pide al camarero un recuerdo de ella.

EXPRESAR PROBABILIDAD O HIPÓTESIS EN EL PASADO

- Si queremos **expresar probabilidad** en el pasado, decimos:
  - *Anoche **me acostaría** sobre las 2.* (Serían aproximadamente las dos, pero no estoy seguro).
  - ***Tendría** unos 15 años cuando conocí a Sara.* (No recuerda con exactitud la edad que tenía).

7 **La chica que tenía que encontrarse con Veer no ha venido al programa. En parejas, hablad sobre los posibles motivos.**

- *Sería...*
- *Tendría...*
- *Se quedaría...*
- *Estaría...*

Cuaderno de ejercicios p. 22 y 23 Actividades interactivas

Unidad 2: p. 35

HABLAR POR HABLAR

Objetivos

- Pedir permiso y favores.
- Expresar probabilidad en el pasado.

PEDIR PERMISO Y FAVORES

Proyecte el cuadro comunicativo o escriba en la pizarra las siguientes estructuras: (1) *¿Puedo...?*, (2) *¿Podrías...?* y (3) *¿Me dejas...?* A continuación, vaya preguntándoles mientras señala las estructuras que utiliza en cada momento: (1) *¿Puedo cerrar la ventana?, ¿Puedo escribir en la pizarra?...*; (2) *¿Podrías cerrar la ventana? Es que tengo frío, ¿Podrías escribir en la pizarra? ¿Podrías dejarme 50 euros? Es que necesito pagar las entradas del concierto...*; (3) *¿Me dejas 1 euro?, ¿Me dejas tu chaqueta? Es que tengo frío, ¿Me dejas una goma de borrar?...* Advierta que la primera estructura se utiliza para pedir permiso, mientras que las otras dos sirven para pedir favores. De esta manera realizan ya una reflexión gramatical sobre el tema que se introduce. Explique que los verbos *dejar* y *prestar* tienen aquí significados similares: *¿Me dejas un boli? / ¿Me prestas un boli?*

5 y **6**

Actividades para trabajar las estructuras que han visto de una forma controlada. Una vez hayan confirmado la situación en la que se podrían dar estas intervenciones, invítelos a que las representen.

7

Antes de realizar el ejercicio, introduzca el cuadro para expresar probabilidad o hipótesis en el pasado. Para ello, diga el nombre de alguien que no haya asistido a clase y proyecte el Material proyectable 2.1., donde aparecen fotografías que muestran distintas acciones, y anímelos a conjeturar sobre las causas de la ausencia de su compañero/a basándose en las imágenes que ven. A continuación, ya creado el concepto, realizan la actividad 7.

Material proyectable 2.1.
¡Qué raro!

Cuaderno de ejercicios p. 22 y 23
Actividades 2.3. a 2.6.

Actividades interactivas
Pedir y dar consejos o recomendaciones

Unidad 2: p. 36

PALABRA POR PALABRA

Objetivo

- Aprender el vocabulario relacionado con la comida.

Nota cultural.

Una alimentación básicamente sana debe incluir alimentos de los siguientes grupos: cereales, verduras, frutas frescas, leche y sus derivados, carnes, pescados, huevos, legumbres secas y azúcares y grasas (lo menos posible). La buena alimentación es básica en la adolescencia y la juventud. Consulte diferentes páginas de internet para ver qué tipo de alimentación se requiere durante estas etapas de la vida:

http://www.consumer.es/web/es/alimentacion/aprender_a_comer_bien/infancia_y_adolescencia/2001/11/20/35573.php

http://www.alimentacion-sana.com.ar/informaciones/Dietas/jovenes.htm

3 y **4**

bebidas con gas; merluza empanada; ensalada mixta; pan de molde; trozo de pastel; agua del grifo; fruta del tiempo; leche desnatada; yogur desnatado; patatas fritas.

10

(Véase la transcripción en la pág. 135)

---

abc **Palabra por palabra** VOCABULARIO

La comida

1 La famosa actriz Mónica Pérez sigue una dieta muy estricta para mantener su hermosa figura. Relaciona los alimentos con sus imágenes.

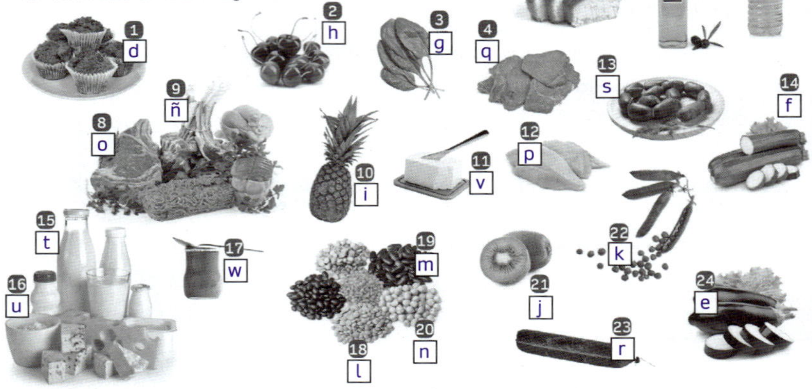

Aceites	Azúcares, dulces y pastelería	Verduras y hortalizas	Frutas
a aceite de oliva b aceite de girasol	c bizcocho d magdalena	e berenjena f calabacín g espinacas	h cereza i piña j kiwi

Legumbres	Carnes	Embutidos	Lácteos y derivados
k guisantes l lentejas m judías n garbanzos	ñ costilla de cordero o chuleta de cerdo p pechuga de pollo q solomillo de ternera	r salchichón s chorizo	t leche entera/descremada/desnatada u nata v margarina w yogur natural/desnatado/con frutas

2 Y tú, ¿qué alimentos crees que toma Mónica para seguir una dieta sana? Habla e intercambia opiniones con tu compañero/a.

3 Relaciona las siguientes palabras formando parejas, como en el ejemplo.

leche desnatada,

bebidas ▪ merluza ▪ ensalada pan ▪ trozo de ▪ agua ▪ fruta ~~leche~~ ▪ yogur ▪ patatas	fritas ▪ del tiempo ▪ de molde ~~desnatada~~ ▪ con gas ▪ desnatado ▪ mixta del grifo ▪ pastel ▪ empanada

10 **4** Escucha la conversación telefónica entre la actriz Mónica Pérez y Maruchi, la famosa cocinera, y comprueba tus respuestas de la actividad anterior.

Cuaderno de ejercicios p. 23 y 24

---

1 y **2**

Antes de proceder a la realización de las actividades, divida la pizarra en dos partes (*me gusta* y *no me gusta*). Pregunte a los estudiantes qué comidas les gustan y cuáles no. Vaya escribiendo las palabras relacionadas con la comida que le digan. De esta forma está sondeando el conocimiento de sus estudiantes.

3 y **4**

En la actividad 3 se pretende que los alumnos aprendan el vocabulario a partir de combinaciones léxicas. Pueden realizar la actividad y comparar sus respuestas en parejas, ya que la solución se da en la audición.

Como actividad adicional, trabaje con el Material fotocopiable 2.2. Reparta la ficha 1, que contiene la pirámide de los alimentos según un consumo saludable, y la ficha 2, que contiene fotografías de diferentes alimentos. Los estudiantes deben colocar las fotografías en el grupo correspondiente.

Si lo prefiere, también puede proyectar la pirámide para que los estudiantes se levanten, digan el nombre de la fotografía y la peguen en la pirámide.

Material fotocopiable 2.2. (1 y 2)

La pirámide de los alimentos

Cuaderno de ejercicios p. 23 y 24

Actividades 2.7. a 2.10.

¡A cocinar!

5 **Los siguientes verbos se utilizan habitualmente en la preparación de comidas. Relaciónalos con su correspondiente definición. Puedes utilizar el diccionario.**

1 Añadir
2 Escurrir
3 Aliñar
4 Poner en remojo
5 Guisar
6 Enjuagar
7 Cocer
8 Congelar
9 Triturar

- **a** Poner un alimento en agua durante un tiempo.
- **b** Quitar el agua a un alimento.
- **c** Limpiar con agua un alimento.
- **d** Partir un alimento en trozos pequeños.
- **e** Poner alimentos a muy baja temperatura para conservarlos frescos.
- **f** Poner un alimento crudo en agua caliente durante un tiempo determinado.
- **g** Preparar los alimentos haciéndolos cocer en una salsa.
- **h** Poner sal, aceite, vinagre o salsas a un alimento.
- **i** Agregar algo a una comida.

6 **Maruchi también prepara diferentes platos para la revista *SuperEspacio* y nos enseña algunos trucos para preparar una comida saludable y sabrosa. Utiliza los verbos del ejercicio anterior para completar los trucos de Maruchi. Fíjate en las imágenes.**

a Para conseguir unos garbanzos tiernos, los tienes que **1** ...poner en remojo... la noche anterior. Para las lentejas no es necesario, pero las tendrás que **2** ...cocer... lentamente.

b Si has comprado mucha carne y no la vas a comer el mismo día, la puedes **3** ...congelar..., así conservará todas sus propiedades.

c Para hacer una salsa de almendras, antes las tendrás que **4** ...triturar... bien.

d Después de cocer la pasta, la tendrás que **5** ...escurrir... antes de **6** ...añadir... la salsa.

e Antes de comer fruta, la deberás **7** ...enjuagar... bien.

f Para darle más sabor a la ensalada, la puedes **8** ...aliñar... con aceite de oliva.

g Para **9** ...guisar... un buen pollo, tienes que **10** ...añadir... al agua unas verduras o una salsa.

7 **Y tú, ¿sabes algún truco de cocina? Seguro que sí. Habla con tu compañero/a y comprueba quién es más "cocinitas" de los dos.**

Cuaderno de ejercicios p. 25 | Actividades interactivas

Unidad 2: p. 37

PALABRA POR PALABRA

Objetivo

- Conocer el vocabulario de las recetas de cocina.

5

1. i; **2.** b; **3.** h; **4.** a; **5.** g; **6.** c; **7.** f; **8.** e; **9.** d.

5

Pregunte a los estudiantes si les gusta cocinar y si saben preparar algún plato o alguna receta. Apóyese en los que dicen que les gusta o que saben cocinar algún plato; de este modo, se van introduciendo palabras que después aparecerán en la actividad.

A los que no muestran mucha habilidad en la cocina, indíqueles que en esta sección van a conocer algunos trucos para que les resulte más fácil cocinar.

En esta actividad, los estudiantes van a conocer el vocabulario básico que puede aparecer en cualquier instrucción de una receta de cocina. Realizan la actividad individualmente y después comparan sus respuestas en parejas. Finalmente, si es necesario, recurren a la ayuda del diccionario.

6 y **7**

Una vez realizadas estas actividades, puede utilizar el Material fotocopiable 2.3. para hablar de curiosidades relacionadas con la cocina o la comida. Algunos alumnos tienen la pregunta y deberán buscar al compañero/a que tenga la respuesta. Además de estas curiosidades, los estudiantes pueden aportar algún aspecto sorprendente o novedoso que conozcan. Esta actividad fomenta también la interculturalidad, ya que, si en la clase hay estudiantes de otras nacionalidades, pueden aportar datos sobre la cocina típica de su país o curiosidades culinarias de su cultura.

Material fotocopiable 2.3.
Curiosidades culinarias

Si lo desea, invítelos a realizar la actividad colaborativa 2. En grupos, pensarán en un plato que les guste y elaborarán la receta.

Actividades colaborativas
Mi plato favorito

Cuaderno de ejercicios p. 25
Actividades 2.11. y 2.12.

Actividades interactivas
La comida. ¡A cocinar!

Unidad 2: p. 38

PASO A PASO

Objetivos

- Aprender la forma del condicional simple de los verbos regulares.
- Aprender los principales usos del condicional.

2
Respuesta abierta.

Paso a paso **GRAMÁTICA**

CONDICIONAL SIMPLE: VERBOS REGULARES

Verbos regulares

	cantar	comer	escribir
yo	cantar**ía**	comer**ía**	escribir**ía**
tú	cantar**ías**	comer**ías**	escribir**ías**
él/ella/usted	cantar**ía**	comer**ía**	escribir**ía**
nosotros/as	cantar**íamos**	comer**íamos**	escribir**íamos**
vosotros/as	cantar**íais**	comer**íais**	escribir**íais**
ellos/ellas/ustedes	cantar**ían**	comer**ían**	escribir**ían**

- El **condicional simple** se usa para:
  - Dar consejos o recomendaciones:
    - *Yo/Yo que tú/Yo en tu lugar,* ***comería*** *más fruta y verdura. Comes fatal.*
    - ***Deberías*** *escribirle un mensaje. Creo que está preocupado.*
    - ***Podrías*** *dedicarte al deporte a nivel profesional. Eres muy bueno.*
  - Pedir permiso y favores:
    - *¿****Te importaría*** *hacerme un favor? Es que mañana tengo un examen...*
  - Expresar probabilidad o hipótesis en el pasado:
    - *En aquella época yo* ***ganaría*** *unos 1000 euros al mes.*

1 **La chica de la izquierda es Jazmín, que finalmente ha asistido al programa a conocer a Veer porque su amiga la ha convencido. Lee el diálogo entre las dos amigas y complétalo con los verbos en condicional.**

Jazmín: ¡Qué vergüenza! ¿Y qué hago si me hace una pregunta indiscreta?
Dhara: Yo le a ...respondería... (responder) con otra pregunta.
Jazmín: ¿Y si lo veo y no me gusta?
Dhara: Pues yo que tú, no b ...me dejaría... (dejarse, yo) llevar por la primera impresión y c ...cenaría... (cenar, yo) con él. Si después de la cena no te gusta, no d ...participaría... (participar, yo) más en el programa.
Jazmín: ¿Y si me gusta?
Dhara: Pues entonces e ...seguiría... (seguir) conociéndolo y, sobre todo, f ...quedaría... (quedar) con él fuera de las cámaras, ya sabes que la televisión engaña mucho... Si no que te lo digan a ti, que no querías ni ir...
Jazmín: Tienes razón, g ...debería... (deber, yo) conocerlo mejor. Pero igual me enamoro de él, y él no de mí, ¿te imaginas?
Dhara: ¡Ay, Jazmín! Yo no lo h ...pensaría... (pensar) más, ¡solo es un concurso! i ...Iría... (Ir), j ...me divertiría... (divertirse) un rato, k ...conocería... (conocer) a gente nueva y ¿quién sabe? Igual es el hombre de tu vida.
Jazmín: ¿Y si lo es?
Dhara: Pues entonces, yo l ...me casaría... (casarse) con él, y m ...sería... (ser, yo) muy feliz.
Jazmín: Y entonces... ¿Me n ...ayudarías... (ayudar, tú) a elegir el vestido de novia?
Dhara: ¡¡Grrrrrr!! Que sí, ¡¡pesada!!

2 **El pobre Veer también está muy nervioso. Como ya sabes qué opina Jazmín, ¿qué consejos le darías a Veer? Escríbelo en tu cuaderno.**

Querido Veer, yo en tu lugar...

CONDICIONAL SIMPLE: VERBOS REGULARES

Para introducir el cuadro gramatical, advierta a sus alumnos que el tiempo verbal que ha ido apareciendo en las anteriores secciones es el *condicional simple*. Explique que se forma con el verbo en infinitivo, al que se le añaden las desinencias *-ía, -ías, -ía, -íamos, -íais, -ían.*

Si lo cree conveniente, puede también señalar que algunos verbos son irregulares en la raíz e introducir las formas que se presentan en la siguiente página, pues, conociendo los irregulares del futuro imperfecto, los del condicional no revisten complicación.

Una vez han reflexionado sobre la forma, puede escribir en la pizarra, o bien ir diciendo, las diferentes frases en condicional que aparecen en el cuadro gramatical y pedirles que piensen en qué se expresa en cada una de ellas. Es de esperar que alguno diga: *dar consejos, dar recomendaciones, pedir permiso* o *pedir un favor*. Con estos ejemplos están revisando los diferentes usos del condicional vistos hasta ahora.

1

Pida que completen el diálogo con la forma correcta del condicional simple. Dígales que comparen sus respuestas con su compañero/a antes de representar el diálogo completo ante toda la clase.

2

Actividad de expresión escrita en la que los alumnos deben utilizar los contenidos vistos en la sección de comunicación y gramática. La posterior corrección de los textos puede servirle para confirmar si han asimilado correctamente los contenidos y si se debe repasar o aclarar algún aspecto.

CONDICIONAL SIMPLE: VERBOS IRREGULARES

Verbos irregulares

tener	→	**tendr-**	venir	→	**vendr-**	caber	→	**cabr-**	hacer	→	**har-**	ía ías ía íamos íais ían
poder	→	**podr-**	salir	→	**saldr-**	haber	→	**habr-**	decir	→	**dir-**	
poner	→	**pondr-**	valer	→	**valdr-**	saber	→	**sabr-**	querer	→	**querr-**	

- En todos los verbos irregulares del condicional simple, **la raíz** del verbo **cambia** y la terminación es la misma que en los verbos regulares.

Videogramas

3 **De los siguientes verbos, elige el más adecuado para cada frase y escríbelo en condicional.**

poner ▪ saber ▪ poder ▪ estar ▪ venir ▪ tener ▪ valer ▪ decir ▪ querer

a ...Tendría... unos cuatro años cuando empecé a dar mis primeros pasos como actor.
b No tengo nada que decir respecto a mi relación con Mario Medina. Yo que tú, ...pondría... en la revista que solo somos buenos amigos.
c Jazmín no ...vendría... al programa porque ...estaría... muy nerviosa.
d Yo ...diría... a todos los jóvenes que comer verduras es garantía de salud para el futuro.

4 **Ahora, identifica quién de los siguientes personajes de la revista *SuperEspacio* ha dicho las frases anteriores.**

1 [b]

Mónica Pérez

2 [c]

Veer

3 [a]

Maxi Castro

4 [d]

Maruchi

11 **5** **Escucha estas conversaciones y entrevistas de *SuperEspacio* y relaciónalas con su personaje correspondiente.**

a Personaje:	– ¿Qué **1** .... si a tu hijo no le gusta el sabor de casi ninguna? → Pedir consejo – **2** .... usar tu imaginación. → ....
b Personaje:	– **3** .... la primera vez que venía a la tele. → .... – ¿Y tú qué **4** .... entonces, Luz? → .... – Mira, yo **5** .... → ....
c Personaje:	– Sí, **6** .... decir que sí. → .... – Creo que no **7** .... hacer otra cosa. → .... – ¿Te **8** .... firmarme un autógrafo para mi hija? → ....
d Personaje:	– ¿**9** .... decirnos cuándo nació esa bonita amistad? → – Reconoces que Mario Medina **10** .... parte de tu vida privada. → .... – **11** .... limitarte a escribir lo que digo. → .... – Yo que tú, lo **12** .... claro de una vez. → ....

11 **6** **Vuelve a escuchar las entrevistas y completa las frases con condicional. Después, compáralas con tu compañero/a y decidid para qué se ha usado cada una.**

Cuaderno de ejercicios p. 25 a 27 — Actividades interactivas

Unidad 2: p. 39

PASO A PASO

Objetivo

- Aprender la forma del condicional simple de los verbos irregulares.

5

a. Maruchi, **1.** harías: pedir consejo, **2.** Deberías: dar consejo; **b.** Veer, **3.** Sería: expresar probabilidad o hipótesis en el pasado, **4.** harías: pedir consejo, **5.** esperaría: dar consejo; **c.** Maxi Castro, **6.** podríamos: expresar probabilidad en el pasado, **7.** sabría: expresar hipótesis, **8.** importaría: pedir un favor; **d.** Mónica Pérez, **9.** Podrías: pedir un favor; **10.** formaría: expresar hipótesis, **11.** Deberías: dar consejos o recomendaciones, **12.** dejaría: dar consejo.

11

(Véase la transcripción en la pág. 136)

CONDICIONAL SIMPLE: VERBOS IRREGULARES

Si presentó solo el condicional regular en la página anterior, aquí puede presentar el irregular del mismo modo que se ha indicado (explicando que tienen las mismas irregularidades que el futuro imperfecto) y realizar alguna actividad lúdica para su fijación. Como ejemplo, puede crear una historia encadenada a partir del hecho de encontrarse un billete de 20 euros. Por ejemplo, diga: *Con este billete compraría un diccionario de español*, y pase el turno a un estudiante que debe continuar la historia usando alguno de los condicionales irregulares, por ejemplo: *Y sabría hablar bien, y podría ir a España*, etc.

A continuación, proyecte el vídeo de gramática para ver una explicación gramatical del condicional simple.

Videogramas
El condicional simple

3 y **4**

Antes de presentar los ejercicios 3 y 4, es conveniente que pregunte a los estudiantes si recuerdan quiénes eran Maxi Castro, Mónica Pérez, Maruchi y Veer. Una vez que hayan recordado a estos personajes, pueden proceder a la realización de las actividades.

5 y **6**

Actividades de comprensión auditiva que constan de tres fases: en la primera escucha, tienen que relacionar cada conversación con sus personajes; en la segunda escucha, completan los diálogos con los verbos en condicional; por último, tienen que decidir cuál es el uso del condicional empleado en cada caso.

Cuaderno de ejercicios p. 25 a 27
Actividades 2.13., 2.14. y 2.15.

Actividades interactivas
El condicional simple

Unidad 2: p. 40

SUENA BIEN

Objetivos

- Conocer el uso de las letras *y* y *x*.
- Aprender a usar la letra cursiva.

Nota cultural.

El *virrey* fue una figura política que se encargaba de gobernar una provincia española. Tuvieron fundamental importancia en América, ya que eran los que gobernaban cuando este territorio pertenecía a la corona española.

Suena bien PRONUNCIACIÓN Y ORTOGRAFÍA

La letra y, la letra x y la cursiva

LA LETRA *Y*

- La letra ***y*** se conserva en los plurales de las palabras que en singular terminan en ***y***. Así, el plural se forma añadiendo ***-es*** final y el sonido vocálico de ***y*** pasa a ser consonántico: *rey* → *reyes*. Excepción: *jerséis* (singular *jersey*).
- Recuerda que hay algunos verbos que no contienen la ***y*** en su infinitivo, pero en los que esta sí aparece como irregularidad en las terceras personas (*oír, creer, caer* y los verbos con infinitivo terminado en ***-uir***: *construir, destruir, concluir, atribuir, huir...*).

1 **Forma el plural de las siguientes palabras.**

a ley → leyes
b buey → bueyes
c virrey → virreyes
d convoy → convoyes

2 **Completa conjugando los verbos correctamente.**

a Ayer Juan ...oyó... (oír) un ruido extraño y ...creyó... (creer) que era un ladrón. Salió corriendo para atraparlo, ...se cayó... (caerse) y el ladrón ...huyó... (huir) con todo el dinero.
b Isabel la Católica fue una gran reina, ya que ...construyó... (construir) un gran imperio.
c El huracán ...destruyó... (destruir) la casa de mis tíos en Santo Domingo.

LA LETRA *X*

- Usamos la letra ***x*** antes de los grupos **pl-** y **pr-**.

3 **¿*X* o *S*? Completa los espacios teniendo en cuenta la regla que acabas de aprender.**

a e..X..plotar
b e..X..plicar
c e..S..timado
d e..X..presión
e e..S..tupidez
f e..S..tatuto
g e..X..presar
h e..S..tirar

LA CURSIVA

- Se usa especialmente en:
  - Títulos de obras (literarias, artísticas, científicas o jurídicas), diarios, revistas, periódicos y publicaciones semejantes, cuando se citen por su nombre completo:
    – Mi abuelo siempre lee el periódico ***El País***.
    – ***Cien años de soledad*** es una de mis novelas preferidas.
  - La mayoría de las palabras o expresiones extranjeras que no están adaptadas al español: *blues, piercing, copyright, software*.

4 **Subraya las palabras que deberían estar escritas en cursiva.**

a A mí la música muy moderna me gusta pero prefiero el rock and roll.
b Britney Spears en un concierto cantó utilizando playback.
c Las Meninas de Velázquez es una de sus obras más conocidas.
d La Vanguardia es uno de los principales periódicos en España.

Cuaderno de ejercicios p. 27 y 28 · Actividades interactivas

1 y **2**

Lea con sus alumnos el cuadro explicativo sobre la letra *y* y escriba en la pizarra algunos ejemplos de palabras que contengan esta letra.

3

Explique que delante de los grupos *pl-* y *pr-* escribimos la letra *x* cuando forma parte de la síbala *ex-*, y proceda a realizar la actividad.

4

Lea con los estudiantes el cuadro con la explicación del uso de la cursiva e invítelos a subrayar en las frases las palabras que van en cursiva.

Después, realizan la actividad individualmente y comparan en parejas antes de la corrección.

Para cerrar la sección, haga un dictado de carreras. Divida a los alumnos por parejas y pídales que se sitúen en un extremo del aula. Pegue en la pizarra, en una pared o en un tablón fuera de la clase una hoja con el texto que se ofrece a continuación. Un estudiante de cada pareja tiene que correr hasta el lugar en el que esté el texto para leerlo y dictarle las frases a su compañero/a, que será el encargado de escribirlas; la pareja que primero escriba correctamente el dictado gana. Hágales ver que cuantas más palabras sean capaces de memorizar cuando lean el texto, menos veces tendrá que ir y venir y antes acabará de dictar. También puede variar la dinámica, haciendo que se turnen para dictar o escribir.

El dictado es: *En aquellos años raros el virrey prohibió el uso del convoy y del buey con una ley. No explicó nada y el pueblo explotó por la estupidez del Estatuto, por lo que intervino el rey, que dijo: "Estimado pueblo: la estupidez del virrey fue no expresar bien lo que quería decir por lo que le vamos a mandar al exilio".*

Cuaderno de ejercicios p. 27 y 28
Actividades 2.16., 2.17. y 2.18.

Actividades interactivas
La letra y*, la letra* x *y la cursiva*

Unidad 2

Sesión de cine **VÍDEO**

TIENES QUE ESTUDIAR MÁS

SINOPSIS

Mientras desayuna con su familia, Carla mantiene una conversación que hará que se enfade. ¿Qué crees que habría pasado?

1 **Con tu compañero/a, responde a las siguientes preguntas.**

a ¿Dónde estudias normalmente?
b ¿Crees que es importante el lugar y las condiciones del mismo para estudiar mejor?
c ¿Cuáles crees que deben ser esas condiciones?
d ¿Cómo es el lugar en el que tú estudias?

2 **Mira las imágenes y luego responde a las preguntas.**

a ¿Dónde están estas personas?
b ¿Qué relación crees que hay entre ellas?
c ¿Qué hora piensas que es? ¿Por qué?
d ¿Qué está haciendo cada uno?
e ¿Qué crees que están mirando?
f ¿Cómo crees que se llevan entre ellos?
g ¿De qué crees que van a hablar en los próximos minutos?
h ¿Cómo te imaginas que es Carla?

3 **Observa el vídeo y haz las actividades que te va a repartir tu profesor/a.**

Secuencia de vídeo · Actividades interactivas

cuarenta y uno **41**

Unidad 2: p. 41

SESIÓN DE CINE

Objetivos

- Visionar un vídeo donde aparecen los contenidos de la unidad.
- Comprender conversaciones cotidianas entre hispanos.

Material fotocopiable 2.4.

Respuestas: 1. a. En la cocina de casa; **b.** Son padre, madre e hija; **c.** Primera hora de la mañana, antes de ir a clase; **d.** El padre está desayunando, la madre preparando el desayuno y Carla desayunando y estudiando para un examen; **e.** La televisión; **f.** En el momento del vídeo, regular, están discutiendo; **g.** De los malos hábitos de estudio de Carla y sus malas notas; **h.** Por el vídeo, parece un poco irresponsable en los estudios. **2. a.** 4; **b.** 9; **c.** 2; **d.** 3; **e.** 6; **f.** 5; **g.** 8; **h.** 1; **i.** 10; **j.** 7. **3. Carla:** a, e, i, j; **Madre:** f, b, c; **Padre:** h, g, d. **4. a.** Que estudie en otro momento del día, con más antelación cuando tenga exámenes, que no tenga la tele encendida mientras estudia y que preste más atención en clase; **b.** Que estudie en un lugar tranquilo y que hable con el profesor para que le explique las cosas mejor; **c.** Mal, dice que el profesor le tiene manía y que ella lo entiende todo perfectamente, también se queja de que nadie la comprende; **d.** Un poco frustrados ante la reacción de su hija.

Material fotocopiable 2.5.

Respuestas: 3. a, d, f, g, h, i, l. **4.** mantequilla, frijoles, curry y otra especia más; **5. Sebas:** a, d; **Felipe:** b, c, e, f. **6. a.** la paella está todavía cocinándose; **b.** continúe trabajando; **c.** a quemado. **d.** pizzas. **7. a.** V; **b.** F; **c.** V; **d.** V; **e.** F; **f.** F; **g.** V; **h.** V. **8. Posibles respuestas:** a, b, c, d, e.

Diga a los estudiantes que observen las imágenes del vídeo. Tienen que identificar los diferentes detalles que aparecen en ellas. Hágales preguntas del tipo: *¿Dónde están los personajes? ¿De qué creéis que están hablando?* etc. Pídales que lean la sinopsis y respondan a la pregunta que se plantea en esta.

1

En parejas, los estudiantes tienen que realizar esta actividad como introducción al visionado del vídeo. Después, haga las preguntas a algunos alumnos para que compartan sus respuestas con el resto de la clase. No se preocupe por dar las respuestas exactas a las preguntas, ya que podrán confirmar estas una vez realizado el visionado.

2

El objetivo de esta actividad es trabajar con estas imágenes que aparecen en el vídeo para que hagan hipótesis sobre lo que se muestra en ellas. Después del visionado, podrán comprobar sus respuestas.

3

A continuación, proyecte el vídeo y presente el **Material fotocopiable 2.4.**

Material fotocopiable 2.4.
Tienes que estudiar más

Secuencia de vídeo
Tienes que estudiar más

Actividades interactivas
Tienes que estudiar más

Si lo desea, puede trabajar otros acentos a través de la serie hispana *¡Acción!* y del **Material fotocopiable 2.5.**

Material fotocopiable 2.5. (1 y 2)
Paella con curry

¡Acción!
Paella con curry

Actividades interactivas
Paella con curry

Unidad 2: p. 42

MUNDO HISPANO

Objetivo

- Aprender sobre el sistema sanitario español.

1

a. verdadero; **b.** falso (Se paga con el dinero de todas las personas que cotizan a la Seguridad Social, esto es, todos los trabajadores en activo); **c.** falso (Los extranjeros tienen derecho a la sanidad pública y si son extracomunitarios y no están empadronados, tienen derecho a ser tratados en urgencias solamente); **d.** verdadero; **e.** falso (Existe un calendario de vacunas obligatorio para bebés y para niños hasta los 14 y 16 años. La obligatoriedad provoca un alto índice de vacunaciones); **f.** verdadero; **g.** falso (Es exactamente al revés. Debido a la mejora en la calidad de vida, la gente vive más años; por otro lado, con la incorporación de la mujer al ámbito profesional y con las dificultades económicas actuales, la natalidad ha descendido).

12

(Véase la transcripción en la pág. 136)

Mundo hispano *Cultura*

CUIDAMOS NUESTRA SALUD

1 **Intenta responder si son verdaderas (V) o falsas (F) las siguientes afirmaciones sobre el sistema sanitario español. Después, coméntalo con tu compañero/a.**

- a ☒V Ⓕ El sistema social de salud es gratuito para todos los españoles aunque no estén trabajando.
- b Ⓥ ☒F La sanidad pública se paga con el dinero de los que más ganan.
- c Ⓥ ☒F Los extranjeros tienen que pagar si requieren los servicios de la salud pública.
- d ☒V Ⓕ España es el primer país del mundo en trasplantes y donación de órganos.
- e Ⓥ ☒F El sistema de vacunación de los españoles es pésimo. La mayoría de la gente no está vacunada.
- f ☒V Ⓕ En la sanidad pública hay que esperar mucho tiempo para operarse o ver a un especialista.
- g Ⓥ ☒F España tiene una esperanza de vida muy baja y una tasa de natalidad muy alta.

12 **2** **Ahora escucha parte de un debate entre oyentes de un programa de radio y comprueba las respuestas anteriores.**

3 **De acuerdo con la información proporcionada a través del programa radiofónico, intenta completar el siguiente texto sobre la sanidad española.**

El sistema sanitario español

España destaca a nivel mundial por su sistema de salud. Es gratuito para todos los españoles, incluso para los a ...extranjeros...

España es el número uno en b ...trasplantes... y c ...donación de órganos...

El sistema de vacunación de la población es uno de los más completos y alcanza a alrededor del d ...97... % de los ciudadanos.

El sistema nacional de salud es el servicio público más valorado por los españoles, y eso a pesar de que esperan una media de e ...dos meses... para operarse y alrededor de f ...50... días de media para ver al especialista.

España se encamina hacia una población envejecida. En 2060 casi el 60 % de la población activa tendrá más de 60 años. La esperanza de vida al nacer es de g ...81 años..., la más alta de la h ...Unión Europea... y la i ...cuarta... más alta del mundo. En cambio, la tasa de natalidad es j ...muy baja... Esta situación puede saturar el sistema y provocar que la sanidad española deje de tener el prestigio que ha tenido hasta ahora.

4 **Piensa en tu país. ¿Qué conoces sobre el sistema sanitario? ¿Sabes cuál es la esperanza de vida? ¿Y la tasa de natalidad? Háblalo con tu compañero/a. Después, en vuestro cuaderno, escribid un texto similar al que acabáis de leer con la información obtenida.**

42 cuarenta y dos

En las siguientes dos páginas, aparecen dos temas muy interesantes para el estudiante, como son el sistema sanitario en España y el tipo de alimentación que se sigue en este país. Animamos en esta parte a comparar el tema con lo que sucede en los países de los estudiantes. De esta forma, estamos potenciando la interculturalidad.

1 y 2

Antes de comprobar las respuestas con la audición, es importante que en parejas comparen sus respuestas, activando así sus conocimientos previos sobre el tema.

3

Los estudiantes tienen que completar el texto con las palabras clave del debate que han escuchado. Si lo cree conveniente, para facilitar la actividad, puede escribir las palabras con las que tienen que completar el texto en la pizarra para que las coloquen en su lugar correspondiente.

Antes de pasar a la siguiente actividad, asegúrese de que los estudiantes han entendido bien todas las palabras y conceptos relacionados con el tema.

4

En esta actividad, se pretende que los alumnos comenten lo que saben o se informen algo más acerca de cómo funciona y está organizado el sistema sanitario de sus países y también que sean conscientes y reflexionen sobre la situación actual en relación a la esperanza de vida y la tasa de natalidad. Para ello, se pueden organizar en pequeños grupos y, después de poner todos sus conocimientos en común, repartirse la tarea de buscar en internet toda aquella información que desconozcan. Una vez reunida toda la información, pueden escribir un texto similar al leído anteriormente tomándolo como modelo.

5 **Lee la siguiente información y marca las frases, según tu opinión, como aspectos negativos o positivos sobre la alimentación en España. Argumenta tu elección.**

La alimentación en España

a Casi la mitad de los niños españoles de 6 a 10 años tiene problemas de sobrepeso.

b El 47,6 % de los niños que comen en casa tiene sobrepeso.

c El porcentaje de sobrepeso entre los niños que se quedan a comer en el centro educativo disminuye hasta el 43 %.

d Los españoles no han perdido el interés por los productos tradicionales que propone la dieta mediterránea.

e Los niveles de sobrepeso y obesidad infantil en las familias con menos recursos económicos están alrededor del 48 %, casi ocho puntos por encima del exceso de peso detectado en las familias con mayor poder adquisitivo.

f Hay médicos que informan de que, con el desarrollo, los cambios en los hábitos y en la alimentación sí se han producido. El desarrollo económico permitió a los españoles elevar su nivel de vida, y eso se tradujo en más carne y menos actividad física.

g Los consumidores españoles actuales apuestan por una compra de productos tradicionales asociados a la dieta mediterránea que están ya elaborados o semielaborados.

h El nivel educativo de los padres también influye en la mala alimentación. Así, un 41 % de los hijos de padres con estudios universitarios tiene sobrepeso u obesidad, frente al 47,9 % de los que tienen estudios secundarios y el 47,6 % de los que solo han alcanzado estudios primarios.

i Existe una tendencia a alimentarse de manera más saludable debido a las diferentes campañas sobre la importancia de llevar una dieta equilibrada.

6 **Y vosotros, ¿lleváis una buena alimentación? Habla con tu compañero/a.**

GASTRONOMÍA | LA DIETA MEDITERRÁNEA

La comida mediterránea es típica de los países que rodean el mar Mediterráneo. Pero, ¿esta dieta existe o es un mito?

"El clima es el factor más importante de la dieta mediterránea, ya que produce una serie de ingredientes típicos de esta gastronomía", dice el Doctor José Ordovas.

Hay muchos platos típicos de los países mediterráneos que tienen ingredientes en común, como las verduras, las aceitunas, el pescado, el marisco, la fruta, el aceite de oliva y algunos condimentos.

"Culturalmente, los países del Mediterráneo pueden ser muy distintos. Y claro, su gastronomía también puede diferir, pero los ingredientes son los mismos", dice el doctor.

España es uno de estos países. Sin embargo, solo una parte del país está en el Mediterráneo y disfruta de este clima cálido. El norte de España, por ejemplo, tiene un clima más frío y lluvioso.

"En España, al hablar de los hábitos alimentarios, no se puede generalizar. El clima y la dieta varían mucho de norte a sur, o de este a oeste. En el norte se come marisco, pero también mucha carne y patatas. En el centro son típicos los guisos".

Verduras, queso, aceitunas, sal, pimienta y aceite de oliva, ingredientes típicos de la dieta mediterránea.

Cuaderno de ejercicios p. 28 y 29 | Actividades interactivas

Unidad 2: p. 43

MUNDO HISPANO

Objetivos

- Conocer los hábitos de alimentación en España.
- Reconocer la importancia de la dieta mediterránea.

5

Positivos: c, d, i; **Negativos:** a, b, e, f, g, h.

5

Lea con sus alumnos el texto y escriba en la pizarra si cada uno de los apartados son aspectos positivos o negativos.

Para conocer algunos alimentos que provienen de países hispanoamericanos, puede trabajar con el **Material fotocopiable 2.6.** Para fomentar el aprendizaje colaborativo, forme grupos de 5 alumnos en los que cada uno lea una ficha y cuente lo que ha leído al resto. Enseñe: *silvestre* (que crece en medio de la naturaleza, salvaje), *mazorca* (cuerpo del maíz), *preincaico* (anterior a la civilización inca), *hambruna* (período de mucha hambre), *venenosa* (producto que al ingerirse provoca graves enfermedades o la muerte) y *acogida* (recibida).

Como actividad adicional y para incidir en la importancia de llevar una dieta saludable, puede realizar el "Juego de adivinar los alimentos sanos" con el **Material proyectable 2.2.** Proyecte el material para que intenten memorizar la mayor cantidad posible de alimentos sanos que aparecen en él. Establezca un tiempo para dejar proyectada la imagen y retírela.

Material fotocopiable 2.6.
Alimentos de Hispanoamérica

Material proyectable 2.2.
Memoria visual saludable

6

Lea con ellos el texto sobre la dieta mediterránea y anímelos a que, en grupos de 4 o 5, elaboren una lista de diez consejos para evitar la obesidad. Puede también decirles que desde el Gobierno se quiere lanzar una campaña para evitar la obesidad en los adolescentes y que ellos pueden colaborar en la realización de un anuncio publicitario que luego expondrán en clase.

Cuaderno de ejercicios p. 28 y 29
Actividades 2.19. a 2.23.

Actividades interactivas
El sistema sanitario español y la alimentación en España

Unidad 2: p. 44

ÉRASE UNA VEZ

Objetivos

- Conocer a un autor hispano.
- Analizar un fragmento de una obra de literatura.

Nota cultural.

El Barroco latinoamericano debe su existencia no solo a Europa, sino también, como insinúa Lezama Lima, al modo de ser americano mismo. Hay diferentes factores que influyen en este: el arte precolombino, la exuberante naturaleza americana, el mestizaje racial, cultural y lingüístico de dos mundos y, por último, el sentimiento de descentramiento. Alejo Carpentier es el teórico que ha difundido la idea de la "América Barroca" con mayor rigor, descubriendo una constante barroca en el arte de las antiguas civilizaciones americanas. El escritor cubano afirma que el arte americano fue siempre Barroco y que América Latina ignoró los estilos clásico, romántico y gótico para pasar del Barroco indígena al Barroco español realizado por artesanos indios, que añadían al barroquismo español el colorido, la imaginación y la proliferación de la forma.

Extraído y adaptado de: http://cvc.cervantes.es/literatura/aiso/pdf/06/aiso_6_2_063.pdf

Érase una vez... LITERATURA

Lezama

1 Lee el texto sobre la biografía de Lezama Lima y contesta a las preguntas.

José Lezama Lima

José Lezama Lima nació en Cuba en 1910 y murió en 1976. Aunque se dedicó principalmente a la poesía y al ensayo, se le recuerda sobre todo por su faceta de novelista, en concreto por su obra *Paradiso*, publicada en 1966 y de gran repercusión internacional.

De estilo barroco, y considerado uno de los autores más importantes de la literatura hispanoamericana, ha influido en una gran cantidad de escritores tanto de su época como posteriores.

El argumento de su principal novela se centra en la infancia y juventud de José Cemí, el protagonista, a través del cual el autor construye todo un mundo poético en el que se mezclan la realidad, el mito y la fantasía, escritos con un excelente dominio de la lengua española.

Tras su publicación, en 1971, el hecho de abordar algunos temas controvertidos hizo que su novela no fuera bien vista por las autoridades cubanas, que la consideraron un escándalo y acusaron al autor de participar en actividades contrarrevolucionarias, algo que actualmente han rectificado.

Para muchos, Lezama fue el reinventor del lenguaje, describiendo una nueva realidad a través de la metáfora y de la imagen.

a ¿Por qué obra se reconoce internacionalmente a Lezama Lima? ¿Tuvo éxito?
→ Por la novela *Paradiso*, que tuvo un gran éxito internacional.

b ¿En qué se refleja la importancia de Lezama Lima dentro de la literatura hispanoamericana?
→ En que ha influido en una gran cantidad de escritores de su época y posteriores.

c ¿Fue entendida en su época la obra por parte de las autoridades cubanas? ¿Por qué?
→ No, se consideró un escándalo por abordar temas controvertidos.

d ¿Esa misma situación continúa actualmente? → No, han rectificado en la interpretación de su obra.

e ¿Qué tipo de estilo desarrolló Lezama Lima en *Paradiso*? → El estilo barroco.

f ¿En qué personaje se centra la novela? → En el personaje José Cemí.

g ¿Qué etapas de la vida del protagonista desarrolla? → Su infancia y su juventud.

h ¿Qué tipo de mundo construye Lezama Lima en *Paradiso*? → Un mundo poético en el que se mezcla la realidad, el mito y la fantasía.

2 El siguiente vocabulario forma parte de un capítulo de la novela *Paradiso*. Busca en el diccionario las palabras que no entiendas y elige la opción correcta.

1 Garzones:
a Adultos.
b Camareros.
(c) Jóvenes.

2 Refinamiento:
(a) Elegancia, buen gusto.
b Calidad de estrecho.
c Mal sabor.

3 Pachorra:
a Nombre de persona.
(b) Tranquilidad excesiva.
c De broma.

4 Acatar:
a Ordenar.
b Saborear la comida.
(c) Obedecer.

44 cuarenta y cuatro

1

En esta sección se presenta la figura de José Lezama Lima, uno de los autores hispanoamericanos con mayor proyección internacional. En un primer momento, presente su biografía, profundizando en su estilo literario, para presentar finalmente un extracto de su novela *Paradiso*.

2

Actividad para deducir el significado de algunos términos que aparecen en el texto de la siguiente actividad.

3 Escucha y lee este fragmento del capítulo VII de la novela *Paradiso*, en el que se hace una descripción pormenorizada sobre la comida servida en la mesa.

Paradiso

(1) *Los mayores solo probaron algunas lascas del pavo,* (2) *pero no perdonaron el relleno, que estaba elaborado con unas almendras que se deshacían y con unas ciruelas que parecían crecer de nuevo con la provocada segregación del paladar.*

(3) *Los garzones, un poco huidizos aún al refinamiento del suflé, crecieron su gula habladora en torno al almohadón de la pechuga,* donde comenzaron a lanzarse tan pronto el pavón dio un corto vuelo de la mesa de los mayores a la mesita de los niños, que cuanto más comían, más rápidamente querían ver al pavón todo plumado, con su pachorra en el corralón.

Al final de la comida, doña Augusta quiso mostrar una travesura en el postre. Presentó en las copas de champagne la más deliciosa crema helada. Después que la familia mostró su más rendido acatamiento al postre sorpresivo, doña Augusta regaló la receta: (4) *Son las cosas sencillas –dijo–, que podemos hacer en la cocina cubana,* (5) *la repostería más fácil, y que enseguida el paladar declara incomparables.* Un coco rallado en conserva, más otra conserva de piña rallada, unidas a la mitad de otra lata de leche condensada, y llega entonces el hada, es decir, la viejita Marie Brizard, para rociar con su anisete la crema olorosa. Al refrigerador, se sirve cuando está bien fría.

Luego la vamos saboreando, recibiendo los elogios de los otros comensales que piden con insistencia el bis, como cuando oímos alguna pavana de Lully.

Al mismo tiempo que se servía el postre, doña Augusta le indicó a Baldovina que trajese el frutero, (6) *donde mezclaban sus colores las manzanas, peras, mandarinas y uvas.*

4 **Ahora, relaciona estas frases con las partes del texto numeradas.**

a [2] El relleno del pavo estaba compuesto por frutos secos muy tiernos y buenos y por ciruelas muy ricas.
b [6] En el frutero había frutas de diferentes colores.
c [5] Los postres cubanos son de fácil preparación pero exquisitos.
d [3] Los jóvenes no estaban acostumbrados a esa comida tan refinada y se dedicaron a comer pollo.
e [1] Los adultos probaron un poco de carne.
f [4] La anfitriona habla de la sencillez de la comida cubana.

5 **Busca información sobre Lezama Lima y su obra en internet y contesta a las preguntas. Después, habla con tu compañero/a y comparad vuestras respuestas.**

a ¿En qué lugar pasó José Cemí, el protagonista de *Paradiso*, su primera infancia?
b ¿Qué tipo de niño era José Cemí?
c ¿Qué importante papel juega Oppiano Licario en la vida de José Cemí?
d ¿Quién lo inicia en el mundo de la poesía?
e ¿A qué corriente o periodo literario pertenece la obra de Lezama Lima?
f Además de Lezama Lima, ¿qué otros autores pertenecen a este movimiento?

Actividades interactivas

Unidad 2: p. 45

ÉRASE UNA VEZ

Nota cultural.
La narrativa hispanoamericana del siglo XX se caracteriza principalmente por su gran variedad de estilos y su indiscutible calidad literaria. A comienzos de siglo encontramos aún la huella modernista. Más tarde entramos en la llamada "novela de la tierra", de carácter social; dentro de la corriente social destaca la novela indigenista, en la que se denuncia la opresión del indio indígena. A partir de los 40 la novela hispanoamericana sufre una renovación: encontramos la vertiente metafísica (Borges y Lezama Lima), y la vertiente existencialista. La segunda mitad del siglo se caracteriza por la ruptura con el realismo y la aparición del conocido *realismo mágico*, donde lo real y maravilloso se convierte en la forma de intentar encontrar la identidad americana. A partir de los 60, la novela hispanoamericana asimila las innovaciones de la novela universal del siglo XX y las influencias de la literatura hispanoamericana o española anterior, es el periodo conocido como el *boom hispanoamericano*, debido a la avalancha de obras de calidad admirable de esa época.

5

a. En un campamento militar adonde su padre, coronel de artillería, se trasladó con toda la familia; **b.** Era un niño asmático, mimado por las mujeres de la familia y la servidumbre; **c.** Es una extraña figura que aparece como su maestro, precursor y protector espiritual; **d.** De niño, su tío Alberto Olaya lo inicia en los misterios de la poesía y a través de él conoce a Oppiano Licario, personaje fundamental en su historia futura; **e.** Al movimiento de la novela hispanoamericana del siglo XX y se la suele clasificar dentro de la narrativa metafísica; **f.** Jorge Luis Borges.

3

Ponga el audio para que los estudiantes lean el texto mientras escuchan la correcta pronunciación de las palabras que no conozcan.

4

El objetivo de la actividad es relacionar unos párrafos del texto con su significado para una mejor comprensión textual.

Actividades interactivas
José Lezama Lima, Paradiso

Unidad 2: p. 46

ME PREPARO PARA EL DELE

Objetivos

- Familiarizarse con el examen de español DELE.
- Prepararse para lograr el nivel.

Nota cultural.

La Puerta del Sol es el centro neurálgico de Madrid. A pesar de su nombre, en el lugar donde se encuentra no hay ninguna puerta, pero en sus orígenes fue uno de los accesos de la cerca que rodeaba Madrid en el siglo XV. Esta cerca recogía en su perímetro los arrabales medievales que habían ido creciendo extramuros, en torno a la muralla cristiana del siglo XII. El nombre de la puerta proviene de un sol que adornaba la entrada, colocado ahí por estar orientada la puerta hacia oriente.

El Oso y el Madroño es una estatua que se encuentra en la Puerta del Sol y es el símbolo de Madrid.

El Madroño es un árbol típico de la Comunidad de Madrid.

La chocolatería San Ginés es un lugar típico de Madrid para ir a tomar chocolate con churros. Es tradición tomar esta bebida en la madrugada de Año Nuevo.

Me preparo para el DELE

Prueba de comprensión de lectura

1 **Lee los siguientes textos y contesta a las preguntas.**

SUSCRIPCIÓN A LA REVISTA
SUPER*ESPACIO*

LA REVISTA PARA JÓVENES
A PARTIR DE 15 AÑOS

Ahora podrás disfrutar de las más interesantes noticias sobre actualidad, videojuegos, música, cine, deportes, literatura; propuestas de escapadas de fin de semana, salir por tu ciudad, talleres, concursos, entrevistas a tus ídolos, los consejos de Maruchi... ¡Todo esto y mucho más en la puerta de tu casa!

No te lo pienses más y aprovecha la OFERTA:
si te suscribes este mes,
¡RECIBIRÁS **GRATIS** LA REVISTA DURANTE 6 MESES!

Participa en el sorteo y ¡gana un viaje a París, la ciudad del amor!

¿CÓMO PUEDES PARTICIPAR?

Es muy fácil: tan solo tienes que leer la entrevista a Maxi Castro y responder al cuestionario sobre su vida que encontrarás en el interior de la revista. Después envíanos tus respuestas, bien por correo ordinario o por internet a través de nuestra revista digital. Entre los participantes que acierten todas las preguntas se realizará un sorteo ante notario. El nombre del ganador se dará a conocer en la publicación del mes de febrero.

NO LO DUDES, PARTICIPA Y ¡GANA!

***¿Qué ver en* Madrid?**

El paseo comienza en la Puerta del Sol, centro de Madrid. No olvides fotografiarte junto al Oso y el Madroño, uno de los símbolos de la ciudad. Después, dirige tus pasos a la calle Arenal y busca la chocolatería San Ginés, donde puedes desayunar un chocolate con churros.

1 Si quieres suscribirte a la revista *SuperEspacio*,...
   a debes tener más de 15 años.
   b no necesitarás bajar al quiosco a comprarla.
   c no tendrás que abonar ningún importe.

2 Podrás participar en el sorteo...
   a tan solo con contestar el cuestionario y enviar tus respuestas a la revista.
   b si has contestado correctamente al cuestionario.
   c si acudes a la celebración del sorteo que se realizará ante notario.

3 El texto sobre Madrid recomienda...
   a recorrer la calle Arenal.
   b encontrar la chocolatería en la calle Arenal.
   c evitar ir a la calle Arenal.

46 cuarenta y seis   Cuaderno de ejercicios p. 30 y 31   Actividades interactivas

ME PREPARO PARA EL DELE

De nuevo se recomienda que no haga ningún tipo de comentario que sirva de ayuda a los estudiantes y simplemente deles las instrucciones para que completen el examen. Es necesario que también limite el tiempo para completar la prueba.

Para obtener más información sobre los diplomas DELE, acceda a https://examenes.cervantes.es/es/dele-para-escolares/examenes/a2-b1

También puede obtener modelos de exámenes similares a este en el manual *El Cronómetro. Nivel A2/B1 para escolares* (Editorial Edinumen).

En la página 30 de este libro puede consultar las características de la prueba de comprensión de lectura del DELE A2/B1 para escolares.

1

En esta tarea aparecen textos breves de diferentes características como: anuncios de un periódico o un texto informativo sobre Madrid. El alumno deberá elegir la respuesta correcta entre tres posibilidades.

Cuaderno de ejercicios p. 30 y 31
Actividades 2.24. a 2.27.

Actividades interactivas
Expresión e interacción escritas
Expresión e interacción orales

¡Me lo sé!

1 Da consejos de acuerdo a las fotografías usando las estructuras aprendidas. Posibles respuestas

/3

a Yo que tú, conduciría con precaución.

b Yo en tu lugar, me tomaría una aspirina.

c Deberías comprar de forma responsable.

2 Relaciona las frases con sus correspondientes usos del condicional simple.

/5

1 Estoy hecho un lío, ¿tú que harías?
2 Yo que tú, cortaría la relación con ese chico.
3 ¿Podría hacer una llamada?
4 Ayer Nacho llegó muy tarde. Regresaría sobre la cuatro de la mañana.
5 ¿Podrías dejarme tu bolígrafo azul?

a Dar consejos o recomendaciones.
b Expresar probabilidad o hipótesis en el pasado.
c Pedir un favor.
d Pedir consejo.
e Pedir permiso.

3 Completa los espacios con el verbo en condicional simple.

/5

a Yo que tú, no saldría (salir) a la calle sin abrigo, hace mucho frío.
b Yo, no pondría (poner) tanto peso en la estantería, creo que no lo va a resistir.
c Yo creo que ayer vendría (venir, él) sobre las dos. Yo estaba ya en la cama.
d Yo en tu lugar, le diría (decir, yo) realmente lo que pienso.
e ¿Podríamos (Poder, nosotros) entregar el trabajo la semana que viene?

4 Clasifica estas palabras.

/14

piña ▪ judías ▪ calabacín ▪ solomillo de ternera ▪ lentejas ▪ pechuga de pollo
salchichón ▪ berenjena ▪ guisantes ▪ chuleta de cerdo ▪ espinacas
costillas de cordero ▪ cerezas ▪ garbanzos

Carnes y derivados	Frutas	Legumbres	Verduras y hortalizas
solomillo de ternera, pechuga de pollo, salchichón, chuleta de cerdo, costillas de cordero	piña, cerezas	judías, lentejas, guisantes, garbanzos	calabacín, berenjena, espinacas

Ahora soy capaz de...

a ...pedir consejos. Sí No
b ...dar consejos y hacer recomendaciones. Sí No
c ...hacer conjeturas en el pasado. Sí No
d ...entender una receta de cocina. Sí No

Actividades interactivas

Sigue practicando con... SPANISH BLOGGER Misión 20

Unidad 2: p. 47

¡ME LO SÉ!

Objetivos

- Practicar los contenidos aprendidos en la unidad.
- Autoevaluar su aprendizaje.
- Revisar lo aprendido con actividades lúdicas.

¡ME LO SÉ!

En esta sección los estudiantes revisarán los contenidos vistos en la unidad. Esto le servirá para evaluar si han asimilado los objetivos propuestos.

Una vez que han terminado de realizar los ejercicios de estos apartados, es un buen momento para la reflexión sobre la evolución de su aprendizaje.

Actividades interactivas
Evaluación

AHORA SOY CAPAZ DE...

Explique a los estudiantes que esta actividad les servirá para evaluar su proceso de aprendizaje.

Pídales que reflexionen exhaustivamente y tomen conciencia de los conocimientos que han adquirido en esta unidad.

SPANISH BLOGGER

Invítelos a seguir practicando lo aprendido en esta unidad a través de la Misión 20. Con ella, los estudiantes podrán utilizar el español en un contexto divertido.

Misión 20
Una visita muy sabrosa

Unidades 1 y 2

AHORA COMPRUEBA

Objetivo

- Repasar los contenidos aprendidos en las unidades 1 y 2.

Ahora comprueba

La revista del instituto

Los estudiantes del instituto han decidido crear su propia revista. En ella incluirán entrevistas, una sección de consejos, se hablará de cine, teatro y literatura o se informará de los últimos talleres o actividades impartidas en el centro.

1 **¿Qué revistas de jóvenes te gustan a ti? ¿Por qué? Habla con tu compañero/a.**

2 **Relaciona los comentarios de algunos alumnos sobre la nueva revista con lo que expresan.**

1 Cuenta, cuenta, ¿de quién ha sido la idea de crear la revista?
2 ¡Qué fuerte! ¿Has visto? ¡Entrevistan a la directora de cine Anamar Orson!
3 ¡Imposible! ¡Anamar Orson entrevistada por estudiantes del instituto!

a Incredulidad.
b Interés y curiosidad.
c Sorpresa.

3 **Completa los testimonios de algunos de los alumnos del instituto con las intervenciones que has leído en el ejercicio anterior.**

a Cuando me dijeron que los creadores de la revista habían hablado personalmente con ella, me sorprendí muchísimo. Lo primero que dije al escucharlo fue:

3

b Cuando estaba desayunando en la cafetería con Lucía, escuchamos a Dani contar que unos alumnos le habían propuesto a Paco, el profe de Literatura, crear una revista para el insti, y en ese momento yo le interrumpí:

1

c Ayer, en la puerta del instituto, estaban repartiendo ejemplares del primer número de la revista del insti. Cogí uno y con solo ver la portada ¡me quedé alucinada!, ¡no me lo podía creer! ¿Cómo lo habían conseguido? Así que fui corriendo a buscar a Carla y le dije:

2

4 **Lee parte de la entrevista que los alumnos realizaron a Anamar Orson y selecciona la forma correcta de los verbos y de las preposiciones *por* y *para*.**

Entrevistador: Pero entonces, Anamar, ¿usted y el actor Cristian Pascual se conocen desde hace mucho tiempo?
Anamar Orson: Sí, somos viejos amigos. Nos conocemos desde el 99, yo a **regresé** / **había regresado** a España b **por** / **para** hacer un curso c **por** / **para** enseñar español y fue entonces cuando d **conocí** / **había conocido** a Cristian.
Entrevistador: Y fue en esa misma época cuando e **conoció** / **había conocido** también a Paco, nuestro profesor de Literatura, ¿no?
Anamar Orson: Efectivamente.
Entrevistador: Por lo que sabemos, sus trabajos f **han ganado** / **habían ganado** un total de tres premios cinematográficos.
Anamar Orson: Sí, así es. En el año 2005 g **rodé** / **he rodado** mi primera película y h **recibí** / **había recibido** dos premios Goya. Pero este no fue mi primer premio i **para** / **por** mi trabajo en el cine. Dos años antes j **había ganado** / **ha ganado** la Concha de Oro del Festival de San Sebastián al mejor corto español.

48 cuarenta y ocho

1

Para introducir el tema, pregunte a sus alumnos si les gustaría crear una revista del instituto y, en ese caso, cuáles serían las secciones o contenidos de esta.

Pase a realizar la actividad 1 en la que se trabaja la interacción oral. Distribuya a los estudiantes en pequeños grupos y pasee por las mesas detectando errores. Una vez terminada la actividad, corríjala en grupo clase.

2

Antes de realizar la actividad, pida a los alumnos que reaccionen ante la siguiente información: una famosa directora de cine es entrevistada por los estudiantes para la revista del instituto. Puede anotar sus respuestas y analizar sus intenciones: sorpresa, incredulidad, curiosidad... A continuación, se analizan las intervenciones 1, 2, 3 relacionándolas con los usos a, b, c.

3

La secuencia continúa ampliando las intervenciones anteriores con los testimonios que los estudiantes del instituto han dado. Para ello, los alumnos tienen que relacionarlos.

Como actividad adicional, sugiérales que aporten otras reacciones a las intervenciones anteriores consultando, si es preciso, la parte de la unidad dedicada a este aspecto.

4

En esta actividad se integran los usos de *por* y *para* y el contraste del pretérito pluscuamperfecto con otros pasados. Los estudiantes completan las frases eligiendo una opción y después ponen en común las respuestas.

Si lo considera conveniente, puede remitir a los estudiantes a las secciones donde se tratan ambos contenidos para relacionar los verbos y las preposiciones del ejercicio con los usos y funciones vistos en la unidad.

14 **5** **Escucha los comentarios relacionados con la nueva revista del instituto y escribe su número al lado del consejo o recomendación correspondiente.**

- a [3] ¿Por qué no hablas sinceramente con ellos? Seguro que te entenderán.
- b [2] ¿Y si le pedimos una suya? Es tan maja que seguro que nos da alguna.
- c [6] Deberías organizarte, estudiar un poco todos los días y hacerte resúmenes y esquemas, porque si lo dejas todo para antes del examen, te agobiarás más.
- d [4] ¿Por qué no echas un vistazo a las sugerencias para el finde de la revista? Proponen un montón de planes alternativos: desde rutas turísticas por la ciudad, hasta intercambios de idiomas, excursiones a la sierra... Seguro que encuentras algo interesante.
- e [1] No te preocupes, tu problema tiene solución. Es evidente que te esfuerzas, pero creo que no estás dando los pasos acertados. Yo en tu lugar, buscaría un profesor particular.
- f [5] Eso se llama pánico escénico. Yo que tú, intentaría aprender algunas técnicas de relajación y centraría mis esfuerzos en prepararme bien el guion.

15 **6** **Escucha los diálogos completos y comprueba las respuestas de la actividad anterior.**

7 **Lee estos otros consejos o recomendaciones extraídos de la revista del instituto y relaciónalos con el texto correspondiente.**

1. ¿Por qué no haces el siguiente test de compatibilidad?
2. Yo que tú, esperaría un poco más y aclararía antes mis ideas.
3. Deberías contactar con la gente del lugar a pesar del miedo.
4. Trata de alcanzar una velocidad de cuatro a nueve kilómetros por hora.

- a [3] Imaginemos que viajas para hacer un curso de español a España. Aterrizas y te das cuenta de que todos tus miedos son reales. Te cuesta entender a la gente, entras en pánico y tomas el camino fácil: te juntas con personas de tu país de origen y hablas todo el tiempo tu lengua materna. ¡¡¡Error!!!
- b [1] ¡Sorpresa! Maxi Castro, nuestro actor favorito, está preparándose para el rodaje de su próxima película, eso ya lo intuíamos, ¿verdad? Pero lo que no sabíamos es que, según nos ha revelado, vuelve a estar soltero. Si quieres saber si eres compatible con Maxi,...
- c [4] Caminata rápida. Este ejercicio es uno de los más recomendables. El único equipo necesario es calzado cómodo y un camino. Alarga el paso y ve a un ritmo bastante rápido.
- d [2] Querida Alicia: Sé que estás pasando por un mal momento y que tal vez piensas que ese chico es el apoyo que necesitas, pero ahora mismo no te conviene empezar una relación.

8 **La nueva revista del instituto aún está en periodo de pruebas. Sus creadores necesitan buscarle un título y algunas sugerencias de los alumnos. Escribe una carta siguiendo las pautas.**

- a Propón un título.
- b Da algunas sugerencias y recomendaciones sobre sus contenidos.
- c Pide algún consejo.
- d Envía una receta de cocina para su próximo concurso de recetas.

Unidades 1 y 2

AHORA COMPRUEBA

14

1. He suspendido otra vez Matemáticas..., no sé cómo voy a aprobar esta asignatura, estudio un montón pero es que soy muy malo para los números.
2. ¡Qué horror! ¡¡¡Esta fotografía queda fatal!!! Se la ve desde muy lejos y borrosa, casi no se reconoce que es ella.
3. Estoy hecha un lío, no sé qué hacer... Por un lado, quiero seguir con la tradición familiar de ser médico y no quitarles la ilusión a mis padres, pero por otro pienso que es mi futuro lo que está en juego y que a mí lo que me apasiona es el periodismo.
4. Estoy aburrida de hacer siempre lo mismo el fin de semana: o película o discoteca. ¿Es que a nadie se le ocurre algún plan más interesante?
5. Nunca conseguiré que me seleccionen para el papel, cuando piso un escenario se me olvida todo y no me salen ni las palabras.
6. No sé qué hacer para aprobar Historia: es demasiada información y no consigo retener nada.

15

(Véase la transcripción en la pág. 137)

5

Introduzca la actividad pidiéndoles que imaginen que el instituto tiene una revista propia y formúleles preguntas: *¿Quién de la clase les parecería más adecuado para responder en una sección de consejos: un chico o una chica?* Sobre el grado de madurez y las diferencias entre chicos y chicas a esas edades: *¿Quién está más preparado para la vida?, ¿Quién es más maduro?, ¿Pensáis que los chicos son más inmaduros?, ¿Quiénes saben escuchar mejor?, ¿Quiénes dan mejores consejos?* El objetivo es romper los tópicos y potenciar la igualdad entre chicos y chicas.

A continuación, indíqueles que van a escuchar a estudiantes hacer comentarios sobre la revista del instituto, desde algunos que trabajan en su edición hasta otros que trabajan en la sección de consejos y otros que hojean la revista, y que relacionen las intervenciones con los diferentes consejos del libro. Es muy importante que los alumnos lean antes los consejos y que decidan en qué contexto se da cada uno.

6

Aquí escuchan los diálogos completos para corregir el ejercicio anterior. Después de la actividad, sugiérales que piensen ellos en otros consejos que hubieran dado en estos casos.

7

Actividad para relacionar unos textos extraídos de la revista escolar con las reacciones o consejos. Invítelos a presentar otros nuevos consejos y anótelos en la pizarra.

8

No hay que olvidar que la carta que escriban va a ir dirigida a otros alumnos que han creado una revista. Por ello, no es necesario que sean cartas formales (que se tratarán en la unidad 6), pero sí es importante que traten los cuatro puntos que se indican y que usen para ello las estructuras correspondientes aprendidas en las unidades 1 y 2.

Unidad 3 ¡OJALÁ!

Unidad 3: p. 50

Objetivos de la unidad

- Conocer el tema de la unidad y a los personajes del diálogo.
- Revisar contenidos de la unidad 2.

Recursos del profesor

Materiales fotocopiables
3.1. a 3.6.

Materiales proyectables
3.1. a 3.5.

Audios
16 a 20

Vídeos
- Serie: *La ONG*
- *Videogramas*:
  - *El presente de subjuntivo regular*
  - *El presente de subjuntivo irregular*
- *¡Acción!*: Casting *en Somalia*

Cuaderno de ejercicios
Unidad 3

Actividades interactivas
2.1. a 2.12.

Actividades colaborativas
El poeta Pablo Neruda

Spanish Blogger
Misión 21: *¡Me encanta ser solidario!*

Unidad 3

Comunicación
- Expresar el momento en el que ocurre una acción
- Expresar finalidad
- Expresar deseos

Vocabulario
- Las ONG y el voluntariado

Gramática
- Presente de subjuntivo

Pronunciación y ortografía
- Diptongos, triptongos e hiatos

Sesión de cine
- *La ONG*

Cultura
- Las ONG

Literatura
- Pablo Neruda, *Soneto LXXXIX*

¿Qué ves?

1 **Observa la imagen y responde a las preguntas.**

a ¿Qué van a hacer estos jóvenes?
b ¿Dónde crees que están desarrollando su tarea?
c ¿Has participado alguna vez en campañas solidarias? En caso afirmativo, ¿en qué consistía ese trabajo?

2 **¿Qué sabes de Guatemala? ¿Qué tipo de voluntariado es posible hacer en este país? Habla con tus compañeros.**

50 cincuenta

1

Antes de empezar, contextualice la imagen diciendo que representa a un grupo de jóvenes que está realizando unas actividades de voluntariado. Explique el significado de "donativos" si fuera necesario.

A continuación, invite a los estudiantes a responder a las preguntas y a que hagan sus suposiciones.

2

Escriba en el centro de la pizarra *Guatemala* y pregunte qué saben de este país centroamericano. Pregúnteles si les gustaría visitarlo. A continuación, proyecte imágenes del país para crearles esa motivación. Al finalizar, pregúnteles si han cambiado de opinión y por qué.

Comenzamos con un diálogo

16 **3** **Escucha el diálogo y marca verdadero (V) o falso (F).**

		V	F
a	Paula va a Guatemala a un colegio que han construido allí.	V	X
b	Va a estar en Guatemala dos semanas en julio.	V	X
c	Va a hacer un curso para aprender a convivir y a trabajar en equipo.	X	F
d	Quiere ir dormida durante el viaje.	X	F
e	Irene le desea buena suerte en su viaje.	V	X
f	El viaje de Paula es unos días después de terminar las clases.	V	X
g	Paula le contará muchas cosas a Irene desde Guatemala.	V	X

4 **Ahora lee y comprueba tus respuestas.**

Irene: ¡Hola, Paula! Oye, ¿has hablado ya con Ana? Es que esta mañana me ha dicho que a **quiere que vayamos** este verano a la casa que tienen sus tíos en la Costa Brava, y que si queremos, podemos pasar todo el mes de julio allí. Ellos ya no van nunca y la casa está vacía.

Paula: Sí, precisamente te llamo por eso. Es que me han ofrecido la posibilidad de ir a Guatemala **para ayudar** a construir un colegio. Así que yo no podré ir con vosotras.

Irene: ¡Qué me dices! Eso es estupendo, Paula. ¿Y vas tú sola?

Paula: Bueno, voy a través de una ONG que se llama *Ayuda en acción*. La verdad es que no conozco mucho a la gente pero, b **antes de irnos**, nos van a dar un curso durante dos semanas para saber lo que tenemos que hacer allí, conocer la situación, su cultura... y también **para que nos conozcamos** entre nosotros. ¡Vamos a estar un mes conviviendo y trabajando! c **Espero llevarme bien** con todos.

Irene: Ya verás como sí. ¿Y cuándo te vas?

Paula: d **En cuanto terminemos** las clases. De hecho, el avión sale el mismo día por la noche. ¡Ay, Irene! Son doce horas de avión y ¡odio volar! ¡e **Ojalá me quede** dormida pronto en el avión!

Irene: ¡Uf! ¡Doce horas! Bueno, tú llévate el libro que nos ha recomendado el profesor de Filosofía y seguro que te duermes enseguida. Yo lo intenté empezar el otro día pero, f **en cuanto lo abrí**, me quedé dormida. Oye, ahora en serio, me parece genial tu idea de ir a Guatemala, creo que va a ser toda una experiencia y g **te deseo de todo corazón que te vaya muy bien** y h **ojalá que tu esfuerzo sirva para que esos niños puedan vivir mejor**.

Paula: Muchas gracias. Ya te contaré i **cuando vuelva**. ¡Ah! y yo también j **espero que os lo paséis muy bien** en la Costa Brava. Daos un bañito en la playa por mí.

Irene: ¡Eso seguro! Pero bueno, nos veremos k **antes de que te vayas**, ¿no?

Paula: ¡Claro! ¡Faltaría más!

5 **Fíjate en las expresiones en negrita y completa los recuadros.**

Alguien expresa un deseo para otra persona	Alguien desea algo para sí mismo	Se habla del futuro	Se habla del pasado
a g, h, j	c, e	b, d, i, k	f

Actividades interactivas

Unidad 3: p. 51

COMENZAMOS CON UN DIÁLOGO

Objetivos

- Comprender un diálogo oral y escrito.
- Introducir los principales usos del presente de subjuntivo.

3

a. falso (El colegio no está construido aún, Paula va a colaborar en su construcción); **b.** falso (Va a estar un mes, lo que dura dos semanas es el curso preparatorio); **c.** verdadero; **d.** verdadero; **e.** falso (Le desea que le vaya bien en su trabajo con la ONG en Guatemala); **f.** falso (El vuelo sale el mismo día en el que se terminan las clases); **g.** falso (Paula le contará a Irene qué tal le ha ido cuando vuelva).

Nota cultural.

Guatemala es un país situado en América Central, con una amplia cultura autóctona producto de la herencia maya y de la influencia castellana durante la época colonial. Cuenta con una gran variedad climática y biológica producto de su relieve montañoso. Su capital es la Ciudad de Guatemala. Su población indígena compone un tercio de la población del país. El idioma oficial es el español, aunque cuenta con 23 idiomas mayas.

3 y **4**

En la actividad 3, los alumnos pueden leer previamente las afirmaciones para realizar una escucha discriminada.

Una vez realizada la actividad, se aconseja una lectura individual del texto que han escuchado. A medida que se va corrigiendo en grupo clase, puede resolver las dudas de vocabulario. Finalizada la corrección, en caso de que ningún estudiante lo haya mencionado, invítelos a que se fijen en que aparece un tiempo nuevo y a que lo marquen.

Dígales que este nuevo tiempo verbal se llama *presente de subjuntivo*. Haga un sondeo para ver si deducen cuándo se usa. Si ninguno de los alumnos menciona los usos, no se detenga, por ahora, a explicarlos y pase directamente a la actividad 5.

5

Una vez corregida la actividad, pregunte a los alumnos qué tienen en común las frases *a*, *g*, *h*, *j* por un lado, y las frases *d*, *i*, *k* por otro. La respuesta es que las primeras utilizan el subjuntivo para expresar deseos, mientras que las segundas lo usan para hablar de un tiempo futuro. A continuación, explíqueles que esas son algunas de las funciones que tiene este nuevo modo verbal, como van a ver en esta unidad.

Actividades interactivas
Verano en Guatemala

Unidad 3: p. 52

HABLAR POR HABLAR

Objetivos

- Expresar el momento en el que ocurre una acción.
- Expresar finalidad.

Material proyectable 3.1.

Respuestas:

1. b, c, a; **2. Acción habitual:** c; **Pasado:** b; **Futuro:** a; **3. a.** subjuntivo; **b.** indicativo; **c.** indicativo.

Material proyectable 3.2.

Respuestas:

a. La chica le llama por teléfono para preguntarle cómo está; **b.** Anima a su amigo para que sople las velas; **c.** Han quedado para comer juntas; **d.** Mira al cielo para ver si llueve; **e.** Va a la estación para despedirse de sus amigos y para desearles que tengan buen viaje; **f.** Se acercan a los novios para desearles que sean muy felices; **g.** Van a salir para pasear un rato; **h.** Le ha comprado una colección de libros de su autora favorita para que los lea este verano.

Hablar por hablar COMUNICACIÓN

EXPRESAR EL MOMENTO EN EL QUE OCURRE UNA ACCIÓN

- Para relacionar dos acciones en el **futuro**:
  - *– **Al** llegar a casa cenaré.*
  - *– Saldré **antes de/después de** cenar.*
  - *– Veré la tele **hasta que** termine de cenar.*
  - *– **Cuando/En cuanto** llegue a casa cenaré.*
  - *– Saldré **antes de que/después de que** cenes.*
- Para relacionar dos acciones en el **pasado**:
  - *– **Al** llegar a casa cené.*
  - *– Salí **antes de/después de** cenar.*
  - *– Vi la tele **hasta que** terminé de cenar.*
  - *– **Cuando/En cuanto** llegué a casa cené.*
- Para hablar de **verdades universales** o **hábitos**:
  - *– **Al** llegar a casa ceno.*
  - *– Siempre salgo **antes de/después de** cenar.*
  - *– A veces veo la tele **hasta que** termino de cenar.*
  - *– **Cuando/En cuanto** llego a casa ceno.*

17 **1** **Completa los diálogos con los marcadores de tiempo anteriores. Luego, escucha y comprueba.**

a
- ¡Oh! ¡Qué colgante tan bonito!
- Gracias, me lo ha regalado Marina. Dice que si me lo pongo a cuando haga el examen de Química, me dará suerte.
- Uf... yo no creo en esas supersticiones. Lo que tienes que hacer es estudiar b antes de hacer el examen.

b
- ¡Que tengas buen viaje, cariño! ¡No te olvides de llamarme c cuando llegues al hotel!
- Descuida. Te llamaré d en cuanto llegue.
- Eso espero, porque la última vez no me llamaste.
- ¡Cómo que no! Sí te llamé.
- Sí, me llamaste, pero tres días e después de llegar.
- No, también te llamé antes, pero no me cogiste el teléfono. De todas formas, no te preocupes, esta vez no dejaré de llamarte f hasta que me contestes.

2 **Lee el diálogo de la página 51 y completa el recuadro con las dos frases destacadas en color.**

EXPRESAR FINALIDAD

- Si el sujeto de las dos acciones es el mismo, o uno de los dos no está especificado, usamos → ***para*** + infinitivo
  - *– (Yo) he traído las fotos para (yo) enseñártelas.*
  - – Me han ofrecido la posibilidad de ir a Guatemala para ayudar a construir un colegio.
- Si hay sujetos diferentes, usamos → ***para que*** + subjuntivo
  - *– (Yo) he traído las fotos de las vacaciones para que (tú) las veas.*
  - – Nos van a dar un curso para que nos conozcamos entre nosotros.

Cuaderno de ejercicios p. 32 y 33

EXPRESAR EL MOMENTO EN EL QUE OCURRE UNA ACCIÓN

Antes de presentar el cuadro comunicativo, utilice el Material proyectable 3.1. Los alumnos observan las imágenes y le atribuyen a cada personaje uno de los bocadillos. Pídales que se fijen en los tiempos utilizados y haga una reflexión del uso del subjuntivo. A continuación, completan los ejercicios 2 y 3 del material. No se incluyen en el cuadro ejemplos con *Antes de que* o *Después de que* en el pasado porque estas estructuras rigen el pretérito imperfecto de subjuntivo (*Salí antes/después de que cenaras*) que aún no han estudiado.

Material proyectable 3.1.
Cuando...

1

Invite a los estudiantes a completar los diálogos observando el cuadro anterior. Posteriormente, ponga la audición para comprobar sus respuestas.

2

Los estudiantes deben completar el recuadro con la información y los ejemplos del diálogo anterior. Una vez corregida la actividad, proceda a una reflexión sobre cuándo se utiliza indicativo y cuándo subjuntivo en las oraciones finales: mismo sujeto, verbo en indicativo; diferentes sujetos: verbo en subjuntivo.

Como actividad adicional, proyecte el Material proyectable 3.2. Haga una lluvia de ideas en grupo clase o deje tiempo para que trabajen en parejas o individualmente. Para su corrección, formule una serie de preguntas para forzar a que salga el mayor número de estructuras con *para* y *para que* en cada imagen. Por ejemplo, en la imagen A, puede preguntar: *¿Para qué ha llamado por teléfono?* (Para preguntarle qué tal está).

Material proyectable 3.2.
¿Para qué...?

Cuaderno de ejercicios p. 32 y 33
Actividades 3.1. a 3.4.

3 **Estos son los deseos de diferentes estudiantes. ¿Cuáles compartes? Habla con tu compañero/a.**

- a Ojalá algún día dejen de existir los exámenes.
- b Este año espero no suspender ninguna asignatura.
- c El año que viene quiero ir a España a estudiar español.
- d Ojalá pueda estudiar en una universidad cerca de mi casa.
- e Deseo que mis amigos me hagan una fiesta sorpresa para mi cumpleaños.
- f Espero que este curso no sea tan difícil como nos han contado.
- g Deseo hacer un safari por África.

4 **Fíjate en las frases del ejercicio anterior y completa el recuadro.**

EXPRESAR DESEOS

a Querer
b Esperar
c Desear

+ verbo en d infinitivo (si el sujeto de las dos acciones es el mismo).
– *(Yo)* ***Quiero*** *(yo)* ***ir*** *mañana a la playa.*

+ ***que*** + verbo en **subjuntivo** (si el sujeto de las dos acciones es diferente).
– *(Yo)* ***Quiero que*** *(tú)* ***me compres*** *un helado.*

- ***Ojalá*** es una partícula de deseo que siempre va seguida de e subjuntivo:
  – ***Ojalá*** *(yo)* ***apruebe*** *el examen.* – ***Ojalá*** *(tú)* ***vengas*** *mañana.*

18 **5** **Escucha estos diálogos y completa el recuadro.**

OTRAS FORMAS DE EXPRESAR DESEOS Y EXPRESIONES SOCIALES

- A alguien que se va a dormir:
  – ***Que duermas bien.*** – a Que descanses
- A alguien que va a empezar a comer o está comiendo:
  – b Que aproveche
- A alguien que tiene un examen o una entrevista de trabajo:
  – ***Que tengas suerte.***
  – c Que te vaya bien
- A alguien que está enfermo:
  – ***Que te mejores.***
- A alguien que va a hacer algo divertido:
  – ***Que disfrutes.***
  – d Que te diviertas
  – ***Que (te) lo pases bien.***
- A alguien que ha tenido una mala noticia:
  – e Lo siento mucho
- A alguien que ha recibido una buena noticia:
  – ***Enhorabuena.*** – f Felicidades
- A alguien que se va por mucho tiempo:
  – g Cuídate

6 **En parejas, y por turnos, responde a lo que te dice tu compañero/a.**

Alumno A

Dices:
- a ¡Ana y yo nos casamos!
- b Me voy a dormir.
- c Esta noche voy a un concierto.

Alumno B

Dices:
- a El partido va a comenzar.
- b ¡Van a quitar los exámenes!
- c Me voy a estudiar al extranjero seis meses.

Cuaderno de ejercicios p. 33 y 34 Actividades interactivas

Unidad 3: p. 53

PALABRA POR PALABRA

Objetivo
- Expresar deseos y expresiones sociales.

3
Respuesta abierta.

18
(Véase la transcripción en la pág. 138)

Material proyectable 3.2.

Posibles respuestas:
a. ¡Que te mejores!; **b.** ¡Que cumplas muchos más!; **c.** Que aproveche; **d.** Que (no) llueva; **e.** ¡Que tengáis buen viaje!; **f.** ¡Que seáis muy felices!; **g.** ¡Que os divirtáis!; **h.** Espero que te guste.

3

Contextualice la actividad diciendo que los jóvenes de la imagen han pedido una serie de deseos para el futuro. Es recomendable que trabajen en parejas o en pequeños grupos para motivar la conversación; invítelos a que se pregunten por el motivo de sus respuestas, por qué se sienten identificados con ciertos deseos y pídales que propongan otros nuevos. El objetivo es que se familiaricen con las diferentes estructuras para expresar deseos.

4

Con esta actividad, el estudiante realiza una reflexión sobre qué estructuras puede utilizar para expresar deseos. Al corregir, es importante hacer hincapié en cuáles son los sujetos de cada frase.

5

Una vez completado el cuadro, indique a los alumnos que, en parejas, cada uno tiene que imaginar que es el cumpleaños de su compañero/a y decirle tres deseos usando las estructuras aprendidas. Otra posibilidad es proyectar de nuevo el Material proyectable 3.2. que se usó para trabajar las oraciones finales y pedir que esta vez formulen deseos para cada una de las imágenes.

Material proyectable 3.2.
¿Para qué...?

6

Para corregir la actividad, haga una ronda en grupo clase. La mitad de la clase es A y la otra mitad es B. Un alumno del grupo A le dice a otro del grupo B una frase y este último tiene que responder; seguidamente, ese mismo alumno B dice otra frase a un alumno del grupo A para que responda, y así sucesivamente. Los propios alumnos pueden elegir a quién preguntan.

Cuaderno de ejercicios p. 33 y 34
Actividades 3.5. a 3.8.

Actividades interactivas
Expresar cuándo ocurre una acción, finalidad y deseos

Unidad 3: p. 54

PALABRA POR PALABRA

Objetivo

- Conocer el vocabulario sobre las acciones que realizan las ONG y el voluntariado.

Material proyectable 3.3.

Respuestas:

a. catástrofes naturales, protección del medioambiente, voluntariado; **b.** conflictos bélicos, labores humanitarias, comercio justo, donativos, voluntariado; **c.** labores humanitarias, voluntariado; **d.** protección del medioambiente, voluntariado.

1

a. Unicef (Fondo de Naciones Unidas para la Infancia, encargado de ayudar a los niños y proteger sus derechos); **b.** Cruz Roja (movimiento humanitario mundial, que realiza campañas de ayuda humanitaria, de intervención en casos de desastres, prevención de enfermedades, etc.); **c.** WWF (organización conservacionista independiente del mundo, cuya misión es detener la degradación del ambiente natural del planeta).

2

a. falso (Surgió después de un viaje a Italia); **b.** verdadero; **c.** verdadero; **d.** falso (Aunque la mayoría son voluntarias, las ONG también cuentan con trabajadores asalariados).

Palabra por palabra VOCABULARIO

Las ONG y el voluntariado

1 **Mira estos logotipos. ¿Sabes a qué pertenecen?**

unicef — Cruz Roja Española — WWF

2 **Intenta responder si son verdaderas (V) o falsas (F) las siguientes afirmaciones. Después, coméntalo con tu compañero/a.**

		V	F
a	La Cruz Roja nació después de un viaje de su fundador por los países del Tercer Mundo.		X
b	La Cruz Roja es una organización que atiende a personas de todo el planeta.	X	
c	La mayoría de los países dan parte de su producto interior bruto (PIB) a las ONG para ayudarlas a financiarse.	X	
d	Las personas que trabajan en las ONG son todas voluntarias.		X

3 **Lee el siguiente texto sobre las ONG y comprueba.**

Las siglas ONG significan **organización no gubernamental**. La primera ONG que se conoce como tal es la Cruz Roja, que fue fundada en 1864 por el suizo Henry Dunant. El 8 de mayo de 1859, Dunant, que era un hombre de negocios, se encontraba en el norte de Italia. Allí fue testigo de una cruel batalla y de cómo las víctimas quedaban desatendidas en medio de las calles; fueron las mujeres de los pueblos cercanos quienes se hacían cargo de aquellos pobres hombres. Le impactó tanto aquella experiencia que pensó en la necesidad de crear organizaciones, **sin ánimo de lucro** e independientes de poderes políticos e ideologías, para atender a las víctimas en los **conflictos bélicos** o en caso de **catástrofes naturales**. Así nació la Cruz Roja Internacional, hoy en día presente en los cinco continentes.

Desde entonces, el número de ONG ha aumentado en todo el mundo y también han ampliado su campo de trabajo. Algunas están enfocadas más a las **labores humanitarias** y otras a la **protección del medioambiente**.

La mayoría de países aportan parte de su **PIB** a la **financiación** de las ONG. Otra forma de **recaudar fondos** son las **campañas de sensibilización** para captar socios o la venta de artículos de **comercio justo**, aunque hay algunas que prefieren, para mantener su libertad, financiarse solo con **donativos**.

La mayoría de las personas que trabajan en las ONG son **voluntarios**, es decir, personas que compatibilizan sus responsabilidades diarias, estudios o trabajos, con ofrecer una **ayuda desinteresada** a otras personas; sin embargo, también cuentan con trabajadores asalariados, ya que, sobre todo las grandes ONG, requieren de personal cualificado y dedicado a tiempo completo para su buen funcionamiento.

4 **Estos son algunos de los trabajos que realizan las ONG. Relaciona para averiguarlo.**

1 Luchar por
2 Luchar en
3 Luchar a favor
4 Luchar contra
5 Trabajar por
6 Defender a
7 Ofrecer
8 Organizar

a [6] los colectivos más desfavorecidos.
b [8] campañas de sensibilización.
c [1, 5] la protección del medioambiente.
d [4] la explotación infantil.
e [7] asesoramiento legal.
f [4] las desigualdades sociales.
g [3] de los derechos humanos.
h [8] actos benéficos para recaudar fondos.
i [4] la pobreza.
j [5] el comercio justo.
k [4] el maltrato.
l [7] orientación laboral.
m [2] defensa de los animales.

LAS ONG Y EL VOLUNTARIADO

Antes de empezar la sección, proyecte el **Material proyectable 3.3.** mostrando solo la parte de las imágenes y pida a los alumnos que describan cada una y que digan qué tienen en común todas ellas. Luego, enseñe las palabras y pida que las relacionen con las imágenes. Así se introduce el tema y parte del vocabulario que aparece en el texto del ejercicio 3. Después, anímelos a aportar otras palabras relacionadas con este tema.

Material proyectable 3.3.
Las ONG

1

Dígales que estas imágenes representan los logotipos de tres grandes asociaciones en las cuales participan miles de voluntarios. Haga una lluvia de ideas y anote en la pizarra a qué se dedican.

2 y **3**

En la actividad 2, deben discutir sus respuestas hasta llegar a un acuerdo y, después, comprobar sus suposiciones leyendo el texto de la actividad 3. Se recomienda una lectura individual y, a continuación, poner en común todas las dudas de vocabulario. Explique el significado de las palabras destacadas en el texto.

4

El objetivo de esta actividad es conocer algunos verbos empleados al hablar de las labores que desempeñan las ONG, y las preposiciones que precisan estos verbos. Una vez hecha la corrección, pídales que piensen en otras actividades que realizan las ONG.

5 **Estos son algunos de los colectivos y causas por los que trabajan las ONG. ¿Cuáles de los trabajos anteriores van destinados a cada uno? ¿Se te ocurre algún trabajo más que se podría hacer con ellos?**

Medioambiente	Países subdesarrollados	Discapacitados
ECOLOGISTAS en acción Trabajar por la protección del medioambiente,...		ONCE
Personas sin hogar	**Inmigrantes**	**Mujeres y niños**
sintecho	acoge	

6 **Lee los testimonios de estos voluntarios y fíjate en las expresiones destacadas que aparecen en ellos. Después, relaciónalas con estas otras.**

1 [c] Realizar un trabajo que te hace feliz.
2 [a] Realizar un trabajo en colaboración con otra persona.
3 [b] Superar una situación difícil.
4 [f] Dar el dinero que tú quieres.
5 [d] Ser generoso.
6 [e] Colaborar.

Inés | 35 años | Malawi

Cuando terminé Arquitectura intenté encontrar trabajo en España, pero no lo conseguí, así que decidí empezar mi carrera profesional como voluntaria en África. Hace 10 años llegué a Malawi para colaborar en la construcción de un hospital y sigo aquí. Lo mejor es que (a) **trabajamos codo con codo** con la población local. Así, todos aprendemos de todos y esperamos que en el futuro no nos necesiten, porque eso significará que ellos tendrán los medios para (b) **salir adelante**. Es una manera de tener un (c) **trabajo satisfactorio** y (d) **ser solidario** al mismo tiempo.

Iñaki | 15 años | Bilbao

Yo soy voluntario porque quiero que el mundo sea mejor cada día. Todos podemos hacer algo por los demás, no tienen que ser grandes gestos, porque si cada uno (e) **pone su granito de arena**, al final se pueden hacer cosas muy importantes.

Rocío | 22 años | Sevilla

Cada año organizamos un mercadillo benéfico. La gente trae las cosas que ya no necesita pero que están en buen estado. Nosotros no ponemos precio, sino que la gente (f) **da la voluntad**. La verdad es que se recoge bastante dinero.

7 **Habla con tu compañero/a. ¿Qué ONG de tu país conoces? ¿Colaboras con alguna ONG o conoces a alguien que lo haga?**

Cuaderno de ejercicios p. 35 a 38 | Actividades interactivas

Unidad 3: p. 55

PALABRA POR PALABRA

Objetivo

- Aprender algunas expresiones y frases hechas relacionadas con el voluntariado.

5

Posibles respuestas:
Medioambiente: trabajar por la protección del medioambiente, luchar en defensa de los animales, trabajar por el comercio justo; **Países subdesarrollados:** luchar contra la pobreza, trabajar por el comercio justo, luchar contra la explotación infantil, luchar contra las desigualdades sociales, luchar a favor de los derechos humanos, organizar actos benéficos para recaudar fondos; **Discapacitados:** defender a los colectivos más desfavorecidos; **Personas sin hogar:** defender a los colectivos más desfavorecidos, luchar contra las desigualdades sociales, luchar a favor de los derechos humanos, organizar campañas de sensibilización; **Inmigrantes:** ofrecer asesoramiento legal, ofrecer orientación laboral, luchar contra las desigualdades sociales, defender a los colectivos más desfavorecidos, organizar campañas de sensibilización; **Mujeres y niños:** luchar contra la explotación infantil, ofrecer asesoramiento legal, luchar contra el maltrato, luchar a favor de los derechos humanos, organizar campañas de sensibilización.

5

Como actividad adicional, una vez finalizado el ejercicio, divida la clase en grupos y asigne a cada uno la búsqueda en internet de las labores de alguna de estas ONG. Una vez hayan recabado los datos, forme nuevos equipos juntando un miembro de cada grupo anterior, de manera que puedan poner toda la información en común y añadirla en los cuadros. Los enlaces a las páginas de las ONG son:

https://www.ecologistasenaccion.org
http://www.redacoge.org/es
https://www.globalhumanitaria.org
https://www.fundaciononce.es
http://www.sintecho.org
http://www.fundacionmujeres.es

6

El objetivo de esta actividad es que los alumnos deduzcan por el contexto el significado de las expresiones que aparecen destacadas en color en los testimonios que van a leer.

7

Si no se ha hecho la actividad adicional del ejercicio 5, puede aquí proponerles la búsqueda de una ONG de su país, recabar la información en internet y exponerla en clase de forma original.

Cuaderno de ejercicios p. 35 a 38
Actividades 3.9. a 3.16.

Actividades interactivas
Las ONG y el voluntariado

Unidad 3: p. 56

PASO A PASO

Objetivo

- Conocer el presente de subjuntivo de los verbos regulares.

Paso a paso **GRAMÁTICA**

PRESENTE DE SUBJUNTIVO: VERBOS REGULARES

	hablar	comer	vivir
yo	habl**e**	com**a**	viv**a**
tú	habl**es**	com**as**	viv**as**
él/ella/usted	habl**e**	com**a**	viv**a**
nosotros/as	habl**emos**	com**amos**	viv**amos**
vosotros/as	habl**éis**	com**áis**	viv**áis**
ellos/ellas/ustedes	habl**en**	com**an**	viv**an**

1 Completa estas frases con infinitivo, indicativo o subjuntivo.

a ¡Ojalá me ...llame... (llamar) Juanjo!
b Cuando ...hables... (hablar, tú) en español, intenta abrir más la boca.
c ¡Te quedas sentada a la mesa hasta que te ...termines... (terminar) todo el pescado!
d Mamen y Sara han venido para ...presentar... (presentar) su nuevo disco.
e Susana nos va a explicar una receta muy sencilla para que ...aprendamos... (aprender, nosotros) a hacer buñuelos de bacalao.
f Cuando ...me independice... (independizarse, yo), espero que ...vivas... (vivir, tú) cerca de mí.
g ¡Que la fuerza te ...acompañe... (acompañar)!
h Quiero ...cambiar... (cambiar, yo) mi número de teléfono.

2 ¿Quién crees que ha dicho las frases anteriores? Relaciónalas con estas imágenes y justifica tu respuesta.

3 Contesta a lo que te diga tu compañero/a.

Alumno A

a "Soy el genio de la lámpara maravillosa: pide tres deseos y te serán concedidos".
b Te vas de vacaciones dentro de una semana, ¿qué quieres hacer?
c Imagina que es fin de año. ¿Qué deseos pides para el año que empieza?
d ¿Qué le pides al chico/a ideal?
e Piensa en ti dentro de quince años. ¿Qué le pides a la vida?

Alumno B

a Estás en una isla desierta y todo el mundo se ha olvidado de ti. ¿Qué desearías?
b Se acerca tu cumpleaños, ¿cuáles son tus deseos?
c Imagina que vas a conocer al presidente de tu país, ¿qué le pides?
d Mañana empieza el curso y tenéis nuevo profesor de español. ¿Cómo quieres que sea?
e ¿Qué le pides a tu ciudad ideal?

56 cincuenta y seis

PRESENTE DE SUBJUNTIVO: VERBOS REGULARES

Antes de presentar el cuadro gramatical, reparta el Material fotocopiable 3.1. A un estudiante dele la fotocopia del alumno A y a otro la del alumno B. Después de completar cada uno su cuadro, lo comprueban juntos para verificar las respuestas. De esta forma, se pretende que los alumnos intenten, de un modo inductivo, inferir el paradigma del presente de subjuntivo, teniendo en cuenta que ya ha habido un primer contacto con este tiempo en las secciones anteriores.

Material fotocopiable 3.1.
Presente de subjuntivo. Verbos regulares

Proyecte el vídeo de gramática para ver una explicación gramatical del presente de subjuntivo de los verbos regulares.

Videogramas
El presente de subjuntivo regular

1 y **2**

Antes de la actividad 1, pídales que recuerden los casos que vieron de subjuntivo en la sección *Comunicación*. Después de la corrección, pida que escriban una frase usando el subjuntivo, por ejemplo un deseo o algo que se pueda identificar con ellos, y los demás tendrán que adivinar quién lo ha escrito.

3

Una dinámica alternativa para esta actividad es que en una hoja cada estudiante exprese tres deseos para él mismo, del tipo: *Deseo aprobar esta asignatura*. Después pasa la hoja a su compañero/a, que debe desearle que se cumplan sus deseos, como por ejemplo: *Espero que apruebes esta asignatura.*

PRESENTE DE SUBJUNTIVO: VERBOS IRREGULARES

- Casi todos los **verbos irregulares** en presente de indicativo lo son también en presente de subjuntivo:
  - **Cambios vocálicos.**
    querer → qu**ie**ro → qu**ie**ra, qu**ie**ras, qu**ie**ra, queramos, queráis, qu**ie**ran.
    pedir → p**i**do → p**i**da, p**i**das, p**i**da, p**i**damos, p**i**dáis, p**i**dan.
    volver → v**ue**lvo → v**ue**lva, v**ue**lvas, v**ue**lva, volvamos, volváis, v**ue**lvan.
    Excepciones: *dormir* y *morir*.
  - **Cambios en la raíz** (para todas las personas).
    tener → **teng**o → tenga, tengas, tenga... poner → **pong**o → ponga, pongas, ponga...
    salir → **salg**o → salga, salgas, salga... decir → **dig**o → diga, digas, diga...
    traer → **traig**o → traiga, traigas, traiga... construir → **construy**o → construya, construyas...
- **Irregularidades propias** del presente de subjuntivo.

	haber	**ir**	**saber**	**estar**	**ser**	**ver**
yo	haya	vaya	sepa	esté	sea	vea
tú	hayas	vayas	sepas	estés	seas	veas
él/ella/usted	haya	vaya	sepa	esté	sea	vea
nosotros/as	hayamos	vayamos	sepamos	estemos	seamos	veamos
vosotros/as	hayáis	vayáis	sepáis	estéis	seáis	veáis
ellos/ellas/ustedes	hayan	vayan	sepan	estén	sean	vean

Ver **Apéndice gramatical** p. 119 Videogramas

4 **Completa la historia de Antoñito el fantasioso con los verbos entre paréntesis.**

Antoñito era un niño que se pasaba el día soñando.
– Cuando **a** ...sea... (ser) mayor, me iré a vivir a Australia –decía siempre.
– Sí, te irás a Australia, pero tendrás que saber inglés –le respondía su madre.
– Bueno, estudiaré y cuando **b** ...sepa... (saber, yo) hablarlo bien, me iré. Por cierto, mamá, quiero que me **c** ...compres... (comprar, tú) un buen diccionario, que me hará falta. Ojalá me **d** ...den... (dar, ellos) una beca para ir a estudiar a Australia... –pensaba siempre Antoñito–. Eso sí, espero que no me **e** ...pongan... (poner, los profesores) tantos deberes como aquí y que no **f** ...llamen... (llamar) a mi madre y le **g** ...digan... (decir) que no estoy estudiando mucho. ¡Ay! –suspiraba Antoñito–. Ojalá me **h** ...haga... (hacer) mayor pronto...
Los padres de Antoñito, que ya sabían que a su hijo le encantaba construir castillos en el aire, le decían:
– Sí, Antoñito, pero tú, hasta que no **i** ...crezcas... (crecer, tú), estudia, hijo, estudia...
Antes de dormir, Antoñito le preguntaba a su madre:
– Mamá, cuando **j** ...viva... (vivir, yo) en Australia, vendrás a verme, ¿no?
– Sí, hijo, sí, buenas noches, que **k** ...duermas... (dormir) bien y que **l** ...sueñes... (soñar) con los angelitos, perdón, con los canguritos –se corregía su madre.
Hoy Antoñito vive en Australia y le va muy bien porque, como dice el refrán, cuando se quiere, se puede.

5 **Habla con tu compañero/a y cuéntale qué harás el resto de tu vida.**

– *Cuando termine el instituto, iré a la universidad; cuando esté en la universidad, estudiaré Periodismo; cuando termine Periodismo, me haré corresponsal y cuando...*

Cuaderno de ejercicios p. 38 a 40 Actividades interactivas

Unidad 3: p. 57

PASO A PASO

Objetivo

- Conocer el presente de subjuntivo de los verbos irregulares.

PRESENTE DE SUBJUNTIVO: VERBOS IRREGULARES

Presente el cuadro de los irregulares en presente de subjuntivo. Señale las tres irregularidades que aparecen: **a. Cambio vocálico:** se forma a partir de la irregularidad vocálica del presente de indicativo (en todas las personas excepto la 1.ª y la 2.ª del plural); **b. Cambios en la raíz:** la raíz de la 1.ª persona del presente de indicativo se convierte en la raíz del presente de subjuntivo; **c. Irregularidades propias:** verbos completamente irregulares.

A continuación, entrégueles el Material fotocopiable 3.2. En grupos de tres, por turnos, cada alumno elige una casilla y dice la forma verbal en presente de subjuntivo. Si lo hace bien, escribe su nombre en esa casilla. Gana quien consiga formar un tres en raya. Si tienen dudas de si es correcta alguna forma, pueden mirar el cuadro.

Material fotocopiable 3.2.
Tres en raya

A continuación, proyecte el vídeo de gramática para ver una explicación gramatical del presente de subjuntivo de los verbos irregulares.

Videogramas
El presente de subjuntivo irregular

4

Después de la corrección, pida que subrayen con diferentes colores todos los usos del presente de subjuntivo que aparecen en el texto.

5

Para motivar la atención de los alumnos, dígales que después de hablar tendrán que escribir lo que les ha contado su compañero/a. Recoja todas las redacciones y lea algunas al azar. Los alumnos tienen que adivinar de quién se está hablando. ¿Alguno ha tenido más imaginación que Antoñito el fantástico?

Cuaderno de ejercicios p. 38 a 40
Actividades 3.17. a 3.22.

Actividades interactivas
Presente de subjuntivo

Unidad 3: p. 58

SUENA BIEN

Objetivo

- Aprender a identificar diptongos, triptongos e hiatos.

Nota gramatical.

De acuerdo con la Nueva Ortografía de la lengua española, a efectos ortográficos:

- se consideran siempre diptongos o triptongos las combinaciones descritas, independientemente de que fonéticamente las vocales se pronuncien en sílabas separadas (por ejemplo, la palabra *guion* se pronuncia como diptongo en Centroamérica y como hiato en España y en el resto de Hispanoamérica, pero en ningún caso lleva tilde).
- Las palabras de una sola sílaba o monosilábicas no se acentúan (excepto cuando se trata de tildes diacríticas): *truhan*, *guion*, *criais*, *fiais*, *guiais*, liais, *riais*...
- La *y* en posición final de palabra adquiere valor vocálico, como es el caso de *buey*, *Uruguay*..., por lo que nunca se escribe *i* latina al final de palabra (*soy*, *estoy*, *voy*...).

2

guion, bon-sái, au-tor, fi-lo-so-fí-a, hués-ped, o-cé-a-no, cru-cial, ha-bláis, vein-tiún, a-cuá-ti-co, lim-piéis, Pa-ra-guay, viei-ra, ra-íz, de-he-sa.

Suena bien **PRONUNCIACIÓN Y ORTOGRAFÍA**

Diptongos, triptongos e hiatos

VOCALES EN CONTACTO (DIPTONGOS, TRIPTONGOS E HIATOS) Y SU ACENTUACIÓN

- El **diptongo** es la secuencia de dos vocales que se pronuncian en una **misma sílaba**:
  - ***i*, *u* + *a*, *e*, *o*** (tónica): *pia-no, cie-lo, vio-lín, cuan-do, sue-ño, cuo-ta, ai-re, pau-sa, pei-ne, deu-da, oi-go, Lour-des.*
  - ***i*, *u* + *i*, *u*** (tónica): *cui-dar, ciu-dad.*
- El **triptongo** es la secuencia de tres vocales pronunciadas en una **misma sílaba**:
  - ***i*, *u* + *a*, *e*, *o*** (tónica) **+ *i*, *u***: *guau, con-fiáis, miau, buey.*
  - Cuando el diptongo o el triptongo se encuentran en la sílaba fuerte de una palabra, se siguen las reglas generales de acentuación: *ha-céis, can-ción, pen-sáis, des-pués, es-tu-diáis, cuí-da-lo.*

- El **hiato** es la secuencia de dos vocales pronunciadas en sílabas distintas:
  - dos vocales abiertas (***a*, *e*, *o***): *le-ón, pa-e-lla, **a-é-re-o**, lí-ne-a.*
  - dos vocales iguales: *al-**ba-ha**-ca, **re-e**-le-gir.*

  En ambos casos seguimos las reglas generales de acentuación.
  - ***í*, *ú* + *a*, *e*, *i***: *ba-úl, ve-ní-a, pú-a, a-hí, ve-hí-cu-lo, pa-ís.*

! Reglas generales de acentuación Ver **Apéndice gramatical** p. 121

19 **1** **Dictado. Escucha y escribe las palabras que oigas.**

guion, bonsái, autor, filosofía, huésped, océano, crucial, habláis, veintiún, acuático, limpiéis, Paraguay, vieira, raíz, dehesa

19 **2** **Vuelve a escuchar las palabras y divídelas en sílabas.**

3 **Ahora, clasifica las palabras que tienen diptongos, triptongos o hiatos y coloca las tildes donde sea necesario.**

Diptongos	Triptongos	Hiatos
guion, bonsái, autor, huésped, crucial, habláis, veintiún, acuático	limpiéis, Paraguay, vieira	filosofía, océano, raíz, dehesa.

Cuaderno de ejercicios p. 40 y 41 Actividades interactivas

VOCALES EN CONTACTO (DIPTONGOS, TRIPTONGOS E HIATOS) Y SU ACENTUACIÓN

Vea con sus alumnos el contenido del cuadro, dando las explicaciones oportunas.

Adviértales que las vocales abiertas (o fuertes) son *a*, *e*, *o*, mientras que las cerradas (o débiles) son *i*, *u*.

1

Esta actividad es un dictado de palabras. En un primer momento, dígales que no importa si colocan bien o mal las tildes, ya que la corrección no se efectuará hasta la actividad 3.

Es recomendable que, de momento, no escriba las palabras y se limite a deletrear, ya que más tarde los estudiantes tendrán que acentuarlas y se trata de que, en esta primera fase, practiquen la escritura de los diptongos que, a menudo, causa confusión.

2

Para realizar esta actividad, pida a los alumnos que estén atentos a los golpes de voz, ya que cada golpe corresponde a una sílaba. Puede empezar usted poniendo un ejemplo.

3

Antes de realizar esta actividad, puede hacer un repaso de las reglas generales de acentuación.

Cuaderno de ejercicios p. 40 y 41
Actividades 3.23., 3.24. y 3.25.

Actividades interactivas
Diptongos, triptongos e hiatos

1 **Fíjate en las imágenes del vídeo y responde a las preguntas. Luego compara tus respuestas con las de tu compañero/a. ¿Estáis de acuerdo?**

a ¿Qué crees que representa el cartel?

b ¿Dónde crees que están?

c ¿Quién crees que es?

d ¿Qué crees que está haciendo en este momento?

2 **Observa el vídeo y haz las actividades que te va a repartir tu profesor/a.**

Secuencia de vídeo · Actividades interactivas

cincuenta y nueve **59**

Unidad 3: p. 59

SESIÓN DE CINE

Objetivos

- Visionar un vídeo donde aparecen los contenidos de la unidad.
- Comprender conversaciones cotidianas entre hispanos.

1

a. El cartel representa una organización que realiza tareas solidarias; **b.** Parece que están en una aula; **c.** Es un responsable de la ONG; **d.** Les está explicando a un grupo de alumnos lo que significa la palabra ONG y algún proyecto relacionado con esta organización.

Material fotocopiable 3.3.

Respuestas:

2. 1. c; **2.** b; **3.** c; **4.** a; **5.** c.
3. 1. a. F; **b.** V; **c.** F; **2. a.** F; **b.** V; **c.** V; **3. a.** F; **b.** F; **c.** V; **4. a.** V; **b.** V; **c.** F; **5. a.** V; **b.** V; **c.** F; **6. a.** F; **b.** V; **c.** V.

Material fotocopiable 3.4.

Respuestas:

4. 1. c; **2.** b; **3.** b.
5. Es importante que pronuncies bien.
6. Ojalá me den el papel.
7. Solidario, comercio justo, proyectos, nativo, hospital, humanitaria, voluntario, campaña.

Diga a los estudiantes que observen las imágenes del vídeo. Tienen que identificar los diferentes detalles que aparecen. Pídales que observen a los personajes de las imágenes y pregúnteles quiénes creen que son y dónde están.

1

Actividad que sirve como introducción al visionado del vídeo. Invite a sus estudiantes a predecir las respuestas de las siguientes preguntas, observando las diferentes fotografías, y a que comenten después sus conclusiones en parejas.

A continuación, dígales que lean la sinopsis y que comprueben alguna de sus hipótesis. Otras respuestas tendrán que esperar al visionado del vídeo, por lo que, en el caso de que no acierten, no anticipe las verdaderas respuestas ahora.

2

A continuación, proyecte el vídeo y presente el **Material fotocopiable** 3.3.

Material fotocopiable 3.3.
La ONG

Secuencia de vídeo
La ONG

Actividades interactivas
La ONG

Si lo desea, puede trabajar otros acentos a través de la serie hispana *¡Acción!* y del **Material fotocopiable** 3.4.

Material fotocopiable 3.4. (1 y 2)
Casting *en Somalia*

¡Acción!
Casting *en Somalia*

Actividades interactivas
Casting *en Somalia*

Unidad 3: p. 60

MUNDO HISPANO

Objetivo

- Acercar a los estudiantes al voluntariado en el mundo hispano.

Mundo hispano

Cultura

LAS ONG

"Me encanta ser voluntario"

Cada vez hay más gente joven que prefiere hacer un voluntariado en el extranjero a ir directamente a la universidad. Ryan, un joven norteamericano, habla de su experiencia.

"Ser voluntario es genial. Mi vida cambió completamente después de pasar un mes en Guatemala", dice Ryan, un chico norteamericano de 16 años que viajó al país centroamericano en 2013.

"Cuando llegué a Antigua, hablaba muy poco español. Pero una familia me recibió en su casa y hablando con ellos mi español mejoró rápidamente", cuenta. "Después de estar un mes con ellos, me siento parte de la familia. Ojalá pueda verlos pronto otra vez".

"Mi trabajo en Antigua era ayudar a construir casas en un barrio nuevo", explica Ryan. "Allí había también otros voluntarios internacionales. Hice amistad con una chica española, Ainhoa, que ya está de vuelta en Madrid. Espero que sigamos en contacto por correo electrónico y Skype".

"Como tenía las tardes libres, me invitaron a dar clases de inglés en la escuela del barrio", dice. "Me tocó una clase de chicos de ocho años y hablábamos muchísimo. Me hicieron preguntas sobre la vida en Illinois, donde yo vivo. También me enseñaron trabalenguas en español, ¡aunque son dificilísimos!", cuenta Ryan. "Me gustaría que vinieran a visitarme".

Además de pasar tiempo con los niños, Ryan recorrió las antiguas ciudades mayas y los parques naturales. "También participé en las fiestas de la Semana Santa, haciendo alfombras enormes de aserrín y flores", dice.

1 **¿Crees que España es un país solidario? Lee el siguiente texto y comprueba.**

Un país solidario

Se calcula que en España hay más de 3000 ONG. La mayoría no pertenecen a ninguna ideología política o religiosa, aunque hay otras que sí. Dentro del territorio español el trabajo de las ONG se centra sobre todo en la ayuda a los colectivos más desfavorecidos, como pueden ser los drogodependientes, inmigrantes, mujeres y niños maltratados, o personas con algún tipo de discapacidad o sin recursos económicos.

En 2015, España encabezó el envío de ayuda humanitaria tras el terremoto de Nepal y también fue el tercer país del mundo en donaciones para la reconstrucción de Haití después del seísmo de 2010. Sin embargo, solo el 15 % de la población española realiza donaciones de forma habitual, una cifra por debajo de la media europea (25 %). Según datos de la Asociación Española de Fundraising, el perfil habitual del donante en España es mujer (más de la mitad de los socios), con una edad media de unos 50 años y un nivel económico medio-alto, tiene estudios superiores y es urbanita (el 20 % de los socios de las ONG se concentran en Madrid y Barcelona).

(Adaptado de *www.spainun.org* y *www.ayudaenaccion.org*)

60 sesenta

LAS ONG

En estas dos páginas el estudiante va a conocer varias ONG que actúan en España e Hispanoamérica. La sección comienza con la presentación de una experiencia de voluntariado por parte de un chico norteamericano. Después de leer este primer texto, pregúnteles si han tenido alguna experiencia similar a la de este joven.

1

En el siguiente texto se ofrece información sobre la importancia de las ONG en España. Antes de proceder a la lectura, es importante preguntarles si creen que España es un país solidario y por qué, y cuál creen que es el perfil de los españoles que suelen colaborar con este tipo de organizaciones. El objetivo es que comprueben estas hipótesis después de leer el texto. Si lo considera necesario, puede hacer una lectura colectiva.

Finalice la actividad abriendo un debate en grupo clase o en pequeños grupos a partir de preguntas del tipo: *¿Qué ONG hay en tu país? ¿Crees que el gobierno de tu país las apoya? En general, ¿la gente es solidaria? ¿Cuáles son los colectivos más desfavorecidos? ¿Con qué causas crees que la gente siente más empatía? ¿Crees que las ONG son necesarias? ¿Crees que su labor realmente funciona?...* Los alumnos, antes de preparar sus intervenciones, pueden buscar en internet datos que avalen sus opiniones, ya sea en las páginas web de las distintas ONG o en artículos de prensa que hablen sobre el tema.

2 **Las ONG siempre necesitan voluntarios. A continuación te presentamos algunas de las ONG más representativas en España e Hispanoamérica. Completa los espacios en blanco con las palabras que has aprendido en esta unidad.**

Algunas organizaciones

Ayuda en Acción es una organización que lleva a cabo una a .... social para terminar con la b .... en todo el mundo y mejorar las condiciones de vida de las comunidades que sufren c .... bélicos o d .... naturales, mediante e .... de sensibilización de la población.
(www.ayudaenaccion.org)

Ecologistas en acción es una confederación de más de 300 grupos ecologistas de toda España que se unificaron en 1998. Entiende que los problemas relacionados con el f .... tienen su origen en un modelo de producción y consumo cada vez más globalizado e insostenible.
(www.greenpeace.org)

Global humanitaria es una organización independiente y laica que trabaja por la igualdad de oportunidades de las personas y los pueblos. Prestan especial atención a los niños, para que conozcan sus g .... y aprendan a defenderlos, gracias a las personas que hacen h .... o apadrinan a niños.
(www.globalhumanitaria.org)

3 **¿En cuál de ellas te gustaría colaborar y por qué? Habla con tu compañero/a. Después, completa este cuestionario para saber si estás preparado para trabajar en una ONG.**

1 ¿Te gustan los animales?
- a Sí, me encanta verlos en el zoo.
- b Sí, me gusta que estén en libertad.
- c Solo los que se comen.

2 ¿Cómo reaccionas cuando ves basura en la Naturaleza?
- a Piensas que la gente es muy sucia.
- b Te enfadas y recoges la basura.
- c Te parece normal, no hay papeleras.

3 Cuando viajas a otros países...
- a solo visitas los lugares turísticos.
- b te interesas por su cultura.
- c no quieres ver gente pobre.

4 Las personas se hacen voluntarias para...
- a sentirse bien con ellas mismas.
- b ayudar a los demás y sentirse útiles.
- c parecer buenas personas.

5 Cuando alguien necesita ayuda...
- a solo lo ayudas si tienes tiempo.
- b lo ayudas sin dudarlo.
- c lo ayudas si sabes que luego él te ayudará a ti.

Mayoría a: Eres capaz de ver las injusticias, pero te falta actuar. Si quieres colaborar con una ONG, empieza por alguna que esté cerca de tu casa hasta que estés más preparado/a.
Mayoría b: Sin duda eres una persona solidaria. Si todavía no perteneces a ninguna ONG, no esperes más, ¡necesitan gente como tú!
Mayoría c: No eres mala persona, pero eres un poco superficial, ¿no crees? Deberías pensar más en los demás.

VIAJE | VOLUNTARIADO VIRTUAL

Cada vez son más las ONG que ofrecen la posibilidad de colaborar con ellas desde casa, prestando un servicio de apoyo o docente a través de internet. Así lo hizo, por ejemplo, Rui Oliveira, un especialista en sistemas informáticos jubilado que ahora apoya a la ONG ghanesa News Africa.

Cuaderno de ejercicios p. 41 y 42 · Actividades interactivas

Unidad 3: p. 61

MUNDO HISPANO

Objetivo

- Conocer algunas de las ONG más representativas de España e Hispanoamérica.

2

a. labor; **b.** pobreza; **c.** conflictos; **d.** catástrofes; **e.** campañas; **f.** medioambiente; **g.** derechos; **h.** donaciones.

2

Como en la presente actividad aparecen tres textos, se recomienda que se trabajen en tríos. Asigne un texto a cada integrante del grupo para que lo lea y lo complete con las palabras que considere más adecuadas. Una vez completados sus textos, el alumno A empieza a leer el segundo texto y cuando llega a un espacio en blanco debe formular una pregunta para que su compañero/a le dé la palabra. Por ejemplo, en el hueco *h* pueden preguntar: *¿Qué hacen esas personas?* El alumno B contesta: *donaciones*. Así hasta completar todos los espacios. A continuación, el alumno B procederá de igual modo empezando a leer el tercer texto.

3

Los alumnos hacen el test en parejas y después leen el resultado. Motívelos para que se hagan más preguntas relacionadas con las respuestas. Después, pida que expliquen cómo son sus compañeros según el test y si estos están de acuerdo con el resultado.

VOLUNTARIADO VIRTUAL

Después de leer el último texto de la sección, realice una actividad colaborativa para crear una ONG. Para ello, pueden hacer una presentación oral con un PowerPoint. Anímelos a que hagan preguntas y tomen notas si detectan algún error en las presentaciones. Una vez hechas, se puede votar cuál ha sido la mejor y por qué.

Sugerencias de presentación:
Nombre de la ONG, logotipo y eslogan; descripción del proyecto: colectivo destinatario, presentación del problema y labor a realizar; descripción de la campaña de sensibilización: motivos para colaborar y actuaciones para recaudar fondos; descripción de la campaña de reclutamiento de voluntarios: descripción del trabajo a desarrollar, número de voluntarios necesarios y requisitos del candidato; conclusiones del proyecto y motivos para apoyarlo.

Cuaderno de ejercicios p. 41 y 42
Actividades 3.26. y 3.27.

Actividades interactivas
Las ONG

Unidad 3: p. 62

ÉRASE UNA VEZ...

Objetivos

- Conocer a un autor hispano.
- Analizar un fragmento de una obra de literatura.

1

a. Pertenece a sus primeros años; **b.** Por el romanticismo, la melancolía y la influencia del modernismo hispanoamericano de autores como Rubén Darío y Gabriela Mistral; **c.** La guerra civil española y el asesinato de Federico García Lorca; **d.** En los objetos más cotidianos y, aparentemente, insignificantes.

Nota cultural.

La primera parte del poema evoca el Madrid al que Neruda llegó en 1935, un Madrid que vivía una intensa vida cultural favorecida por el gobierno liberal y progresista de la Segunda República (1931-1936). Sin embargo, también es un año en el que ya han empezado a surgir las primeras discrepancias con dicho gobierno. La mayoría de los intelectuales y artistas, como el propio Neruda, toman partido por el bando republicano y, por ello, deben exiliarse. La segunda parte del poema (v. 36) nos habla de cómo desaparece ese Madrid ideal con el estallido de la guerra, provocado por la sublevación del bando Nacional (v. 43) liderado por el general Franco, que se haría con el poder instaurando un régimen dictatorial (1936-1975). En el poema se hace referencia (v. 18) a los poetas españoles Rafael Alberti y Federico García Lorca (ya asesinado), pertenecientes a la Generación del 27, y a Raúl González Tuñón, poeta y periodista argentino; todos ellos eran amigos de Neruda con los que coincidió en Madrid.

Érase una vez... LITERATURA

1 Lee la biografía de Pablo Neruda y contesta a las preguntas.

Pablo Neruda

Ricardo Eliecer Neftalí Reyes Basoalto (Chile, 1904-1973), más conocido como Pablo Neruda, ha sido uno de los poetas más influyentes en la literatura del siglo XX y así se le reconoció cuando en 1971 ganó el Premio Nobel de Literatura. Su obra es muy variada y extensa. En sus primeros años se caracteriza por el romanticismo y la melancolía, influenciado por el modernismo hispanoamericano de Rubén Darío y de su gran amiga, la poetisa Gabriela Mistral. De esta época es quizá una de sus obras más famosas: *Veinte poemas de amor y una canción desesperada* (1924).

Conoció a Federico García Lorca en Buenos Aires, a Picasso en Barcelona y a los autores de la Generación del 27 en Madrid. Impresionado por la guerra civil española y por el asesinato de Federico García Lorca, del que se había hecho muy amigo, escribió su obra *España en el corazón* (1937), un libro de poemas sobre el horror de la guerra y el dolor de las víctimas.

Pero Neruda siguió escribiendo bellos poemas de amor como los recogidos en *Cien sonetos de amor* (1959). También los objetos más cotidianos fueron fuentes de su inspiración, ejemplo de ello son sus famosas *Odas elementales* (1954): "Oda a la cebolla", "Oda a los calcetines"... Neruda decía que él escribía para gente sencilla, incluso para los que no sabían leer.

a ¿A qué época de la obra del autor pertenece *Veinte poemas de amor y una canción desesperada*?
b ¿Por qué se caracteriza dicha época?
c ¿Qué hechos mueven al autor a escribir *España en el corazón*?
d ¿En qué se inspiran las *Odas elementales*?

2 Lee parte de un poema de Pablo Neruda y di cuál de las afirmaciones que siguen crees que es la correcta.

[...]
Yo vivía en un barrio
de Madrid, con campanas,
con relojes, con árboles.

Desde allí se veía
el rostro seco de Castilla
como un océano de cuero.
Mi casa era llamada
la casa de las flores, porque por todas partes
estallaban geranios: era
una bella casa
con perros y chiquillos.

[...]
Y una mañana todo estaba ardiendo
y una mañana las hogueras
salían de la tierra
devorando seres,
y desde entonces fuego,
pólvora desde entonces,
y desde entonces sangre.

[...]
Preguntaréis por qué su poesía
no nos habla del sueño, de las hojas,
de los grandes volcanes de su país natal.

62 sesenta y dos

1

En esta sección se presentan la figura de Pablo Neruda y uno de sus poemas. Para obtener más información y poesías de este autor, puede consultar la página http://www.neruda.uchile.cl.

Antes de proceder a la lectura de la biografía de Neruda, pregunte si conocen algo sobre él. De esta manera se activan los conocimientos previos de los estudiantes. Conviene enseñar: *cónsul*, *natal* y *oda*.

2

Reparta recortado el Material fotocopiable 3.5. que contiene el poema completo. Los alumnos deben ordenar los fragmentos para recomponer el poema. Para comprobar el orden, ponga la audición del propio Pablo Neruda disponible en YouTube, buscando: "Pablo Neruda, Explico algunas cosas" o en el enlace http://www.youtube.com/watch?v=TfYu0wBCd-U Un análisis del poema puede servir para trabajar parte de la historia de España.

Material fotocopiable 3.5.
Explico algunas cosas

a El poema se llama "Oda a Madrid". Neruda primero hace una descripción de Madrid antes y después de la guerra y, más tarde, lo compara con su país natal.

(b) El poema se llama "Explico algunas cosas", pertenece a su obra *España en el corazón* y habla de cómo vivió Neruda el estallido de la guerra civil española y por qué cambió su estilo.

c El poema se llama "Yo vivía en un barrio", pertenece a la primera época de Neruda y trata sobre la nostalgia que Neruda siente por Madrid.

3 **El siguiente poema pertenece a *Cien sonetos de amor* y está dedicado a su tercera y última esposa, Matilde Urrutia, que fue su gran amor, su musa y su compañera hasta la muerte. Nos hemos emocionado tanto al leerlo que nuestras lágrimas han borrado algunas palabras. Complétalo siguiendo tu intuición.**

Soneto LXXXIX

Cuando yo muera quiero tus manos en mis ojos:
quiero la luz y el trigo de tus manos amadas
pasar una vez más sobre mí su frescura:
sentir la suavidad que cambió mi destino.

Quiero que vivas mientras yo, dormido, te espero,
quiero que tus oídos sigan oyendo el viento,
que huelas el aroma del mar que amamos juntos
y que sigas pisando la arena que pisamos.

Quiero que lo que amo siga vivo
y a ti te amé y canté sobre todas las cosas,
por eso sigue tú floreciendo, florida,

para que alcances todo lo que mi amor te ordena,
para que se pasee mi sombra por tu pelo,
para que así conozcan la razón de mi canto.

(20) **4** **Ahora escucha y comprueba.**

5 **Escribe tú un soneto siguiendo la misma estructura que Neruda.**

Cuando yo ....
quiero ....
....
....

Quiero que ....
quiero que ....
que ....
y que ....

Quiero que ....
....
por eso ....
....

para que ....
para que ....
para que ....

Actividades interactivas

Unidad 3: p. 63

ÉRASE UNA VEZ...

3 y **4**

Con la actividad 3 se pretende que los estudiantes intuyan las palabras que faltan en el soneto. Una vez completado, los alumnos pueden comparar sus respuestas.

5

Una vez escritos los poemas, haga un concurso de poesía donde se den tres premios: al más original, al más divertido y al mejor recitado.

Finalmente, si ven que sus alumnos están lo suficientemente motivados, puede recitar el poema "Oda a las papas fritas", recogido en *Odas elementales*, sin decir el título para que los alumno adivinen a cuál de los libros de Neruda pertenece. Explique que en Hispanoamérica y en algunas zonas de España, como Andalucía y Canarias, a las patatas se les llama *papas* y pregúnteles si creen que las patatas son tan importantes como para merecer ser objeto de un poema. Como curiosidad, puede explicar que las patatas salvaron a Europa de la hambruna durante la guerra de los treinta años.

"Oda a las papas fritas"

Chisporrotea / en el aceite / hirviendo / la alegría / del mundo: / las papas / fritas / entran / en el sartén / como nevadas / plumas / de cisne matutino / y salen / semidoradas por el crepitante / ámbar de las olivas. // El ajo / les añade / su terrenal fragancia, / la pimienta, / polen que atravesó los arrecifes, / y / vestidas / de nuevo / con traje de marfil, llenan el plato / con la repetición de su abundancia / y su sabrosa sencillez de tierra.

Si lo desea, invítelos a realizar la actividad colaborativa 3. En grupos, reconstruirán un poema de Pablo Neruda y comentarán las ideas principales de este.

Actividades colaborativas
El poeta Pablo Neruda

Actividades interactivas
Pablo Neruda, Soneto LXXXIX

Unidad 3: p. 64

ME PREPARO PARA EL DELE

Objetivos

- Familiarizarse con el examen de español DELE.
- Prepararse para lograr el nivel.

Me preparo para el DELE

Prueba de expresión e interacción escritas

1 **Acabas de llegar a Barcelona y has ido a la oficina de turismo de la ciudad para solicitar información. Antes de marcharte, te piden que rellenes este formulario para un estudio que están haciendo sobre las características de los jóvenes turistas de la ciudad.**

OFICINA DE TURISMO DE BARCELONA

1. DATOS PERSONALES
   NOMBRE: ....
   APELLIDO(S): ....
   NACIONALIDAD: .... EDAD: .... SEXO: V M
   DOMICILIO: ....
   ¿CON QUIÉN VIVES?: ....
   TELÉFONO: ....
   CORREO ELECTRÓNICO: ....
2. TRABAJO/ESTUDIOS
   ¿ESTUDIAS O TRABAJAS? ¿QUÉ ESTUDIAS O EN QUÉ CONSISTE TU TRABAJO?
3. OCIO
   ¿QUÉ HACES NORMALMENTE EN TU TIEMPO LIBRE?
   ¿SUELES VIAJAR MUCHO? ¿POR QUÉ? ¿CON QUÉ FRECUENCIA?
   ¿CUÁLES SON TUS AFICIONES? ¿PRACTICAS ALGÚN DEPORTE?
   LUGARES QUE TE GUSTARÍA CONOCER: ....
   MOTIVOS POR LOS QUE TE GUSTARÍA CONOCER ESE LUGAR: ....

Fecha y firma
(necesarias)

2 **Escribe a un/a amigo/a español/a para invitarlo/a a pasar un fin de semana en tu ciudad. Explícale qué cosas vais a hacer, qué vais a visitar, cómo es la ciudad y qué tiempo hace. Dile también cómo esperas que sea el fin de semana. (80-100 palabras)**

64 sesenta y cuatro

Cuaderno de ejercicios p. 42 y 43   Actividades interactivas

ME PREPARO PARA EL DELE

Dedique una sesión de clase para realizar esta actividad. No haga ningún tipo de comentario que sirva de ayuda a los estudiantes y simplemente deles las instrucciones como si fuera el examen real.

1

La prueba de expresión e interacción escritas del DELE A2/B1 escolar tiene dos ejercicios y se caracteriza por:

50 min.	Características
Tarea 1	Interacción escrita: redactar una carta o un mensaje de foro, correo electrónico o blog..., que puede incluir descripción o narración.
Tarea 2	Expresión escrita: redactar una composición, redacción, entrada de diario, biografía..., que puede incluir descripción o narración, exponiendo información y opinión personal.

En esta actividad se trabaja la tarea 1 de la prueba. Se recomienda que corrija individualmente la redacción de cada estudiante.

Después de la actividad, para trabajar la interacción oral, pídales que se entrevisten, pero tomando la personalidad de un personaje famoso, con lo que tendrán que añadir información referente a ese personaje. Su compañero/a deberá intentar adivinar de qué famoso se trata.

2

En esta actividad se trabaja la tarea 2 de la prueba. Antes de empezar, reflexione con ellos sobre las pautas para escribir un buen texto: hacer un esquema de lo que se quiere contar, pensar en el vocabulario relacionado con el tema, organizar el discurso y las ideas a desarrollar, cómo empezar y cómo terminar, hacer un repaso de lo escrito, revisar la ortografía y puntuación, etc. Así, realizarán la prueba de manera más eficiente.

Como actividad previa, puede presentar el **Material proyectable 3.4.**, donde se propone un inicio y un final fijos de una carta, tal y como aparece en el examen.

Material proyectable 3.4.
Querido/a...

Cuaderno de ejercicios p. 42 y 43
Actividades 3.28. a 3.31.

Actividades interactivas
Comprensión de lectura
Expresión e interacción orales

¡Me lo sé!

Unidad 3

EVALUACIÓN

1 Imagina que el año que viene te vas a vivir a un país de habla hispana. Completa las frases con tus deseos para el futuro.

/5

Posibles respuestas

a Espero que me guste el instituto y mis profesores y compañeros.
b Ojalá aprenda a hablar perfectamente en español.
c Quiero conocer la ciudad y a la gente de allí.
d Deseo ir a ver un partido del América en el estadio Azteca.
e Quiero que mis amigos vengan a verme muy pronto.

2 Elige la opción correcta.

/7

a **En cuanto** / **Hasta que** llegues al aeropuerto, lo primero que debes hacer es facturar la maleta.
b **Al** / **Después** llegar la primavera los campos se llenan de flores.
c Me quedaré en casa **hasta que** / **antes de que** pare de llover.
d **Después de** / **Después** irnos, llegó Pedro.
e **Antes de** / **Después de que** salgamos del cine, iremos a tomar algo.
f Si quieres, puedes ver la tele **después** / **hasta que** sea la hora de cenar.
g **Cuando** / **Después de** cumpla los dieciocho, podré votar.

3 Completa los espacios con *para* o *para que* y el verbo entre paréntesis en su forma correspondiente.

/5

a El profesor os ha mandado hacer un trabajo sobre las ONG para que sepáis (saber, vosotros) más cosas acerca de ellas.
b He comprado pan para hacer (hacer, yo) unos bocadillos.
c He venido para que veamos (ver, nosotros) una película.
d Te he hecho esta bufanda para que pienses (pensar, tú) en mí en Irlanda.
e Este aparato sirve para hacer (hacer, el aparato) helados.

4 Escribe el tiempo correcto.

/9

a ¿Cuándo vendrás (venir, tú) a visitarnos? Tenemos muchas ganas de verte.
b Quiero beber (beber, yo) algo fresco.
c Hasta que no se vaya (irse) Juan, no voy a decir nada.
d Cuando mis abuelos se jubilaron (jubilarse), se fueron a vivir a Málaga.
e Mi hermana me ha dado un libro para que no me aburra (aburrirse, yo) durante el viaje.
f Espero que hoy salgamos (salir, nosotros) puntuales de la clase de español.
g Me voy antes de que llueva (llover).
h Cuando termine (terminar, yo) la universidad, espero trabajar (trabajar, yo) en una buena empresa.

Ahora soy capaz de...

	Sí	No
a ...expresar deseos.	Sí	No
b ...decir cuándo sucede algo.	Sí	No
c ...expresar finalidad.	Sí	No
d ...leer un poema de Neruda.	Sí	No

Sigue practicando con... Spanish Blogger Misión 21

Actividades interactivas

Unidad 3: p. 65

¡ME LO SÉ!

Objetivos

- Practicar los contenidos aprendidos en la unidad.
- Autoevaluar su aprendizaje.
- Revisar lo aprendido con actividades lúdicas.

¡ME LO SÉ!

En esta sección los estudiantes revisarán los contenidos vistos en la unidad. Esto le servirá para evaluar si han asimilado los objetivos propuestos.

Una vez que han terminado de realizar los ejercicios de estos apartados, es un buen momento para la reflexión sobre la evolución de su aprendizaje.

Finalizada esta unidad, se propone jugar a un Trivial con preguntas sobre los contenidos vistos en las tres primeras unidades del libro y referentes a las secciones *Comunicación*, *Vocabulario*, *Gramática*, *Pronunciación y ortografía* y *Cultura*.

Para ello, puede usar el Material fotocopiable 3.6., que contiene también unas tarjetas para que los estudiantes completen, y el Material proyectable 3.5.

Material fotocopiable 3.6. (1, 2 y 3)
Juguemos al Trivial I

Material proyectable 3.5.
Juguemos al Trivial

Actividades interactivas
Evaluación

AHORA SOY CAPAZ DE...

Explique a los estudiantes que esta actividad les servirá para evaluar su proceso de aprendizaje.

Pídales que reflexionen exhaustivamente y tomen conciencia de los conocimientos que han adquirido en esta unidad.

SPANISH BLOGGER

Invítelos a seguir practicando lo aprendido en esta unidad a través de la Misión 21. Con ella, los estudiantes podrán utilizar el español en un contexto divertido.

Misión 21
¡Me encanta ser solidario!

Unidad **4**

¡HOY ME SIENTO BIEN!

Unidad 4: p. 66

Objetivos de la unidad

- Conocer el tema de la unidad y a los personajes del diálogo.
- Revisar el léxico de la unidad 3.

Recursos del profesor

Materiales fotocopiables
4.1. a 4.8.

Materiales proyectables
4.1. y 4.2.

Audios
21 a 32

Vídeos
- Serie: *Mi banda*
- *Videogramas*:
  - *Expresar sentimientos*
  - *Las perífrasis verbales*
- *¡Acción!*: *Tu voz es lo más dulce*

Cuaderno de ejercicios
Unidad 4

Actividades interactivas
1.1. a 1.12.

Actividades colaborativas
El festival musical

Spanish Blogger
Misión 22: *¡Mucho más que música!*

Unidad **4**

¡HOY ME SIENTO BIEN!

Comunicación
- Expresar sentimientos y estados de ánimo

Vocabulario
- Adjetivos calificativos
- Actividades artísticas

Gramática
- Perífrasis verbales
- Verbos de cambio

Pronunciación y ortografía
- División de palabras a final de línea
- Extranjerismos

Sesión de cine
- *Mi banda*

Cultura
- La música hispana

Literatura
- Juan Ramón Jiménez, *Platero y yo*

Antonio y Roberto son dos compañeros de a ...instituto... que están en la puerta de b ...clase... hablando sobre una c ...canción... que estaba escuchando Antonio. Esperan a que llegue el profesor de d ...Música... para entrar en clase y, mientras hablan, ven a Adriana, que es una e ...compañera... de clase que le f ...gusta... a Antonio. Este, al ver que ella también lo mira, se pone rojo como un tomate de la g ...vergüenza... Detrás de Adriana viene el h ...profesor... de Música, al que no le gusta que los alumnos no estén i ...sentados... en su sitio cuando él llega a clase.

¿Qué ves?

1 **Observa la imagen y piensa qué palabras son las que faltan en el texto.**

2 **Compara tus respuestas con las tu compañero/a. ¿Habéis coincidido? Después, comprobad las soluciones con las palabras que aparecen en este recuadro.**

compañera ▪ vergüenza ▪ sentados ▪ instituto ▪ gusta ▪ profesor ▪ Música ▪ canción ▪ clase

3 **Completa las frases con el verbo entre paréntesis en el tiempo adecuado y escribe el nombre del personaje del texto que las piensa.**

a. Cuando ...pase... (pasar) por aquí, ...intentaré... (intentar) hablar con ella. Antonio

b. Seguro que cuando lo ...salude... (saludar), se ...se pondrá... (ponerse) rojo. Adriana

c. Antes de que ...llegue... (llegar) el profesor, ...tendremos... (tener) que estar sentados. Roberto

d. En cuanto ...entre... (entrar) en clase, les ...diré... (decir) que hay examen la semana que viene. El profesor

66 sesenta y seis

1

Antes de realizar la actividad 1, sugiera a los alumnos que observen la imagen y pregúnteles quiénes creen que son las personas que ven, qué relación puede haber entre ellas, dónde están, qué llevan, qué están haciendo, qué les llama la atención... A continuación, realizan la actividad individualmente pensando en las palabras que podrían aparecer en los huecos.

2

En la actividad 2, comparan sus respuestas de la actividad 1 en parejas. Adviértales que pueden o no coincidir, ya que no se trata de una respuesta cerrada. Seguidamente, confirman sus hipótesis completando los espacios con las palabras propuestas.

3

En esta actividad se repasan los contenidos vistos en la unidad anterior: la morfología del presente de subjuntivo y su uso en las oraciones temporales. Haga un breve repaso sobre estos contenidos si lo considera oportuno. Previamente a la realización de la actividad, pida que comenten en parejas cuáles piensan que pueden ser los pensamientos de cada uno de los personajes que aparecen mencionados en el texto que han leído sobre el futuro inmediato. Una vez lo hayan comentado, pueden realizar la actividad y comprobar sus hipótesis.

Comenzamos con un diálogo

4 **Lee el diálogo que mantuvieron Antonio y Roberto y completa los espacios en blanco con las siguientes palabras.**

atento ▪ musa ▪ coladita ▪ tonto ▪ distraído ▪ corte ▪ loco ▪ amor ▪ enamorado

Roberto: ¡Antonio! ¡Antoooonio!
Antonio: ¡Ay! Hola, Roberto, no te había visto.
Roberto: ¿Cómo me vas a ver, con lo a ...distraído... que estás?
Antonio: Es que estaba escuchando una canción que me encanta y...
Roberto: ¿Qué canción?
Antonio: La nueva de Nerea, ¿la has escuchado?
Roberto: Sí, claro, si es el tema más descargado de la semana en YouTube. Está bien, ella tiene una voz espectacular, pero... es demasiado romántica, ¿no? Bueno, para ti es perfecta porque con lo b ...enamorado... que estás últimamente...
Antonio: Anda, ¿pero qué dices?
Roberto: ¿Que no? Pero si se te nota de lejos que estás c ...loco... por Adriana. Cada vez que la ves, pones una cara de d ...tonto...
Antonio: Vale, vale, lo que tú digas. Por cierto, he compuesto un temazo. Si quieres, esta tarde lo ensayamos. A ver si nos da tiempo a tocarlo en el concierto.
Roberto: ¡Genial! Por cierto, mira quién viene por ahí, tu e ...musa...
Antonio: ¡Ay, madre, qué f ...corte...! Tú ahora **no te vayas** y **no me dejes solo**. Es que cuando estoy con ella no sé qué me pasa que nunca sé qué decirle y me da rabia que piense que soy un tonto...
Roberto: Pues dile, por ejemplo, que le has escrito una canción y que **quieres que vaya** a nuestro concierto. Seguro que **cuando te oiga** dedicándole "su" tema subido a un escenario, se queda g ...coladita... por ti. Ya sabes, a las chicas les encanta que les demostremos lo que sentimos por ellas...
Antonio: ¿Qué dices? No me atrevo... ¿Por qué no se lo dices tú?
Roberto: ¿Yoooo? ¡Pero si a mí no me gusta!
Antonio: ¡Ay! ¡Qué nervios! Ya viene y me está mirando...
Roberto: Sí, y detrás viene el profe de Música. Así que mejor dejas tu declaración de h ...amor... para otro momento y entramos en clase, que **cuando nos vea** hablando en la puerta...
Antonio: Sí, mejor entramos. Por cierto, ¿tienes los apuntes del otro día? Es que no estuve muy i ...atento...
Roberto: Sí, anda, y a ver si hoy escuchas más al profe y compones menos.
Antonio: Bueno, es que la inspiración llega **cuando menos te lo esperas**.

21 **5** **Ahora escucha el diálogo y comprueba.**

6 **Y tú, ¿te has sentido alguna vez igual que Antonio? Habla con tu compañero/a.**

7 **De las palabras o expresiones que aparecen en el diálogo:**

¿Cuál...
- a la puedes decir si algo te da vergüenza? ➔ ....
- b significa "estar enamorado"? ➔ ....
- c se dice de una canción muy buena? ➔ ....
- d se dice cuando una persona no presta atención? ➔ ....

8 **Fíjate en las frases que aparecen en negrita en el diálogo y habla con tu compañero/a. ¿Cuál es la estructura? ¿Y su uso? ¿Qué tienen en común?**

Actividades interactivas

Unidad 4: p. 67

COMENZAMOS CON UN DIÁLOGO

Objetivos

- Comprender un diálogo oral y escrito.
- Hablar de sentimientos.

7

a. ¡Qué corte!; **b.** estar loco (por alguien), quedarse/estar coladita (por alguien); **c.** temazo; **d.** estar distraído, no estar atento.

8

No te vayas / No me dejes solo: imperativo negativo, expresa petición; **Quieres que vaya:** *querer que* + subjuntivo, expresa deseo; **Cuando te oiga / Cuando nos vea:** *cuando* + subjuntivo, expresa tiempo futuro; **Cuando menos te lo esperas:** *cuando* + indicativo, expresa tiempo general. La forma del imperativo negativo y del subjuntivo es igual.

4 y **5**

Los estudiantes leen el diálogo y completan los espacios en blanco con las palabras más adecuadas. Una vez realizada la actividad, pueden comparar sus respuestas en parejas. Enseñe: *descargar/descargado*, *componer* y *ensayar*. Otra forma de presentación del diálogo es hacer primero la actividad 5: los estudiantes escuchan la audición y usted les hace una serie de preguntas sobre su contenido, como: *¿Por qué Antonio no había visto a Roberto? ¿Qué le pasa a Antonio últimamente? ¿Qué le pasa cuando está cerca de Adriana?* A continuación, realizan la actividad 4, que ahora les resultará más fácil ya que han conocido el tema de la audición.

6

Esta actividad pretende que se sientan más identificados con el tema y personalicen la situación para fomentar la motivación. Es interesante que hablen sobre situaciones en las que han sentido vergüenza, se han puesto rojos o sentido incómodos.

7

Los alumnos deben reconocer el significado de algunas palabras o expresiones del diálogo relacionándolas con otras de similar significado.

8

Las estructuras destacadas en el diálogo son las vistas en la unidad 3: las que expresan deseos con subjuntivo y las temporales con indicativo o subjuntivo (con valor futuro). También aparece la del imperativo negativo, que ya conocen, para que reflexionen sobre su forma (igual a la del subjuntivo).

En el diálogo también se introducen estructuras que se trabajarán en esta unidad: ***Me da rabia que piense*** *que soy un tonto; A las chicas* ***les encanta que les demostremos*** *lo que sentimos...* Pídales que localicen estos dos verbos en subjuntivo y pregunte: *¿Por qué pensáis que se ha usado el subjuntivo?, ¿qué estructuras o verbos lo introducen?* Con esto, introducirá contenidos de la siguiente sección.

Actividades interactivas
Canción para Silvia

Unidad 4: p. 68

HABLAR POR HABLAR

Objetivo

- Aprender a expresar sentimientos y estados de ánimo.

Hablar por hablar **COMUNICACIÓN**

1 **¿Cómo te sientes en estas ocasiones? Habla con tu compañero/a.**

un día de lluvia ▪ en primavera ▪ antes de un examen ▪ en Navidad
si ves una pelea ▪ en un concierto ▪ en el mar ▪ en el dentista ▪ de vacaciones
después de un examen ▪ en el teatro

EXPRESAR SENTIMIENTOS Y ESTADOS DE ÁNIMO (I)

Estoy *(estar)*	contento/a, nervioso/a, encantado/a, triste, aburrido/a, ...	***con*** *la nueva profesora de Literatura.* (nombre) ***cuando/si*** *juega mi equipo.* (indicativo) ***de*** *estar aquí.* (infinitivo: mismo sujeto) ***de que*** *te vayas.* (subjuntivo: diferente sujeto)

❗ – ***Estoy preocupado/a por*** *Álex. Hace días que no viene a clase.*

Me pongo *(ponerse)*	alegre, furioso/a, nervioso/a, contento/a, de mal/buen humor...	***cuando*** *escucho mi música favorita.* ***si*** *me cuentan el final de una película.*
Me siento *(sentirse)*	bien/mal/fatal...	
Adoro **No soporto** **No aguanto** **Odio**	*los paisajes de Asturias.* (nombre) *madrugar.* (infinitivo: mismo sujeto) ***que*** *me empujen en el metro.* (subjuntivo: diferente sujeto)	

Ver **Apéndice gramatical** p. 122

2 **Completa los diálogos con estos adjetivos y los verbos del recuadro anterior.**

nervioso ▪ histérica ▪ tranquilo ▪ preocupado ▪ serio

a

▸ Pero, ¿qué te pasa? Desde que has llegado 1 ...estás... muy a ...serio...
▹ Es que 2 ...estoy... b ...preocupado... por el examen de mañana. He estudiado mucho, pero ahora creo que estoy hecho un lío y no entiendo nada.
▸ Bueno, eso es normal, yo también 3 ...me pongo... c ...nervioso... antes de un examen. Mira, hazte una infusión y vete pronto a la cama, ya verás como mañana, después de descansar, 4 ...estás... más d ...tranquilo... y te acuerdas de todo.

b

▸ Sergio, ¿has sido tú el que ha usado mi ordenador?
▹ ¡Ay, sí! Es que le he dejado mi portátil a Santi.
▸ ¿Y por qué no me lo pides? ¡Te he dicho mil veces que no 5 ...soporto... que me cojan las cosas sin pedírmelas!
▹ Bueno, no te pongas así, ha sido un momento...
▸ Que no, Sergio, que no. Además, sabes de sobra que 6 ...odio... que me toquen mi ordenador, pero nada, tú siempre igual...
▹ ¡Vale, vale, hija! No 7 ...te pongas... e ...histérica...

(22) **3** **Ahora escucha y comprueba.**

4 **Vuelve a la actividad 1 y explícale a tu compañero/a, con las expresiones aprendidas, cómo te sientes en esas situaciones.**

68 sesenta y ocho

Material fotocopiable 4.1.

Posibles respuestas:

a. contenta, de buen humor, alegre, encantada; **b.** cansada, preocupada, harta, aburrida; **c.** nerviosa, de los nervios, histérica; **d.** de mal humor; **e.** furiosa, de los nervios, harta, histérica; **f.** serio, preocupado; **g.** cansado, enfermo; **h.** preocupada, triste.

1

Actividad oral para practicar los adjetivos de estados de ánimo y sentimientos relacionados con distintas situaciones. Antes de la actividad 1 y de abordar los contenidos del cuadro gramatical, los alumnos, dispuestos en grupos, relacionan las imágenes de la parte 1 del Material fotocopiable 4.1. con el sentimiento o estado de ánimo correspondiente de la parte 2. De esta forma, activamos el conocimiento y repaso de estos adjetivos. Después, en parejas, se cuentan cómo se sienten en las situaciones planteadas en la actividad. Explique el significado de: *pelea*.

Una vez que han recordado los adjetivos de estados de ánimo y sentimientos, presente el cuadro gramatical con las distintas estructuras para expresar dichos estados: un pronombre (*yo, tú*...) más un verbo conjugado (*estar*, verbos pronominales...) seguido de un adjetivo o adverbio (*nervioso, bien*...) más un sintagma o una oración introducida por *cuando, si, de*...: *Me pongo nervioso si cuando llego tarde*..., etc.

En ocasiones, estos verbos rigen otras preposiciones distintas a *de*: *Estoy preocupado* ***por*** *Álex.* En las estructuras con adjetivo, este concuerda en género y número con el sujeto de la oración: *Paco está nervios****o*** *por el examen.* A veces, el adjetivo se puede sustituir por una expresión con la misma función: *de los nervios*...

Material fotocopiable 4.1. (1 y 2)
Estados de ánimo

2 y **3**

Para introducir la actividad 2 pídales que, antes, se fijen en las imágenes que acompañan a los diálogos y digan quiénes creen que son las personas que aparecen, qué relación hay entre ellas, de qué creen que están hablando, cuál es su estado de ánimo... Después, completan los espacios con los verbos y las palabras propuestas y comparan en parejas. Enseñe: *estar hecho un lío*. La audición servirá para comprobar sus respuestas.

4

Actividad oral para que, volviendo al ejercicio 1, sean ya capaces de hablar de sentimientos o sensaciones usando las estructuras aprendidas en el cuadro.

5 Escucha el diálogo y completa el recuadro.

EXPRESAR SENTIMIENTOS Y ESTADOS DE ÁNIMO (II)

(A mí) **me**
(A ti) **te**
(A él/ella/usted) **le**
(A nosotros/as) **nos**
(A vosotros/as) **os**
(A ellos) **les**

da/n
- rabia – pena
- vergüenza – miedo
- igual – pánico
- lástima – lo mismo

pone/n
- triste – nervioso/a
- alegre – enfermo/a
- histérico/a – contento/a
- de buen humor – de los nervios
- de mal humor

aburre/n
molesta/n
indigna/n
impresiona/n

ver una película empezada. (quien experimenta el sentimiento y quien realiza la acción es la misma persona)

que *la gente coma palomitas en el cine.* (quien experimenta el sentimiento y quien realiza la acción son personas distintas)

las películas de amor. (nombre)

– *(A nosotros) Nos pone nerviosos (nosotros) tener que esperar en la cola del cine.*
– *(A mí) Me da rabia que en el cine (otras personas) hablen durante la película.*

Videogramas — Ver **Apéndice gramatical** p. 122

6 Relaciona.

1 Me da vergüenza...
2 Me pone de mal humor...
3 A mi madre le da mucha rabia...
4 Me aburren...
5 Mamá, no sé por qué te da miedo...

a que llegue a casa de noche, nunca voy solo.
b que salga de casa sin hacer mi cama.
c que la gente haga fotos con *flash* en los museos.
d actuar delante de tanta gente.
e las películas históricas.

7 Completa los espacios con los verbos aprendidos en la forma correcta.

a Me da pena que el guitarrista de La sonrisa de Eva quiera dejar el grupo.
b Me ponen enfermo/a las personas que se cuelan en la cola del cine.
c ¿No te da rabia que la ópera sea tan cara?
d Me pone de buen humor escuchar música alegre.
e A mi hermana le dan miedo las películas de terror, pero a mí no.
f Me molesta que no sea gratis entrar a los museos.

8 A Antonio le gusta Adriana, pero le pone nervioso estar cerca de ella. Busca situaciones que te produzcan estos sentimientos y cuéntaselo a tu compañero/a.

a Me molesta que...
b Me pone nervioso/a que...
c Me da vergüenza...
d Me aburren...
e Me da pena que...
f Me dan miedo...
g Me da rabia...
h Me ponen de buen humor...
i Me pone de mal humor...
j Me indigna que...

– *Me molesta que pongan anuncios cuando estoy viendo una película en la tele.*

Cuaderno de ejercicios p. 44 a 47 — Actividades interactivas

Unidad 4: p. 69

PALABRA POR PALABRA

Objetivo

- Conocer otras estructuras para expresar sentimientos y estados de ánimo.

23
(Véase la transcripción en la pág. 139)

Nota gramatical.
Hay verbos, como *poner*, que admiten las dos estructuras: la del verbo *gustar* (*Me pone nervioso que la gente coma palomitas en el cine*) o la pronominal (*Me pongo nervioso cuando la gente come palomitas en el cine*).

Material fotocopiable 4.3.

Respuestas:
1. a. de, **1.** regresar, **b.** de que, **2.** estemos, **c.** que, **3.** se termine, **d.** cuando, **4.** abrí, **e.** con, **f.** cuando, **5.** tengo, **g.** si, **6.** hay, **7.** volar, **h.** que, **8.** llames, **9.** hacer, **10.** hagas.
2. 1. se pone; **2.** está, me da; **3.** les pone, le dan; **4.** se pone; **5.** Me ponen; **6.** le pone; **7.** se siente; **8.** están; **9.** les da; **10.** me pone, le da; **11.** se ponen; **12.** me pongo; **13.** le dan, se pone; **14.** me siento.

5

Los alumnos escuchan un diálogo en el que aparecen contextualizadas las expresiones que se verán más adelante en el cuadro funcional. Se trata de que escuchen y completen los espacios en blanco del cuadro.

Para trabajar esta segunda estructura, pregunte, a modo de sondeo, qué verbos recuerdan que funcionan igual que *gustar* (*encantar*, *interesar*, *doler*...). Esta estructura se forma con el pronombre de objeto indirecto (*me*, *te*, *le*...), un verbo que se comporta como *gustar* (*da/n*, *pone/n*, *aburre/n*...) seguido, en algunos casos de un nombre o un adjetivo (*rabia*, *triste*,...) más un sintagma nominal o una oración en infinitivo o introducida por *que* (+ subjuntivo).

En las estructuras con adjetivo, este concuerda en género y número con la persona que experimenta el sentimiento: *A mi madre le pone enferm**a** / A mi padre le pone enferm**o** que no haga mi cama.*

A continuación, proyecte el vídeo de gramática para ver una explicación gramatical de algunas de estas estructuras.

Videogramas
Expresar sentimientos

Después, use el Material fotocopiable 4.2. y pídales que peguen cada situación al lado de las expresiones del cuadro proyectado en la pizarra.

Material fotocopiable 4.2.
¿Qué sientes cuando...?

8

Actividad de expresión oral donde deben expresar sentimientos usando las nuevas estructuras. Al final de la sección, para seguir practicando estas estructuras puede usar el Material fotocopiable 4.3.

Material fotocopiable 4.3.
Expresar sentimientos y estados de ánimo

Cuaderno de ejercicios p. 44 a 47
Actividades 4.1. a 4.7.

Actividades interactivas
Expresar sentimientos y estados de ánimo

Unidad 4: p. 70

PALABRA POR PALABRA

Objetivo

- Aprender algunos adjetivos calificativos.

1

Posible respuesta:

a. Es una empresa grande, en ella trabajan más de 1000 empleados / Es una gran empresa, su prestigio es conocido a nivel internacional. **b.** Es un alumno viejo, después de jubilarse decidió matricularse en la universidad y volver a estudiar / Es un viejo alumno y, aunque ya habla español muy bien, sigue viniendo a la escuela para perfeccionarlo. **c.** Es una única obra, al principio pensaron en hacer más, pero el presupuesto no lo permitió / Es una obra única; según los expertos, ninguna hasta el momento la ha podido igualar.

2

a. sincero, falso; **b.** tranquilo; **c.** generoso, egoísta; **d.** sociable; **e.** flexible; **f.** tolerante; **g.** preocupado.

Nota de vocabulario.

Al prefijo *in-* le corresponden diferentes alomorfos, dependiendo de la letra con la que empiece el adjetivo al que se une. Así, *in-* + un adjetivo que empiece por *r-* se transforma en *irr-*; *in-* + un adjetivo que empiece por *p-* o *b-* se transforma en *im-*.

3

a. inflexible; **b.** incomprensivo/a; **c.** maleducado/a; **d.** despreocupado/a / tranquilo/a; **e.** irresponsable; **f.** intolerante; **g.** débil; **h.** intranquilo/a / nervioso/a; **i.** impuntual; **j.** insociable; **k.** pesimista; **l.** abierto/a / extrovertido/a; **m.** vago/a; **n.** inseguro/a; **ñ.** impaciente; **o.** sincero/a.

---

abc Palabra por palabra VOCABULARIO

Adjetivos calificativos

El adjetivo calificativo informa de una propiedad, cualidad o característica del nombre al que acompaña.

- Los adjetivos **bueno**, **malo** y **grande** se acortan delante del nombre:
  – *Es un **buen** hijo.* – *No es un **mal** ejemplo.* – *Es una **gran** película.*
- Cuando el adjetivo se antepone al nombre puede cambiar de significado:
  – *Es un **gran** libro.* (calidad) / *Es un libro **grande**.* (tamaño)
  – *Es un **viejo** amigo.* (de hace años) / *Es un amigo **viejo**.* (edad)
  – *Es un **único** ejemplar.* (no hay más) / *Es un ejemplar **único**.* (no hay otro igual)

  En algunos casos, esta anteposición tiene simplemente un valor enfático:
  – *Tenemos un **serio** problema.*
- A veces podemos formar el contrario de un adjetivo de carácter añadiéndole un prefijo como ***in-*** o ***des-***:
  *paciente ≠ **im**paciente* *útil ≠ **in**útil*
  *agradable ≠ **des**agradable* *leal ≠ **des**leal*

1 Escribe en tu cuaderno frases en las que quede clara la diferencia de significado entre:

a Es una empresa grande / Es una gran empresa.
b Es un alumno viejo / Es un viejo alumno.
c Es una única obra / Es una obra única.

2 Completa las frases con los siguientes adjetivos.

tranquilo ▪ preocupado ▪ sociable ▪ generoso ▪ tolerante ▪ sincero ▪ flexible ▪ falso ▪ egoísta

a Si siempre digo la verdad, soy ....; pero si no digo lo que pienso, soy ....
b Cuando no estoy nervioso, estoy ....
c Si me gusta compartir lo mío con los demás, soy ....; pero si lo quiero todo para mí y no pienso en los demás, soy ....
d Si me gusta relacionarme con las personas, soy ....
e Cuando me adapto fácilmente a las situaciones y acepto los cambios, soy ....
f Si acepto otras opiniones y a las personas diferentes a mí, soy ....
g Cuando tengo un problema, estoy ....

3 Escribe el contrario de los siguientes adjetivos.

a flexible	➜ inflexible	i puntual	➜ ....
b comprensivo/a	➜	j sociable	➜ ....
c educado/a	➜	k optimista	➜ ....
d preocupado/a	➜	l introvertido/a	➜ ....
e responsable	➜	m trabajador/a	➜ ....
f tolerante	➜	n seguro/a	➜ ....
g fuerte	➜	ñ paciente	➜ ....
h tranquilo/a	➜	o falso/a	➜ ....

4 ¿Cómo te describirías? ¿Cómo describirías a tu compañero/a? Habla con él/ella para ver si coincidís.

Cuaderno de ejercicios p. 47 y 48

ADJETIVOS CALIFICATIVOS

En esta página el estudiante va a trabajar con los adjetivos calificativos. En un primer momento, verán aquellos adjetivos que se acortan al aparecer delante del sustantivo, y otros que cambian de significado según su posición. A continuación, aprenderán a formar algunos adjetivos contrarios mediante el uso de prefijos negativos. Además, verán otros adjetivos y sus contrarios que no siguen estas reglas.

1

La pérdida de algunas letras al anteponer el adjetivo al nombre, como es el caso de *buen* o *gran*, recibe el nombre de *apócope*.

2

Antes de la actividad, aclare el significado de las palabras del recuadro.

3 y **4**

Explique que algunos adjetivos pueden adquirir connotaciones diferentes, dependiendo del contexto, de la entonación... Otros adjetivos o expresiones de carácter que puede enseñar en este nivel según el Plan curricular del Instituto Cervantes son: *travieso*, *conservador*, *hablador*, *arrogante*, *sensible*, *perfeccionista*, *activo*, *frío*, *inquieto*, *tener sentido del humor*, *tener mucho/poco/mal carácter*, *tener un/ser de carácter fuerte/débil/fácil/difícil*, *tener buen humor*, *tener mal carácter*.

Realizada la actividad 3, practicarán todo lo aprendido con la actividad 4 de expresión oral, en la que tienen que describir cómo se ven ellos mismos y cómo los ven los demás.

Como actividad adicional, puede realizar un juego de mímica: en pequeños grupos, cada grupo escribe algunos adjetivos de carácter, después se intercambian las tarjetas y cada miembro de un equipo, por turnos, deberá hacer mímica para que sus compañeros adivinen el adjetivo. Ganará el equipo que más adjetivos adivine.

Cuaderno de ejercicios p. 47 y 48
Actividades 4.8. y 4.9.

Actividades artísticas

5 **Completa los siguientes recuadros de las actividades artísticas con las palabras que tienes a continuación. Ten en cuenta que algunas pueden colocarse en más de un lugar.**

flash ▪ ciencia ficción ▪ melodía ▪ compositor ▪ obra ▪ cuadro ▪ acueducto ▪ paisaje
violinista ▪ novelista ▪ ~~ensayar~~ ▪ aventuras ▪ estatua ▪ retrato ▪ canción
poema ▪ galería de arte ▪ pintar ▪ escultor ▪ baile ▪ fotografiar ▪ orquesta ▪ *ballet* ▪ diseñar
policíaca ▪ tratar de ▪ muralla ▪ cámara ▪ álbum ▪ poeta ▪ bailarín ▪ histórica
contar ▪ cuento ▪ ~~tema~~ ▪ guitarrista ▪ *zoom*

Música
tema, ensayar, obra, violinista, orquesta, álbum, canción, compositor, melodía, guitarrista

Arquitectura
obra, muralla, acueducto, diseñar

Danza
obra, baile, bailarín, *ballet*

Escultura
obra, galería de arte, estatua, escultor

Literatura
novelista, ciencia ficción, policíaca, aventuras, histórica, cuento, obra, poema, poeta, contar, tratar de

Fotografía
flash, obra, galería de arte, paisaje, fotografiar, retrato, cámara, álbum, *zoom*

Pintura
obra, cuadro, retrato, paisaje, galería de arte, pintar

6 **Combina estos verbos con las palabras de la actividad anterior.**

a Componer → un tema, ...
b Tocar → ....
c Tomar → ....
d Escribir → ....
e Sacar → ....
f Construir → ....

24 **7** **Escucha los testimonios de varias personas y escribe su profesión y de qué hablan en cada caso.**

a escritor, inspiración, escribir una obra
b fotógrafo, su cámara, sacar fotos
c escultor, crear una escultura
d músico, la música, tocar un instrumento

8 **Habla con tu compañero/a.**

a ¿Has practicado alguna de estas actividades artísticas? ¿Cuál?
b ¿Hay alguna que te gustaría practicar y aún no lo has hecho?
c ¿Crees que tienes alguna aptitud artística? ¿Eres bueno/a haciendo algo?
d ¿Cuál es tu obra favorita de cada actividad artística? ¿Por qué?

Cuaderno de ejercicios p. 49 y 50 · Actividades interactivas

Unidad 4: p. 71

PALABRA POR PALABRA

Objetivo

- Aprender el vocabulario relacionado con las actividades artísticas.

Nota de vocabulario.
En el DRAE se recomiendan las siguientes adaptaciones gráficas: *zum* para *zoom*, *flas* para *flash* y *balé* para *ballet*.

6

Componer un tema, una obra, una canción, un poema, una melodía, un álbum (de canciones); **Tocar** un tema, una canción, un instrumento; **Tomar** una fotografía; **Escribir** una obra, una novela, una canción, un poema, un tema, un cuento; **Sacar** una foto; **Construir** una obra, una estatua, una muralla, un acueducto, una escultura (aunque se prefieren otros verbos como *realizar*).

24

(Véase la transcripción en la pág. 139)

ACTIVIDADES ARTÍSTICAS

Para introducir el tema de la sección y presentar el vocabulario, proyecte el **Material proyectable 4.1.**, donde aparece parte de este vocabulario a través de imágenes.

Material proyectable 4.1.
Escenarios artísticos

5

Para introducir esta actividad pregunte a los alumnos si saben qué instrumentos aparecen en la imagen central. Se trata de una guitarra española, un violín y un violonchelo o chelo.

6

Actividad para trabajar las colocaciones léxicas. Después de realizar la actividad, sugiérales que piensen en otras palabras que también podrían combinarse con las que ya tienen.

7

Antes de proceder a la escucha, aclare antes el significado de la palabra *siameses*.

8

Se recomienda enseñar la estructura: *Yo creo que soy bueno en... porque...*; *Yo creo que soy bueno* (+ gerundio). Para terminar la sección y repasar el vocabulario aprendido de forma lúdica, se puede jugar al Pictionary o a un juego de mímica con el **Material fotocopiable 4.4.**

Material fotocopiable 4.4.
Pictionary de las artes

Cuaderno de ejercicios p. 49 y 50
Actividades 4.10. y 4.11.

Actividades interactivas
Adjetivos calificativos.
Actividades artísticas

Unidad 4: p. 72

PASO A PASO

Objetivo

• Aprender algunas perífrasis verbales.

1

a. Acabábamos de entrar; **b.** ha empezado a escribir / se ha puesto a escribir; **c.** hemos empezado a cantarla; **d.** se ha puesto a cantar / ha empezado a cantar; **e.** ha seguido cantando / ha continuado cantando; **f.** ha vuelto a decir; **g.** ha dejado de cantar.

Paso a paso GRAMÁTICA

PERÍFRASIS VERBALES

- ***Empezar/Ponerse a*** + infinitivo
  - Expresan el inicio de una acción:
    - *He **empezado a leer** un libro muy interesante.*
    - *Luis, ¡**ponte a hacer** los deberes ahora mismo!*
- ***Volver a*** + infinitivo
  - Expresa la repetición de una acción:
    - *El año pasado fui a Barcelona y este año **he vuelto a ir**.*
- ***Seguir/Continuar*** + gerundio
  - Expresan la continuación de una acción:
    - ***Sigo estudiando** en el mismo instituto que el año pasado.*
    - *El año pasado iba a clases de teatro y este **continuaré yendo**.*
- ***Acabar de*** + infinitivo
  - Expresa una acción terminada recientemente:
    - *¡**Acabo de ver** al chico que conocimos ayer en el concierto!*
    - *¿Dónde, dónde? Yo no lo veo.*
- ***Dejar de*** + infinitivo
  - Expresa la interrupción de una acción:
    - ***He dejado de ir** a clases de guitarra porque no tengo tiempo.*

Ver **Apéndice gramatical** p. 123

Videogramas

1 Completa el texto con las perífrasis adecuadas.

Mensaje nuevo

De: Roberto
Para: NachoVela@hotmail.com
Asunto: Cosas que pasan

Nacho, ¡no te vas a creer lo que ha pasado esta mañana!
a .... (Entrar, nosotros) en clase cuando el profesor b .... (escribir, él) en la pizarra los acordes de una canción. Todos la hemos reconocido rápidamente y c .... (cantarla) en voz baja. Pero, de pronto, Antonio d .... (cantar) en voz alta, mirando hacia Adriana. Entonces el profesor le ha dicho que se calle, pero Antonio e .... (cantar), mientras Adriana y el resto de la clase lo mirábamos alucinados. Cuando el profesor le f .... (decir) que se calle, amenazándolo con castigarlo, Antonio g .... (cantar), pero antes le ha dicho a Adriana que quería decirle las palabras de esa canción desde hacía mucho tiempo.

2 Piensa en tu vida actual. Seguro que hay cosas que han cambiado y otras que siguen igual. Escribe en tu cuaderno un texto donde aparezcan las perífrasis estudiadas, añadiendo entre ellas una información falsa. Después, en parejas, leed lo que ha escrito el compañero/a y encontrad la información falsa.

– El año pasado fui de vacaciones a la Costa Brava y me gustó tanto que este año he vuelto a ir...

Cuaderno de ejercicios p. 50 y 51

PERÍFRASIS VERBALES

Introduzca las perífrasis hablando sobre su vida: cosas que ha empezado o ha vuelto a hacer, que ha dejado de hacer, etc. Después, escriba en la pizarra las perífrasis que ha usado y pida que reflexionen sobre ellas: *¿Cómo se llaman estas estructuras? ¿Cuántas palabras las componen? ¿Son siempre las mismas? ¿Mantiene el verbo conjugado su significado original?* Algunas perífrasis las conocen: obligativas (*hay que*, *tener que*, *deber* + infinitivo), incoativas (*ir a* + infinitivo), durativa (*estar* + gerundio) o reiterativa (*volver a* + infinitivo).

A continuación, cierran sus libros, se proyecta el cuadro gramatical con las nuevas perífrasis, ocultando los usos, y van infiriéndolos ayudándose de los ejemplos.

Proyecte el vídeo de gramática para ver una explicación gramatical de algunas perífrasis verbales.

Videogramas
Las perífrasis verbales

1

Como actividad alternativa para trabajar las perífrasis, use el Material fotocopiable 4.5. Tienen que levantarse y buscar a alguien que responda afirmativamente a las frases de la ficha. Gana quien antes complete la lista de frases, teniendo en cuenta que hasta que no encuentren a alguien que responda afirmativamente a la primera frase no podrán pasar a la segunda, y así sucesivamente. Recuerde que deben formular las frases en forma de pregunta.

Material fotocopiable 4.5.
Busca a alguien que...

2

Lleve fotografías suyas de cuando era pequeño/a o más joven y cuente qué cosas hacía antes, qué le gustaba, qué ha cambiado en su vida, por qué... Después, diga que, de toda la información que ha dado, alguna es falsa, animándolos a adivinar cuál. Despertado el interés, pídales que piensen en sus vidas y se cuenten si estas han cambiado desde que eran niños hasta hoy y en qué.

Cuaderno de ejercicios p. 50 y 51
Actividades 4.12. y 4.13.

VERBOS DE CAMBIO

Para expresar **cambios espontáneos o provisionales** en una persona usamos:

- ***Ponerse*** + adjetivo
  - *Al hablar* ***se ha puesto*** *muy nervioso.* – ***Se ha puesto*** *roja cuando le han preguntado.*
- ***Quedarse*** (indica el resultado, el estado final)
  - ***Se ha quedado*** *muy sorprendido por la noticia.* – *¡Mi madre* ***se ha quedado*** *embarazada!*
  - A veces, ***quedarse*** también expresa cambios permanentes: *Mi abuelo* ***se quedó*** *calvo.*

Para expresar **cambios permanentes** usamos:

- ***Volverse*** (no voluntario)
  - ***Se ha vuelto*** *un antipático. Antes no era así.*
  - *Desde su divorcio,* ***se ha vuelto*** *más reservada.*
- ***Hacerse*** (cambio voluntario o gradual)
  - *Antes era abogado y ahora* ***se ha hecho*** *juez.* – *Con esa situación* ***se hizo*** *fuerte.*
  - Puede aparecer con adjetivos y sustantivos que expresan profesión, religión e ideología.
  - *Estudió Medicina y* ***se hizo*** *médico.* – *Viajó al Tíbet y* ***se hizo*** *budista.*

3 Completa con el verbo de cambio correcto.

a volverse un antipático d quedarse más delgado g hacerse vegetariano
b quedarse/ponerse blanco e ponerse contenta h volverse un irresponsable
c ponerse guapa f volverse más sociable i hacerse empresaria

4 Ahora, termina las frases con algunas expresiones del ejercicio anterior.

a Desde que es famoso siempre contesta mal a todo el mundo, se ha vuelto un antipático/creído.
b Los han invitado a la inauguración de una galería de arte, se han puesto muy guapos.
c Estudió un máster de negocios muy prestigioso y se hizo empresario/a.
d Desde que es bailarina se ha quedado más delgada.
e Cuando le han dado la nota del examen de Literatura se ha puesto muy contento/a.
f Desde que trabaja en una ONG en defensa de los animales se ha hecho vegetariano/a.

25 **5 Blanca y Esther, dos amigas que se conocieron en el instituto, hablan de la fiesta de exalumnos a la que Esther no pudo ir. Escucha y completa con los cambios en la vida de cada uno de ellos.**

	Aspecto físico	Carácter	Profesión	Ideología	Vida personal
Martín					
Carolina					
Gustavo					
Antonio					
Elena					
Dani					

Cuaderno de ejercicios p. 51 y 52 Actividades interactivas

Unidad 4: p. 73

PASO A PASO

Objetivo

- Aprender algunos verbos para expresar cambios provisionales o permanentes.

Material proyectable 4.2.

Respuestas:

a. Se ha hecho piloto; **b.** Se ha vuelto *hippie*; **c.** Se ha puesto roja; **d.** Se ha puesto nervioso; **e.** Se ha hecho vegetariano; **f.** Se ha vuelto loco; **g.** Se ha puesto verde (de envidia); **h.** Se ha hecho rico/millonario.

4

Martín: Aspecto físico: Se ha puesto guapísimo, mide 1,80; **Carácter:** Se ha vuelto más sociable y hablador; **Vida personal:** No ha dejado de hacer deporte, tiene novia. **Carolina: Aspecto físico:** Sigue siendo igual de guapa; **Profesión:** Se hizo modelo, trabajó en Nueva York, ahora trabaja para una organización humanitaria; **Ideología:** Se hizo budista; **Vida personal:** Se fue al Tíbet, dejó de ser esclava de la imagen. **Gustavo: Aspecto físico:** Se puso muy gordo, se está quedando calvo; **Carácter:** Sigue siendo igual de simpático; **Vida personal:** Dejó de hacer deporte, se ha casado y acaba de tener un niño. **Antonio: Profesión:** Se puso a trabajar en un restaurante, después volvió a estudiar y se hizo profesor de español; **Vida personal:** Ya no vive en España, dejó de estudiar y se fue a Londres. **Elena: Aspecto físico:** Se ha puesto muy guapa, se quedó mucho más delgada; **Ideología:** Se hizo vegetariana; **Vida personal:** Ya no sale con Dani. **Dani: Profesión:** Empezó a trabajar en una discoteca, se ha hecho empresario de la noche; **Ideología:** Se volvió más irresponsable y despreocupado; **Vida personal:** Ya no sale con Elena.

25
(Véase la transcripción en la pág. 140)

VERBOS DE CAMBIO

Para introducir el tema, utilice el Material proyectable 4.2., en el que aparecen imágenes de personas que han sufrido cambios o transformaciones. Vaya presentando las imágenes una a una y pregunte a los alumnos qué cambios observan en las personas que aparecen en ellas.

Material proyectable 4.2.
¡Vaya cambio!

3 y 4

Como actividad adicional, los estudiantes, en parejas, se pueden preguntar: *¿Cuándo fue la última vez que te pusiste nervioso/muy contento/enfermo/rojo?*

5

Para cerrar esta sección, una vez realizada la actividad 5, pida a los alumnos que imaginen que son antiguos amigos del colegio y que hace años que no se ven, que circulen por la clase y se pregunten qué ha sido de sus vidas.

Cuaderno de ejercicios p. 51 y 52
Actividades 4.14., 4.15. y 4.16.

Actividades interactivas
Perífrasis verbales y verbos de cambio

Unidad 4: p. 74

SUENA BIEN

Objetivos

- Aprender a dividir las palabras a final de línea.
- Reconocer palabras en español que proceden de otras lenguas.

1

a. arre-/glo; **b.** guerre-/ro, gue-/rrero; **c.** exa-/men; **d.** at-/mósfera, atmós-/fera, atmósfe-/ra; **e.** bo-/xeador / boxea-/dor; **f.** Geo-/grafía, Geogra-/fía; **g.** ex-/traño, extra-/ño; **h.** ave-/riguar, averi-/guar; **i.** cons-/tante, constan-/te; **j.** ins-/cribirse, inscri-/birse, inscibir-/se; **k.** pen-/ínsula, penín-/sula, península-/la; **l.** cons-/trucción, construc-/ción.

(26)

escáner, boutique, máster, stock, marketing, ranking, espaguetis, estatus, yogur, playback, espray, software, ballet, pádel, blues, cruasán.

3

Voces adaptadas: escáner, máster, espaguetis, estatus, yogur, espray, pádel, cruasán; **Voces no adaptadas:** boutique, stock, marketing, ranking, playback, software, ballet, blues (estas palabras aparecen escritas en cursiva en el diccionario).

Suena bien — PRONUNCIACIÓN Y ORTOGRAFÍA

División de palabras a final de línea y extranjerismos

DIVISIÓN DE PALABRAS A FINAL DE LÍNEA

- Cuando escribimos un texto y la palabra no nos cabe a final de una línea, cortamos la palabra separando las sílabas y colocamos un **guion**.

  *La música es el arte de combinar los sonidos de la voz humana o de un **instru-mento** para deleitar o conmover la sensibilidad.*

  Atención: Los grupos ***pr***, ***br***, ***bl***, ***cl***, ***ch***, ***ll***, ***rr***, ***gu***, ***qu***... no se pueden separar.

- Tampoco hay que separar:
  - Los prefijos: ***pre-**/historia*; ***geo-**/logía*; ***inter-**/relacionado*. Atención: ***sub-**/rayar*.
  - Los grupos de dos o tres vocales: *come-/**réis***; *pro**hi**-/bido*; *ca-/**lie**nte*.
  - Cuando una vocal queda sola al final o al comienzo de un renglón: *ale-/gría*; *ac-/t**ú**a*; ***a**mis-/tad*.
  - Cuando hay consonantes seguidas en una misma sílaba: *supe**rs**-/ticioso*; ***abs**-/tracto*.
  - Cuando después de un punto y seguido, va una sílaba de tres letras o menos: *Ayer cenamos en un restaurante. **Comi**-/mos...*
  - Las palabras de solo cuatro letras: *pero*; *solo*; *raro*...

  Atención: La ***x*** va unida a la siguiente letra cuando va seguida de vocal (*bo-/**xe**o*; *refle-/**xi**ón*) o con la anterior si le sigue una consonante (***mix**-/to*).

1 **Separa estas palabras de todas las formas posibles a final de línea.**

a arreglo	→	g extraño	→ ....
b guerrero	→	h averiguar	→ ....
c examen	→	i constante	→ ....
d atmósfera	→	j inscribirse	→ ....
e boxeador	→	k península	→ ....
f Geografía	→	l construcción	→ ....

EXTRANJERISMOS

En español usamos algunas palabras que proceden de otras lenguas. Se dividen en:

- **Voces adaptadas**
  Se adaptan a la ortografía y pronunciación del español: *estrés*, *eslogan*, *cabaré*...
- **Voces no adaptadas**
  Se escriben igual que en la lengua original y su pronunciación es más o menos aproximada a ella: *pizza*, *rock and roll*, *jazz*, *pendrive*.

(26) **2** **Dictado.**

3 **Compara las palabras que has escrito con las de tu compañero/a. Se trata de extranjerismos muy comunes entre los hispanohablantes. Después, decidid cuáles creéis que son voces adaptadas y cuáles no.**

Cuaderno de ejercicios p. 53 y 54 · Actividades interactivas

1

Dado que la separación de palabras a final de línea sigue las normas básicas de la separación de sílabas, juegue a "las palabras encadenadas" para introducir el tema. Diga una palabra, por ejemplo *mesa*, y un alumno tiene que decir otra que empiece por la última sílaba de esa palabra: *–sa*, y así sucesivamente. Cuando alguien falle (dice una palabra incorrecta, no separa sílabas correctamente o no encuentra una palabra para continuar), queda eliminado y se sigue jugando hasta que haya un vencedor.

A continuación, explique la importancia de separar bien una palabra a final de línea. Advierta que en el cuadro explicativo se utiliza la barra (/) para indicar un cambio de línea: *inter-/relacionado* (y no *in-/terrelacionado*), *geo-/logía* (y no *ge-/ología*), etc.

Explique que tampoco se pueden separar los grupos: ***pl***, ***tr***, ***dr***, ***cr***, ***gr***, ***gl***, ***fr***, ***fl*** (*la-**drón***, ***cru**-zar*, ***gla**-ciar*, ***fle**-co*) ni, en la mayoría de zonas hispanohablantes, el grupo ***at*** (***At**-las*). Tampoco se separan los dígrafos ***ch***, ***ll***, ***rr***, por representar un solo sonido (*ca-me-**llo***, *ca-**cha**-**rro***), al igual que los grupos ***gu*** y ***qu*** (*es-**qui**-na*, ***gui**-san-te*).

Realizan ahora la actividad 1. Deje claro que esta división solo puede realizarse si la palabra no aparece precedida de un punto seguido.

2 y **3**

Pregunte si conocen palabras usadas en español pero procedentes de otras lenguas. Señale que algunas se conservan igual que en la lengua de origen, pero que otras se han adaptado a la ortografía del español. Después, realizan el dictado.

En la actividad 3, en parejas, comparan sus respuestas y se corrigen entre ellos. Facilíteles las palabras correctas antes de realizar la segunda parte del ejercicio: clasificarlas en voces adaptadas o no adaptadas.

Cuaderno de ejercicios p. 53 y 54
Actividades 4.17. a 4.20.

Actividades interactivas
División de palabras a final de línea. Extranjerismos

1 **Con tu compañero/a, responde a las siguientes preguntas.**

a ¿Te gustan los conciertos? ¿Tocas algún instrumento?
b ¿Cuándo fue la última vez que escuchaste música en vivo?
c ¿Te gustaría formar parte de un grupo musical?

2 **Mira las imágenes del vídeo y responde a las preguntas.**

a ¿Qué crees que están haciendo?
b ¿Qué instrumentos musicales están tocando?
c ¿Qué tipo de música crees que tocan?

3 **Observa el vídeo y haz las actividades que te va a repartir tu profesor/a.**

Secuencia de vídeo · Actividades interactivas

setenta y cinco **75**

Unidad 4: p. 75

SESIÓN DE CINE

Objetivos

- Visionar un vídeo donde aparecen los contenidos de la unidad.
- Comprender conversaciones cotidianas entre hispanos.

Material fotocopiable 4.6.

Respuestas:

1. a. Dos guitarras eléctricas y un teclado; **b.** *Pop-rock*; **c.** Es una canción de amor, su título es *Eres*; **2. a.** Antonio; **b.** Sandra; **c.** Roberto; **d.** Antonio; **e.** Roberto; **3.** Gracias por la canción, fue algo inolvidable; **4. 1.** g; **2.** d; **3.** e; **4.** b; **5.** f; **6.** a; **7.** c. **5. Viento:** flauta, saxofón; **Cuerda:** arpa, violín, guitarra; **Percusión:** tambor, platillos.

Material fotocopiable 4.7.

Respuestas:

4. Felipe: b, c, e, f; **Sebas:** a, d, g; **5.** Felipe y Sebas están en el gimnasio jugando a baloncesto. Sebas quiere seguir jugando porque está ganando pero a Felipe le da rabia no poder ganar y quiere dejar de jugar. Para convencer a Sebas, le muestra a Alba sentada en las gradas. Al final, Sebas cambia de opinión y decide dejar de jugar para ir a saludarla; **6. a.** Es ruidoso, encantador, divertido y cariñoso; **b.** No, se llevan bien, pero no la deja sola nunca; **c.** Dice que hablan fuerte, en voz alta; **d.** Le da vergüenza. Se pone nervioso; **e.** Más o menos: está encantada de haber venido a estudiar en la ciudad; todavía no tiene muchos amigos, pero a ella le da igual no ser muy popular; **7. a.** está sola; **b.** jugar; **c.** molesta; **d.** le encanta; **e.** que haga tanto ruido; **f.** le pone muy nerviosa; **g.** le hable tan fuerte; **h.** se siente un poco de mal humor; **i.** está dibujando.

Diga a los estudiantes que observen las imágenes del vídeo. Tienen que identificar los diferentes detalles que aparecen. Pídales que piensen quiénes son las personas de las imágenes y pregúnteles qué creen que están haciendo.

1

En parejas, los estudiantes tienen que realizar esta actividad como introducción al visionado del vídeo. Invítelos a responder a las siguientes preguntas de motivación.

2

Pida a los alumnos que observen algunas escenas del vídeo que van a ver y que hagan hipótesis sobre lo que está pasando. Después, dígales que lean la sinopsis de forma individual y comprueben algunas de sus suposiciones. Otras respuestas tendrán que esperar al visionado del vídeo.

3

A continuación, proyecte el vídeo y presente el **Material fotocopiable 4.6.**

Material fotocopiable 4.6.
Mi banda

Secuencia de vídeo
Mi banda

Actividades interactivas
Mi banda

Si lo desea, puede trabajar otros acentos a través de la serie hispana *¡Acción!* y del **Material fotocopiable 4.7.**

Material fotocopiable 4.7. (1 y 2)
Tu voz es lo más dulce

¡Acción!
Tu voz es lo más dulce

Actividades interactivas
Tu voz es lo más dulce

Unidad 4: p. 76

MUNDO HISPANO

Objetivo

- Acercar a los estudiantes a los ritmos latinos.

Mundo hispano
Cultura

MÚSICA HISPANA

a

b

c

d

1 **Fíjate en las imágenes, ¿sabes qué bailes o tipo de música representan?**

2 **Relaciona estos tipos de música con las imágenes anteriores.**

[b] el flamenco   [a] la salsa
[d] las rancheras   [c] el tango

3 **¿Quieres saber algo más sobre ellos? Lee los textos y escribe en los espacios a qué música se refieren.**

Música y baile

a Original del Río de la Plata, ...tango...... nació de la fusión cultural entre los nativos y los inmigrantes europeos que se afincaron en aquella zona en las últimas décadas del siglo XIX. Se baila en parejas enlazadas, de forma muy pasional y sensual. Las letras de sus canciones, basadas en un argot local llamado *lunfando*, expresa tristezas de carácter principalmente amoroso.

b Género tradicional originado en el siglo XVIII, relacionado con la cultura andaluza y la etnia gitana. Sus principales facetas son el baile, el cante y el toque. En la década de los 70, la renovación del género y el contacto con otros estilos dio paso al llamado ...flamenco... fusión, siendo Camarón de la Isla y Paco de Lucía dos de sus figuras más importantes. En 2010 la Unesco lo declaró Patrimonio Cultural Inmaterial de la Humanidad.

c Género popular de la música mexicana, interpretada principalmente por mariachis y de estilo muy emocional. Nació en el siglo XIX y más tarde se convirtió en icono de la expresión popular de México. Curiosamente, ...rancheras...... alcanzaron fama mundial gracias a una cantante española: Rocío Dúrcal, considerada la reina de este género musical. Entre las décadas de los 70 y 90 Vicente Fernández y su hijo Alejandro Fernández, entre otros, siguieron manteniendo vivo este género.

d Género musical del siglo XX, de origen afrocubano, muy bailable, y ejecutado por una orquesta que toca instrumentos de percusión, viento y cuerda, junto con uno o varios cantantes. ......salsa...... nació de la mezcla de otros bailes como el mambo o el chachachá y forma parte de los conocidos como ritmos caribeños, entre los que también destacan el merengue o la cumbia.

27 **4** **Realiza ahora un recorrido por la música de distintos países de habla hispana con la actividad que te va a proponer tu profesor/a.**

76 setenta y seis

Material fotocopiable 4.8.

Respuestas:

1. **a.** jota; **b.** flamenco; **c.** tango; **d.** quena; **e.** marimba; **f.** salsa; **g.** rancheras; **h.** boleros; **i.** gaita; **j.** chotis.
2. **a.** México; **b.** Buenos Aires; **c.** Madrid; **d.** Cádiz; **e.** Cuba; **f.** México; **g.** Aragón; **h.** Perú; **i.** Guatemala; **j.** Santiago de Compostela.

27
(Véase la transcripción en la pág. 140)

MÚSICA HISPANA

Para introducir el tema de la sección, plantee en clase las siguientes preguntas: *¿Qué tipo de música os gusta? ¿Cuándo soléis escucharla? ¿Cuál es vuestro cantante o grupo musical favorito? ¿Os gusta ir a conciertos? ¿Cuál fue el último al que fuisteis? ¿Os emocionasteis?*

1 y **2**

Sugiera que se fijen en las imágenes que encabezan la sección y que comenten qué reconocen, qué bailes o tipos de música representan... No se detenga en dar aún las respuestas, en la actividad 2 verán estos bailes y tendrán que relacionarlos con las fotografías.

3

Antes de proceder a la lectura del texto, enseñe: *ejecutar*, *etnia*, *afincarse*, *argot*, *icono*, *toque* (en flamenco) y *mariachi*.

4

Para esta actividad, utilice el Material fotocopiable 4.8., donde pueden hacer un recorrido por la música e instrumentos de distintos países de habla hispana a través del testimonio de un estudiante de español. En primer lugar, realice una escucha holística para que se familiaricen con la información del texto, sin prestar atención a ningún dato en concreto. A continuación, deben relacionar las definiciones con el nombre de un baile o instrumento; pida que comparen sus respuestas en parejas y, después, proceda a la corrección en grupo clase. Luego, también en parejas y según lo que acaban de leer, escuchar y su conocimiento del munco, intentan situar cada baile o instrumento de las fotografías en el lugar del mapa que le corresponda. Finalmente, escuchan la audición por segunda vez, comprueban sus últimas respuestas y señalan el recorrido que hizo el estudiante de la audición. Puede llevar fotos a clase o usar el ordenador para mostrar los diferentes trajes regionales.

Material fotocopiable 4.8. (1 y 2)
Melodías e instrumentos hispanos

5 **Lee el siguiente texto sobre el pop español y completa los espacios con las frases que aparecen a continuación.**

El pop español

El género que más seguidores tiene hoy en España es el pop, 1 ...b... En los 60 y 70, 2 ...d..., fueron famosos grupos como los Brincos, los Bravos o Fórmula V.

En los 80, influidos por la conocida *movida madrileña*, surgen grupos como Alaska y Dinarama, los Secretos o Radio Futura. 3 ...a... Actualmente, grupos pop punteros en el panorama musical español 4 ...e... son: Maldita Nerea, Vetusta Morla, Amaral o Pereza, entre otros.

Es importante señalar también que el flamenco ha ejercido una gran influencia en muchos de los grupos y cantantes de la actualidad: así, 5 ...c..., como es el caso de Chambao y su flamenco-chill, Melendi o Antonio Orozco.

a Después les seguirán Hombres G, Mecano o Duncan Dhu, líderes indiscutibles de aquella década
b música que se puede cantar y bailar, tiene su origen con la llegada del *rock* a España en los años 50
c mientras grupos como Ojos de Brujo o El Barrio imitan sus compases, otros se decantan por nuevas y arriesgadas fusiones
d décadas conocidas como la *era dorada de los grupos españoles*
e y que suelen encabezar listas de éxitos

6 **Habla con tu compañero/a.**

a ¿Conoces alguno de estos estilos musicales o cantantes? ¿Te gustan?
b ¿Conoces otros cantantes o grupos musicales hispanos? ¿Cuáles?

28 **7** **¿Piensas que hay relación entre la música y las emociones? ¿Has pensado alguna vez en el carácter social de la música? Habla con tu compañero/a y decide si las siguientes afirmaciones son verdaderas (V) o falsas (F). Después, escucha y comprueba.**

a V ~~F~~ La cultura a la que pertenecemos influye en nuestra manera de entender la música.
b ~~V~~ F La música influye en nuestro estado de ánimo, incluso en nuestro comportamiento.
c V ~~F~~ Todas las sociedades poseen escritura, pero algunas no poseen música.
d ~~V~~ F La música nos ayuda a comunicarnos y a entender mejor a los demás.

SOCIEDAD | LA MÚSICA URBANA ES EL NUEVO POP

Los raperos y traperos llenan salas, las grandes compañías discográficas se pelean por ficharlos. Parece que la música urbana es el nuevo pop, pero, ¿qué es la música urbana? Como pasa a menudo en la música, las fronteras son difusas, pero se puede decir que tiene mucho que ver con el hip hop, el soul e incluso el reguetón. Algunos de los nombres que más suenan en la actualidad son Christian Flores, Residente, Daddy Yankee y C. Catana, entre otros, artistas que imprimen un nuevo rumbo a la música en español.

Cuaderno de ejercicios p. 54 y 55 | Actividades interactivas

Unidad 4: p. 77

MUNDO HISPANO

Objetivos

- Acercarse al pop español.
- Reconocer la música urbana.

Nota cultural.

La **Movida madrileña** fue un movimiento contracultural surgido durante los primeros años de la Transición de la España posfranquista y se prolongó hasta mediados de los años ochenta. Fue parte del cambio y liberalización cultural e ideológica a la que se abriría la gran mayoría de la sociedad española en general.

Flamenco-chill es un subgénero musical derivado de la fusión del flamenco y la música electrónica ambiental. Le dio nombre Henrik Takkenberg y se desarrolló con la colaboración de este y el grupo Chambao.

7

a. falso (La música es un sentimiento universal y está por encima de la cultura en la que hemos crecido o que conocemos); **b.** verdadero; **c.** falso (Hay sociedades sin escritura, pero ninguna sin música); **d.** verdadero.

28

(Véase la transcripción en la pág. 141)

5

Los alumnos deben insertar de forma correcta en el texto las frases que se han extraído de él. Enseñe las siguientes palabras: *seguidor*, *puntero*, *encabezar*, *listas de éxitos*, *ejercer*, *imitar*, *compases*, *decantarse* y *arriesgadas fusiones*.

6

Actividad de expresión oral en la que los alumnos pueden ampliar e intercambiar su opinión sobre los distintos estilos musicales o cantantes hispanos. Sería conveniente que presente en la clase vídeos de YouTube de cantantes y grupos de las diferentes décadas, la movida madrileña, etc.

7

Para introducir la actividad, haga a los alumnos las siguientes preguntas: *¿Influye escuchar música en vuestro estado de ánimo? ¿Pensáis que la música puede hacer que varíe nuestro comportamiento con los demás?* A continuación, en parejas, leen las afirmaciones y discuten si creen que son verdaderas o falsas. Finalmente, escuchan y comprueban sus hipótesis.

LA MÚSICA URBANA ES EL NUEVO POP

Para concluir esta sección, diga los estudiantes que, en parejas, lean este texto y den su opinión sobre este nuevo estilo de música. Invítelos a escuchar canciones de estos cantantes en internet.

Si lo desea, invítelos a realizar la actividad colaborativa 4. En grupos, van a organizar un festival musical.

Actividades colaborativas
El festival musical

Cuaderno de ejercicios p. 54 y 55
Actividades 4.21. y 4.22.

Actividades interactivas
La música hispana. El pop español

Unidad 4: p. 78

ÉRASE UNA VEZ...

Objetivos

- Conocer a Juan Ramón Jiménez.
- Analizar un poema de este autor hispano.

Érase una vez... LITERATURA

1 El siguiente texto habla sobre la biografía del escritor Juan Ramón Jiménez. Léelo y ordena los párrafos.

Juan Ramón Jiménez

a [3] De carácter hipersensible, la melancolía lo acompañó a lo largo de su vida. En 1913 conoce al gran amor de su vida, Zenobia Camprubí, con la que se casó en 1916.

b [4] En 1936, al estallar la Guerra Civil, abandonan España para no regresar nunca. Estados Unidos, Cuba y Puerto Rico fueron sus lugares de residencia a partir de entonces.

c [6] La primera se caracteriza por ser íntima, emotiva y sentimental, abundan también la melancolía, la música, los recuerdos y los ensueños. El modernismo y el simbolismo francés influirán en esta etapa de juventud. Es el tiempo en el que escribió la obra que lo inmortalizó, *Platero y yo,*

d [1] Juan Ramón Jiménez nació en Huelva (España) en 1881. Fue un niño solitario y su infancia transcurrió en el pueblo de Moguer, en contacto con la naturaleza.

e [7] el libro español traducido a más lenguas del mundo, junto con el *Quijote*. Escrita en prosa poética, está inspirada en la amistad del autor con un burro pequeño y peludo que lo acompañó en sus paseos por su pueblo natal.

f [2] Ya en el colegio se sintió atraído primero por la pintura, después por la música y, finalmente, por la poesía.

g [8] Otra de sus obras más conocidas, *Diario de un poeta recién casado* (1917), representa una ruptura con la poesía *sensitiva*, iniciándose así una poesía más *intelectual* que lo situará en el camino hacia otra más *metafísica* y *depurada* en su última etapa.

h [5] En 1956, recibió el Premio Nobel de Literatura. Él moriría tan solo dos años después de recibirlo. Su obra es muy extensa y su poesía pasa por distintas etapas.

2 Relaciona las siguientes palabras con su definición correspondiente.

1 azabache
2 escarabajo
3 hocico
4 gualdo/a
5 trote
6 cascabeleo
7 higo
8 ámbar
9 despacioso/a

a Insecto que busca el excremento de otros animales para alimentarse.
b Amarillo/a. Se dice así porque hay una flor de este color con el mismo nombre.
c Sonido que producen los cascabeles.
d Tipo de carbón, de color negro, que se usa como adorno en collares, pulseras...
e Resina fósil de color amarillo, que se emplea en collares, etc.
f Modo de caminar acelerado de algunos animales, que avanzan saltando.
g Fruto de la higuera, dulce, de color verde por fuera y blanco o rojo por dentro.
h Lento/a, pausado/a.
i Parte de la cabeza de algunos animales en la que están la boca y la nariz.

78 setenta y ocho

2

1. d; **2.** a; **3.** i; **4.** b; **5.** f; **6.** c; **7.** g; **8.** e; **9.** h.

1

Introduzca la sección preguntando a los alumnos qué poetas o escritores hispanos recuerdan, cuáles son los géneros literarios que existen, cuál les gusta más y por qué... A continuación, presente al poeta español Juan Ramón Jiménez e invítelos a leer su biografía.

2

Actividad en la que se presenta el vocabulario más complejo que aparecerá en el fragmento de la obra *Platero y yo* de la actividad 3, para facilitar, así, su posterior lectura. Indique a los estudiantes que realicen la actividad en parejas y que, en caso necesario, recurran al diccionario.

(29) **3** **Lee y escucha el siguiente fragmento de la obra titulada *Platero y yo* de Juan Ramón Jiménez.**

Platero y yo

Platero es pequeño, peludo, suave; tan blando por fuera, que se diría todo de algodón, que no lleva huesos. Solo los espejos de azabache de sus ojos son duros cual dos escarabajos de cristal negro.

Lo dejo suelto y se va al prado, y acaricia tibiamente con su hocico, rozándolas apenas, las florecillas rosas, celestes y gualdas... Lo llamo dulcemente: "¿Platero?", y viene a mí con un trotecillo alegre que parece que se ríe, en no sé qué cascabeleo ideal...

Come cuanto le doy. Le gustan las naranjas mandarinas, las uvas moscateles, todas de ámbar; los higos morados, con su cristalina gotita de miel...

Es tierno y mimoso igual que un niño, que una niña...; pero fuerte y seco por dentro, como de piedra... Cuando paso sobre él, los domingos, por las últimas callejas del pueblo, los hombres del campo, vestidos de limpio y despaciosos, se quedan mirándolo:

– *"Tien' asero..."*

Tiene acero. Acero y plata de luna, al mismo tiempo.

4 **Contesta a estas preguntas y coméntalas con tu compañero/a.**

a Según el texto y la imagen, ¿qué animal es Platero?

b ¿Cómo es físicamente? ¿Y su carácter o personalidad?

c El autor utiliza metáforas y comparaciones para describir a Platero. ¿Podrías localizarlas en el texto? ¿Sabes qué significan todas?

5 **En su primera etapa, el autor intenta provocar sensaciones a partir de sus descripciones. ¿Qué sensaciones te provoca la descripción de Platero?**

6 **¿Tienes o has tenido algún animal? Intenta escribir una descripción de él, igual que lo hace el autor, usando metáforas y comparaciones. Si no tienes ninguna mascota, puedes describir a alguien muy querido por ti.**

Dibuja aquí al animal o la persona descrita.

7 **¿Piensas que tener animales es bueno para desarrollar algunos sentimientos positivos? ¿Crees que puede ayudar a superar otros negativos? ¿Cuáles? Coméntalo con tu compañero/a.**

Actividades interactivas

Unidad 4: p. 79

ÉRASE UNA VEZ...

Nota de vocabulario.

La **comparación** es un recurso semántico mediante el cual se resalta una idea o término asociándolo con otro en función de su semejanza.

La **metáfora** es un recurso literario que consiste en la identificación de dos términos apoyándose en la semejanza, de tal manera que para referirse a uno de ellos se alude al otro.

La diferencia entre ambas es que la comparación relaciona dichos términos mediante verbos que indican semejanza: *Tus ojos se parecen al mar*, u oraciones comparativas: *Tus ojos son como el mar*; y la metáfora los une mediante el verbo *ser*: *Tus ojos son el mar*, o convirtiendo uno de los términos en complemento del nombre: *El mar de tus ojos*, o en aposición del otro: *Tus ojos, el mar*).

4

a. Un burro; **b.** Físicamente es pequeño, peludo, suave, con los ojos muy negros. De carácter es tierno y mimoso, alegre, pero también es fuerte; **c.** *Tan blando que se diría de algodón; los espejos de azabache de sus ojos son duros como dos escarabajos de cristal negro; Camina con un trotecillo alegre que parece que se ríe; es tierno y mimoso igual que un niño, que una niña; es fuerte y seco como una piedra; tiene acero y plata de luna* (acero entendido como ánimo, brio, y *plata de luna* como serenidad, por ejemplo).

3

Antes de que lean el texto, pregunte si conocen qué animal aparece en la imagen, de qué color es y por qué creen que le han puesto el nombre de "Platero".

Enseñe o recuerde: *peludo*, *blando*, *algodón*, *huesos*, *prado*, *tibiamente*, *celeste*, *naranjas mandarinas*, *uvas moscateles*, *morado*, *cristalino*, *gota y miel*. Advierta que la frase del verso 14 reproduce la forma de hablar de Andalucía. Ponga la audición para que puedan leer y escuchar al mismo tiempo.

4

Contestan individualmente y, después, comentan sus respuestas en pareja antes de la corrección en grupo clase. Explique qué es una *comparación* y una *metáfora*, y en qué se diferencian.

5

Con esta actividad y la lectura de un texto poético, se pretende que los alumnos sean capaces de expresar sus sensaciones y sentimientos mediante las estructuras la sección de *Comunicación*.

6

Basándose en el fragmento que han leído como modelo, deben escribir un breve texto en el que describan una mascota utilizando no solo adjetivos, sino también metáforas y comparaciones. Dibujar a su mascota hará más lúdica la actividad.

7

Actividad de expresión oral donde deberán opinar sobre los sentimientos que puede despertar en las personas convivir con animales.

Actividades interactivas
Juan Ramón Jiménez, Platero y yo

Unidad 4: p. 80

ME PREPARO PARA EL DELE

Objetivos

- Familiarizarse con el examen de español DELE.
- Prepararse para lograr el nivel.

30

(Véase la transcripción en la pág. 141)

31

(Véase la transcripción en la pág. 141)

3

a. verdadero (*Las bases del mismo, que estarán colgadas tanto en los tablones informativos del centro como en nuestro portal de internet...*); **b.** falso (*Los trabajos deberán introducirse en un sobre grande que facilita la Consejería del centro y se entregarán al Departamento de Lengua y Literatura*); **c.** falso (*Solo se admitirán trabajos en la modalidad de cuento, el tema será libre*).

32

(Véase la transcripción en la pág. 142)

Me preparo para el DELE

Prueba de comprensión auditiva

30 **1** **A continuación escucharás cuatro diálogos breves entre dos personas. La persona que responde lo hace de tres formas distintas, pero solo una es adecuada. Oirás cada diálogo dos veces. Después de la segunda audición, marca la opción correcta.**

Diálogo 1:
- a [ ] Sí, ha empezado a estudiar.
- b [X] No, acaba de terminar.
- c [ ] Sí, ha dejado de estudiar.

Diálogo 2:
- a [X] Me pongo muy nerviosa.
- b [ ] No soporto nada.
- c [ ] Me siento de buen humor.

Diálogo 3:
- a [ ] Me he vuelto nerviosa.
- b [ ] Me quedé nerviosa.
- c [X] Me puse roja.

Diálogo 4:
- a [ ] Estar siempre en alerta.
- b [X] Esperar a la inspiración.
- c [ ] Cerrar los ojos y escuchar la melodía.

31 **2** **A continuación escucharás dos diálogos muy breves. Se te hará una pregunta acerca de cada uno de ellos. Escoge una de las tres respuestas que se proponen. Oirás cada diálogo dos veces. Después de la segunda audición, marca la opción correcta.**

Diálogo 1: ¿Dónde creía el chico que la chica había hablado con Juan?

a [X]

b [ ]

c [ ]

Diálogo 2: ¿Qué prenda está agotada en la tienda?

a [X]

b [ ]

c [ ]

32 **3** **A continuación vas a oír la megafonía de un centro escolar. La oirás dos veces. Después de la segunda audición, marca verdadero (V) o falso (F).**

		V	F
a	Las bases del concurso se pueden consultar en internet y en los tablones informativos del instituto.	X	
b	El sobre en el que tienen que enviar el escrito se puede recoger en el Departamento de Lengua y Literatura del instituto.		X
c	La modalidad del trabajo es libre.		X

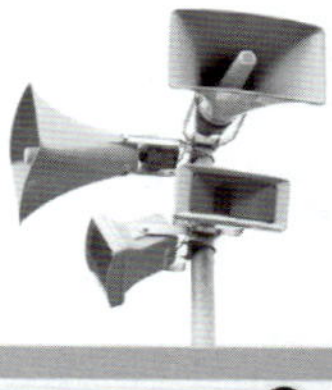

Cuaderno de ejercicios p. 55 y 56 · Actividades interactivas

ME PREPARO PARA EL DELE

Dedique una sesión de clase para realizar esta actividad. No haga ningún tipo de comentario que sirva de ayuda a los estudiantes y simplemente deles las instrucciones como si fuera el examen real.

Para obtener más información sobre los diplomas DELE, acceda a https://examenes.cervantes.es/es/dele-para-escolares/examenes/a2-b1. También puede obtener modelos de exámenes similares a este en el manual *El Cronómetro. Nivel A2/B1 para escolares* (Editorial Edinumen).

El examen DELE para el nivel A2/B1 para escolares incluye la prueba de comprensión auditiva con las siguientes características:

35 min.	Características
Tarea 1	Escuchar siete conversaciones y contestar a siete preguntas con tres opciones de respuesta cada una.
Tarea 2	Escuchar seis mensajes y relacionarlos con seis de los nueve enunciados disponibles.
Tarea 3	Escuchar una conversación y relacionar seis enunciados con la persona a la que corresponden (hombre, mujer o ninguno de los dos).
Tarea 4	Escuchar tres noticias y contestar a seis preguntas con tres opciones de respuesta cada una.

1 y **2**

Explique que van a realizar una audición similar a la del DELE. En el examen real esta parte consta de 6 diálogos. Aquí solo aparecen 4, como muestra representativa. Dígales que escucharán la audición dos veces para completar el test de opción múltiple en el que solo una opción es la correcta. Para corregir, pídales que expliquen por qué han rechazado las otras opciones en cada una de las preguntas. En el examen real, la actividad 2 suele ser una opción de la primera tarea.

3

Aunque esta no es una tarea propia del examen, sí ayuda para adquirir estrategias para la tarea 4 del examen.

Cuaderno de ejercicios p. 55 y 56
Actividades 4.23. a 4.27.

Actividades interactivas
Comprensión de lectura
Expresión e interacción escritas

¡Me lo sé!

EVALUACIÓN

1 Completa las frases con el verbo entre paréntesis en la forma correcta.

/7

a Estoy contenta de que lleguen (llegar) las vacaciones.
b Estoy triste cuando me despido (despedirse, yo) de un amigo por mucho tiempo.
c Me enfado si mi hermana se pone (ponerse) mi ropa sin pedírmela.
d Me molesta que la gente tire (tirar) papeles al suelo.
e Nos preocupa no entregar (entregar, nosotros) el trabajo a tiempo.
f Odio hacer (hacer, yo) mi cama por las mañanas.
g Me pongo nervioso cuando espero (esperar, yo) el autobús y tarda mucho en llegar.

2 Coloca las siguientes palabras en el recuadro correspondiente.

/10

de mal humor ▪ pena ▪ rabia ▪ triste ▪ lástima ▪ igual ▪ de los nervios ▪ vergüenza

Poner	Dar
de mal humor, triste, de los nervios	pena, rabia, lástima, igual, vergüenza

Ahora escribe una frase con cada uno de los verbos.
Poner ...
Dar ...

3 Escribe de nuevo las siguientes frases usando perífrasis verbales, como en el ejemplo.

/5

a Juan ha suspendido el examen de Música de nuevo.
(Volver a) → Juan ha vuelto a suspender el examen de Música.
b Ana y Luis eran muy amigos, pero hace un mes se enfadaron y ahora no se hablan.
(Dejar de) → Ana y Luis se dejaron de hablar hace un mes.
c María empezó a estudiar solfeo a los 8 años y ahora con 16 años todavía lo estudia.
(Seguir) → María sigue estudiando solfeo.
d Me he apuntado a clases de guitarra y voy desde hace una semana.
(Empezar a) → He empezado a ir a clases de guitarra.
e He visto al profesor de Música hace cinco minutos.
(Acabar de) → Acabo de ver al profesor de Música.
f A Carlos le gustaba ver dibujos animados de pequeño y ahora también le gusta.
(Continuar) → A Carlos le continúan gustando los dibujos animados.

4 Selecciona la opción correcta en cada caso.

/5

a Como dejó el deporte, [se puso] / **se volvió** / **se quedó** muy gordo.
b Desde que le han robado **se ha puesto** / [se ha vuelto] / **se ha quedado** más desconfiada.
c Como ya sabe que ha aprobado, **se ha puesto** / **se ha vuelto** / [se ha quedado] tranquilo.
d Como la invitaron a un concierto, [se puso] / **se volvió** / **se quedó** muy contenta.
e Desde que vive sola **se ha puesto** / [se ha vuelto] / **se ha quedado** más independiente.

Ahora soy capaz de...

a ...expresar mis sentimientos. Sí No
b ...hablar de mis estados de ánimo. Sí No
c ...usar algunas perífrasis. Sí No
d ...calificar con más exactitud cuando hago descripciones. Sí No

Sigue practicando con...

Actividades interactivas

Unidad 4: p. 81

¡ME LO SÉ!

Objetivos

- Practicar los contenidos aprendidos en la unidad.
- Autoevaluar su aprendizaje.
- Revisar lo aprendido con actividades lúdicas.

2

Posibles respuestas:
Poner: Me ponen de mal humor las personas que se quejan por todo.
Dar: Me dan mucha pena los niños de países pobres que tienen que trabajar en lugar de ir al colegio.

¡ME LO SÉ!

En esta sección los estudiantes revisarán los contenidos vistos en la unidad. Esto le servirá para evaluar si han asimilado los objetivos propuestos.

Una vez que han terminado de realizar los ejercicios de estos apartados, es un buen momento para la reflexión sobre la evolución de su aprendizaje.

Actividades interactivas
Evaluación

AHORA SOY CAPAZ DE...

Explique a los estudiantes que esta actividad les servirá para evaluar su proceso de aprendizaje.

Pídales que reflexionen exhaustivamente y tomen conciencia de los conocimientos que han adquirido en esta unidad.

SPANISH BLOGGER

Invítelos a seguir practicando lo aprendido en esta unidad a través de la Misión 22. Con ella, los estudiantes podrán utilizar el español en un contexto divertido.

Misión 22
¡Mucho más que música!

Unidades 3 y 4

AHORA COMPRUEBA

Objetivo

- Repasar los contenidos aprendidos en las unidades 3 y 4.

1

De izquierda a derecha: el cantante Huecco; el exfutbolista del F.C. Barcelona, David Villa; El jugador de baloncesto Pau Gasol; niños de un poblado del Sahara; balón que se carga de energía y dan luz; el piloto de moto G.P., Jorge Lorenzo.

2

a. Porque la gente canta; **b.** Que la gente le pise y que le empuje; **c.** Porque lo organiza/está relacionado con una ONG; **d.** Para recaudar fondos para fabricar una pelota que se carga de energía; **e.** Con el movimiento, se va cargando de energía y después esta se aprovecha en forma de luz; **f.** Todavía no se puede comprar, antes necesitan recaudar dinero para fabricarlo; **g.** Dos estudiantes americanas; **h.** Porque servirá para dar electricidad a la gente pobre y es bueno para el medioambiente; **i.** Que el proyecto tenga éxito y se puedan fabricar muchos balones; **j.** Porque quiere colaborar en esta causa solidaria.

33

(Véase la transcripción en la pág. 142)

Material fotocopiable R1.

Respuestas:

1. 1. momento; **2.** bailar; **3.** caderas; **4.** lobo; **5.** entera; **6.** brilla; **7.** pueda; **8.** momento; **9.** esperanza; **10.** pies; **11.** luz; **12.** brilla; **13.** pueda; **14.** momento; **15.** beso; **16.** presente. **2. Posibles respuestas:** optimismo, alegría, esperanza, amor, "buen rollo"; **3.** amor, un momento, esperanza, un

>>>

Ahora comprueba

1 **Observa estas imágenes. ¿Sabes quiénes son? ¿Qué crees que tienen en común? Háblalo con tu compañero/a.**

Dame Vida

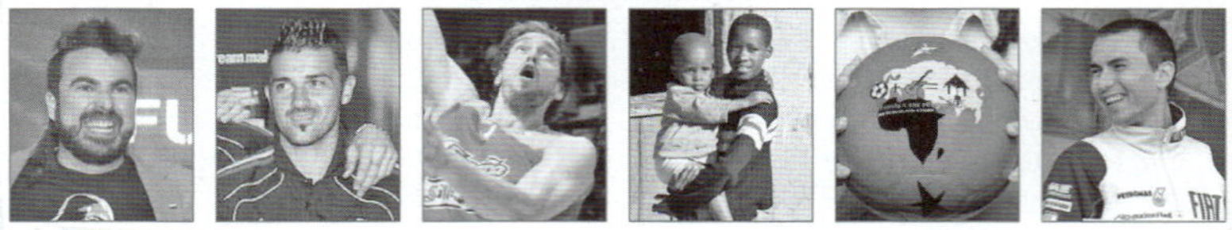

33 **2** ***Dame Vida* no es solo el título de una canción, representa todo un proyecto solidario. Escucha el diálogo entre Carlos y Abel y responde a las preguntas.**

a ¿Por qué no le gustan los conciertos a Carlos?
b ¿Qué le molesta a Abel de los conciertos?
c ¿Por qué le hace ilusión ir al concierto a Raquel?
d ¿Para qué es el concierto?
e ¿Cómo funciona el balón?
f ¿Dónde se puede comprar?
g ¿Quién lo ha inventado?
h ¿Por qué Abel cree que es tan bueno el proyecto del balón?
i ¿Qué desea Carlos en relación al proyecto y al cantante?
j ¿Al final irá Carlos al concierto? ¿Por qué?

3 **Completa los espacios con el verbo en su forma correspondiente.**

a Dame Vida es una fundación que desea ...recaudar... (recaudar) fondos para ...ayudar... (ayudar) a los más necesitados.
b Jessica Matthews y Julia Silverman son las creadoras del *soccket*, un balón con un acumulador de energía dentro para que ...se recargue... (recargarse) con las patadas que se le dan.
c Cuando la pelota ...se cargue... (cargarse) de energía, esta se convertirá en horas de luz para las familias pobres.
d Dame Vida quiere que cada hogar sin electricidad ...tenga... (tener) un balón con luz.
e Huecco ha contactado con varios de los mejores deportistas del mundo para que ...colaboren... (colaborar, ellos) en la grabación del videoclip de la canción.
f El seleccionador español de fútbol ha declarado que le encanta ...poder... (poder) colaborar en el vídeo y que cuando el cantante lo ...llamó... (llamar) para ...participar... (participar) no lo dudó un momento.
g Huecco ha declarado que quiere ...dar... (dar) las gracias de corazón a todos los que han participado en el videoclip.
h Dame Vida quiere que la música ...sirva... (servir) para que los más jóvenes ...practiquen... (practicar) deporte.
i La fundación también espera que a través de la práctica del deporte ...se genere... (generarse) energía eléctrica limpia.
j Huecco ha declarado que el deporte y la música son las energías más limpias y que este proyecto servirá para ...llenar... (llenar) de luz limpia el mundo.

82 ochenta y dos

Estas páginas están pensadas para que el alumno trabaje individualmente y pueda valorar y ser consciente de su progreso, pero si lo desea, puede trabajarlas en clase. Para ello, hay algunas sugerencias de explotación.

1

Para introducir el tema de la revisión pregunte a los alumnos qué les sugiere el título de la misma, *Dame vida*, y qué creen que puede significar. Una vez han comentado las imágenes, proyecte el vídeo musical en YouTube para que confirmen sus hipótesis (*Dame vida*, de Huecco).

2

Antes de escuchar el audio, enseñe *hacer ilusión* y explique que es una estructura que funciona igual que el verbo *gustar*.

3

Actividad para revisar la forma del presente de subjuntivo.

Como actividad adicional, puede trabajar con la letra de la canción *Dame vida* que se encuentra en el Material fotocopiable R1.

Material fotocopiable R1.
Dame vida, *de Huecco*

4 **Esta fundación también participa en otros dos proyectos sociales. Lee los fragmentos que te va a dar tu profesor/a y decide a cuál de los dos proyectos se refieren. Después, ponle un título a cada uno de los proyectos.**

Título:

Título:

34 **5** **Vas a escuchar un programa de radio en el que su locutora habla sobre los tres proyectos en los que participa el cantante Huecco. Intenta identificar a quién pertenecen los testimonios que se mencionan y relaciónalos con su proyecto correspondiente.**

Jessica Matthews
Proyecto: *Soccket*

Aganju
Proyecto: Haití

Pau Gasol
Proyecto: *Soccket*

Yveline
Proyecto: Haití

Juan
Proyecto: Mujeres

6 **Lee el testimonio de una chica que ha colaborado con un proyecto solidario y completa los espacios con las perífrasis y verbos de cambio en el tiempo adecuado.**

acabar de ▪ ponerse ▪ seguir ▪ llevar ▪ ponerse a ▪ dejar de ▪ quedarse ▪ volver a ▪ empezar a

Todo empezó cuando recibí un correo electrónico en el que buscaban colaboradores para construir escuelas para niños pobres en Guatemala.

Al llegar allí a ...me quedé... muy impresionada de ver cómo aquella gente vivía con tan poco. Al principio fue muy duro, yo no estaba acostumbrada a ver tanta pobreza y cuando b ...empecé a... trabajar fue todavía peor, c ...me ponía... muy nerviosa porque había muchas cosas que no sabía hacer y me sentía inútil. d ...Acababa de... llegar y ya quería hacer las maletas y regresar a España... Pero después, un compañero me tranquilizó diciéndome que era normal sentirse así al principio y que ellos también habían tenido que aprender, pero que mi trabajo era muy importante y que tenía que seguir adelante. Lo pensé mejor y e ...me puse a... trabajar sin preocuparme de si lo hacía bien o mal.

Desde que trabajé codo con codo con ellos me he vuelto más responsable y menos egoísta y f ...he dejado de... preocuparme por cosas que en realidad no son importantes. Ya g ...llevo... tres años colaborando con la organización y estoy deseando que llegue el verano para h ...volver a... ir a Guatemala y i ...seguir... ayudando a los niños de allí.

7 **Seguro que tú también has colaborado alguna vez en una buena acción. Piensa en esa experiencia y escribe cómo fue y cómo te sentiste.**

Unidades 3 y 4

AHORA COMPRUEBA

>>>

beso, tu boca, presente; **4.** En la primera frase, el verbo está en presente de subjuntivo porque se refiere al futuro (también se podría interpretar como un deseo o como una oración de relativo con antecedente desconocido –el lugar en el que yo te pueda besar–, aunque es preferible obviar esta última posibilidad porque no han estudiado aún este uso de subjuntivo); En la segunda frase, el verbo está en presente de indicativo porque se refiere a una acción habitual.

Nota cultural.

Huecco es un cantante español cuya música es una fusión de estilos muy diversos: rock, hip hop, rumba y ritmos latinos. Para más información, consulte su página web: www.huecco.es

Material fotocopiable R2.

Respuestas:

Proyecto 1: e, b, h, k, m, d, l; **Proyecto 2:** a, f, j, g, c, i.

Material fotocopiable R3.

Respuestas:

1 y 2. a. sonrisa; **b.** porcelana; **c.** metal; **d.** jaula; **e.** primaveras; **f.** espinas; **g.** lluvia; **h.** alma; **i.** barcas; **j.** libertad; **k.** cadenas; **l.** ríe; **3. a.** Trata sobre la violencia de género; **b.** Va dirigido principalmente a las mujeres maltratadas; **c.** Alentar a las mujeres a que denuncien los maltratos y a que sean fuertes para cambiar su situación y concienciar a la población de la existencia de este problema; **4.** Sonrisa de cristal (frágil, que podría desaparecer de un momento a otro), carita de porcelana (sensible, delicada, que se le puede hacer daño), mano de metal (dura, cruel)...

4

Antes de realizar la actividad, sugiera a los alumnos que observen las imágenes y que digan qué labor creen que se desempeña en los otros dos proyectos sociales en los que participa la fundación. Después, en parejas o pequeños grupos, pueden clasificar los fragmentos del **Material fotocopiable R2.** según el proyecto al que pertenezcan, ordenarlos y poner un título a cada proyecto. Enseñe: *granja*, *orfanato*, *potable* y *violencia de género*.

Material fotocopiable R2.
Proyectos solidarios

5

Antes de la audición, es recomendable que se detenga unos minutos para comentar quiénes son las personas de las imágenes y con qué proyecto piensan los alumnos que podrían estar relacionadas: *Soccket*, Haití o Mujeres.

6

Actividad para revisar las perífrasis verbales.

7

Actividad de expresión escrita en la que se pretende que los alumnos sean capaces de contar una experiencia y las emociones y sensaciones que sintieron al vivirla.

Para trabajar el tema transversal de la violencia de género, explote otra canción de Huecco: *Se acabaron las lágrimas*. Reparta el **Material fotocopiable R3.** y pida que completen la canción de la primera página (1) con las tarjetas recortadas de la segunda (2). Por turnos, cada alumno define una palabra de su tarjeta y su pareja tiene que adivinarla. A medida que las adivinan, las escriben en el espacio correspondiente de la canción. Busque en YouTube la canción y corríjala. Abra una debate en grupo clase sobre la violencia de género.

Material fotocopiable R3. (1 y 2)
Se acabaron las lágrimas, *de Huecco*

¡QUE NO TE ENGAÑEN!

Unidad 5

Unidad 5: p. 84

Objetivos de la unidad

- Conocer el tema de la unidad y a los personajes del diálogo.
- Revisar el léxico de la unidad 4.

Recursos del profesor

Materiales fotocopiables
5.1. a 5.5.

Materiales proyectables
5.1. y 5.2.

Audios
35 a 41

Vídeos
- Serie: *Compras por internet*
- *Videogramas*:
  - *Expresar opinión y mostrar acuerdo o desacuerdo*
- *¡Acción!*: *Galletas Segismundo*

Cuaderno de ejercicios
Unidad 5

Actividades interactivas
5.1. a 5.12.

Spanish Blogger
Misión 23: *¡Yo vendo, tú compras!*

3
Respuesta abierta.

Unidad 5

¡QUE NO TE ENGAÑEN!

Comunicación
- Opinar y valorar
- Mostrar acuerdo o desacuerdo

Vocabulario
- Internet

Gramática
- Conectores para organizar las ideas de un texto

Pronunciación y ortografía
- Siglas, acrónimos y abreviaturas

Sesión de cine
- *Compras por internet*

Cultura
- La publicidad en España

Literatura
- Julio Cortázar, *Preámbulo a las instrucciones para dar cuerda al reloj*

¿Qué ves?

1 **Fíjate en las imágenes de Juan, el profesor, y habla con tu compañero/a.**

a ¿Qué crees que muestran las imágenes?
b Piensa en adjetivos para describir lo que expresan.
c ¿Con cuál de las imágenes te identificas hoy?

2 **Relaciona las frases con la imagen adecuada según la expresión de su cara.**

1 El profesor está muy enfadado.
2 Parece muy sorprendido.
3 El profesor está preocupado.
4 Creo que está bastante nervioso.

3 **Relaciona las columnas y escribe en tu cuaderno frases completas.**

A Juan	le	encantan	la música electrónica.
A Juan y a mí	les	pone nerviosas	que pongas la música muy alta.
A mí	me	da rabia	que haya tanta gente sin trabajo.
A los dos	nos	enfada	las películas de terror.
A mi hermana		impresiona	llegar tarde a clase.
A Marta y su amiga		preocupa	que la gente sea impuntual.
A la novia de Juan		gusta	que el profesor solo hable en español.

84 ochenta y cuatro

1 y **2**

Pida a los estudiantes que se fijen en los gestos que está haciendo el profesor de la imagen. Para revisar los adjetivos de la unidad 4, diga varios (como *alegre*, *contento*, *pensativo*...) y pida que señalen a qué imagen creen que se refiere cada uno. Ahora los alumnos ya están preparados para realizar estas actividades.

3

Actividad para revisar las estructuras para expresar sentimientos.

Comenzamos con un diálogo

35 4 Lee el diálogo en el que unos amigos opinan sobre el mensaje de un cartel publicitario y complétalo con las siguientes palabras. Después, escucha y comprueba.

manipulación ▪ feminidad ▪ iconos ▪ anticonsumista
virilidad ▪ ventanas emergentes ▪ machista

Andrés: ¿Qué os parece el cartel de *Adbusters*? ¡Es una obra de arte!

Nélida: Yo creo que es increíble que esté en un centro comercial, ¿no os parece?

Germán: Pues yo no pienso que sea para tanto. Solo es más publicidad, ¿no?

Silvia: Es terrible que intenten confundirnos. ¿El cartel significa que no compremos? ¡Puf!... No lo entiendo y no me gusta. Por cierto, ¿qué es *Adbusters*?

Andrés: ¿¡No los conoces!? Es una organización a ...anticonsumista... que ataca a los medios de comunicación. Su objetivo es utilizar la publicidad para criticar la b ...manipulación... que esta hace sobre la sociedad. También tienen una revista.

Silvia: Bueno, en mi opinión, la publicidad trata de informar a un público objetivo sobre lo que hay.

Nélida: Sí, estoy de acuerdo con que trata de informar; pero para cambiar nuestras opiniones y deseos, ¡claro!

Andrés: Por supuesto, la publicidad lleva muchos años vendiéndonos el mensaje de la juventud, de la salud, de la c ...virilidad..., de la d ...feminidad.... La imagen siempre es la misma: jóvenes, ricos y guapos.

Germán: Lo que quiere, desde luego, es provocar. Y tienes razón, a veces incorrectamente, y es racista, sexista, e incluso e ...machista...

Nélida: ¡Y que lo digas! ¿Y qué pasa con la protección de la juventud, con el derecho a la intimidad y con el respeto?

Silvia: ¡Claro, claro! ¿Y con la libertad de expresión? Pero, vale, está claro que debe haber límites. En cualquier caso, creo que la gente no le hace tanto caso a la publicidad, hay demasiada: en la calle, en la tele, en los periódicos, en las revistas, en internet...

Andrés: ¡Uf! Sí, es ridículo que las redes sociales estén tan llenas de anuncios, no es lo que vas a ver allí. Me preocupa que utilicen nuestra información personal para vender. Y en muchas páginas te atacan las f ...ventanas emergentes... que se te abren todo el tiempo.

Silvia: Pues, a mi modo de ver, no pienso que toda sea mala y, como has dicho antes, es arte, creación... Son g ...iconos... de nuestra cultura, por ejemplo, mira algunas obras de Andy Warhol.

Germán: En eso todos estamos de acuerdo, siempre hay cosas bien hechas.

5 Busca en el texto un sinónimo de estas palabras o definiciones.

a *Pop up*. → ventanas emergentes
b Masculinidad, valor, fortaleza. → virilidad
c Imagen, modelo. → icono
d Femineidad, delicadeza, ternura. → feminidad
e Cambio que se hace para conseguir algo. → manipulación
f Prepotencia de hombres sobre mujeres. → machista
g En contra de la compra innecesaria. → anticonsumista

6 Contesta a las siguientes preguntas.

a ¿Qué es *Adbusters*?
b ¿Qué piensa Silvia de la publicidad?
c ¿Están de acuerdo sus amigos con ella?
d ¿Qué piensas tú sobre el mensaje del cartel de *Adbusters*?

Actividades interactivas

ochenta y cinco 85

Unidad 5: p. 85

COMENZAMOS CON UN DIÁLOGO

Objetivos

- Comprender un diálogo oral y escrito.
- Empezar a familiarizarse con el tema de la publicidad.

Nota cultural.

Adbusters es una organización anticonsumista que lleva a cabo un ataque a los medios de comunicación y a la filosofía consumista que estos promulgan. Su objetivo es utilizar la publicidad como un medio de comunicación de productos y compensar así la manipulación que ejerce esta sobre la sociedad. La organización aparece en 1989 y en 1994 nace, vinculada a ella, una revista homónima.

6

a. Una organización anticonsumista que ataca a los medios de comunicación. Su objetivo es utilizar la publicidad para criticar la manipulación que esta ejerce sobre la sociedad; **b.** Alguna le gusta y otra no, piensa que informa pero que debe haber límites respecto a la libertad de expresión; también cree que hay demasiada y que alguna publicidad es arte y que es un icono de nuestra cultura; **c.** En parte sí y en parte no. Están de acuerdo en que la publicidad bien hecha es arte, pero Andrés y Nélida, por ejemplo, no piensan que solo trate de informar, sino que creen que esta intenta manipularnos; **d.** Respuesta abierta.

4 y 5

Antes de realizar la actividad 4, para introducir el tema de la unidad, haga un ahorcado en la pizarra con la palabra *publicidad*. Puede ir preparando a los alumnos preguntándoles qué palabras conocen relacionadas con este tema (pueden aparecer *cartel, marca, anuncio, eslogan, consumidores, vender, convencer*...). A continuación, haga preguntas para motivar y generar interés, tales como: *¿Os gusta la publicidad? ¿Creéis que es necesaria? ¿Cuál es su objetivo? ¿Es actual? ¿Es honesta?*

Invítelos a que se fijen en el cartel del anuncio de *Adbusters* preguntándoles: *¿Qué es? ¿Qué representa? ¿Qué significan el texto y la imagen? ¿Os parece un anuncio normal? ¿Qué sentimiento os producirían verlo en la calle más comercial de vuestra ciudad? ¿Qué emociones creéis que provoca en los chicos de la foto?*

A continuación, dígales que van a escuchar la conversación que mantienen los chicos de la foto después de ver el cartel publicitario. Pídales que completen el texto antes de escuchar la audición. Después, escuchan y comprueban sus respuestas.

Finalmente, en la actividad 5, tienen que relacionar estas palabras con sus significados ahora que ya conocen el contexto.

6

Actividad de comprensión textual del diálogo que han leído y escuchado.

Actividades interactivas
El anuncio de Adbusters

Unidad 5: p. 86

HABLAR POR HABLAR

Objetivos

- Pedir y dar opiniones.
- Mostrar acuerdo y desacuerdo.

Material fotocopiable 5.1.

Respuestas:

Expresar acuerdo: Sí, claro; ¡Desde luego!; ¡Claro, claro!; ¡Y que lo digas!; Yo pienso lo mismo que tú; Por supuesto. **Expresar desacuerdo:** ¡No, no!; ¡No, de ninguna manera!; ¡Qué va!; ¡(Pero) qué dices!; ¡Anda ya! **Suavizar el desacuerdo:** Yo no diría eso...; Tienes razón, pero...; Sí, es una idea interesante, pero por otra parte...; A mi modo de ver, ese no el problema/el tema...; Lo que pasa es que...

Hablar por hablar — COMUNICACIÓN

OPINAR

- Para **pedir opinión** usamos:
  - ***¿Qué piensas/crees/opinas de/sobre*** *las compras por internet?*
  - ***¿(A ti) qué te parece*** *el blog del que nos habló Carlos?*
  - ***En tu opinión/Desde tu punto de vista/Según tú***, *¿cuál es el anuncio más inteligente?*
- Para **dar opinión** usamos:
  - ***En mi opinión/Desde mi punto de vista***, *el blog (no) es muy interesante.*
  - ***Creo/Pienso/Opino/Me parece que*** *el logo de una marca (no) es muy importante.*
  - ***No creo/pienso/me parece que*** *el logo sea tan importante como la calidad de sus productos.*

1 **Estas tres imágenes pertenecen a campañas publicitarias. Desde tu punto de vista, ¿cuál es la más original? ¿Y la menos? Habla con tu compañero/a. ¿Opináis lo mismo?**

- *Creo que el mejor anuncio es el del centro porque el mensaje que transmite es claro y directo.*
- *No creo que el primero sea un buen anuncio porque el mensaje que transmite es confuso y...*

2 **Completa el siguiente recuadro con ayuda de tu profesor/a.**

MOSTRAR ACUERDO Y DESACUERDO CON UNA OPINIÓN

- ***(No) estoy a favor de*** / ***(No) estoy en contra de*** / ***(No) estoy (del todo) de acuerdo con*** →
  - *todo tipo de anuncios.* (nombre)
  - *ser manipulado por la publicidad.* (mismo sujeto)
  - ***que*** *nos hagan encuestas.* (sujetos diferentes)
- Otras formas para:

Expresar acuerdo	Expresar desacuerdo	Suavizar el desacuerdo

Videogramas

3 **Habla con tu compañero/a sobre los siguientes temas, ¿estáis o no estáis de acuerdo?**

a Facebook a cambio de nuestra privacidad.
b Las descargas gratuitas y la piratería contra los derechos de autor.
c El poder adictivo de los ordenadores, internet o los videojuegos.
d El peligro de chatear con extraños o colgar nuestras fotos en internet.

1

Antes de la explicación del cuadro comunicativo, proyecte en la pizarra las fotografías y pregunte en grupo clase su opinión sobre ellas. Recoja en la pizarra las diferentes estructuras que los alumnos produzcan, ya que expresar opinión y mostrar acuerdo y desacuerdo se ha presentado en *Espacio Joven 360º A2.1*. A continuación, proceda a la explicación del cuadro. Se pretende ahora refrescar y ampliar estos contenidos con la negación y el uso del subjuntivo. Es muy importante que establezca la diferencia entre *Creo/Pienso/Opino/Me parece que* + indicativo y su negación en subjuntivo. Haga ahora la actividad de expresión oral para practicar las estructuras nuevas.

2

Para realizar la actividad, recorte y reparta el Material fotocopiable 5.1. y pida que clasifiquen las formas para expresar acuerdo, desacuerdo o suavizar el desacuerdo. Trabajan en parejas, corrigen en grupo clase y, a continuación, completan los recuadros del libro. Explique que para matizar el acuerdo o desacuerdo podemos incluir *del todo/totalmente/nada/en absoluto: No estoy del todo/nada/en absoluto de acuerdo contigo.*

Material fotocopiable 5.1.
Expresar acuerdo y desacuerdo

A continuación, proyecte el vídeo gramatical para ver una explicación de las estructuras utilizadas para opinar y mostrar acuerdo y desacuerdo.

Videogramas
Expresar opinión y mostrar acuerdo o desacuerdo

3

Indique a sus estudiantes que para expresar opinión, acuerdo o desacuerdo deben usar las estructuras aprendidas. Una forma de asegurarse de que lo hacen es proponerles que utilicen de nuevo las tarjetas del Material fotocopiable 5.1. Por cada uno de los temas propuestos, los estudiantes cogen una tarjeta y tienen que utilizarla en su intervención. Se procede de este modo hasta que hablen sobre los cuatro temas propuestos.

VALORAR

- Para **pedir valoración** usamos:
  - *¿**Te parece bien** poder usar buscadores para hacer trabajos de clase?*
  - *¿**Te parece mal** el sueldo de un publicista?*
  - *¿**Te parece una tontería** que los publicistas ganen mucho dinero?*
- Para **valorar** usamos:
  - ***Me parece*** / ***Es*** [(parecer) bien/mal; (ser) bueno/malo; triste/increíble/cómico/justo/ ridículo/exagerado/preocupante...; una tontería/una vergüenza...] ***que** haya tanta publicidad en internet.*
  - ***Está claro*** / ***Es obvio/verdad*** [***que** la publicidad es creación.*
  - *¡**Qué bien/interesante*** [*este anuncio!* / *poder compartir tanta información a través de Facebook!* / ***que** nuestro instituto tenga una página web!*

Ver **Apéndice gramatical** p. 124

4 **Tu profesor/a os repartirá algunas imágenes. Muéstraselas a tu compañero/a preguntándole qué valoración hace sobre ellas. Después, contéstale a las suyas.**

36 **5** **Completa los diálogos con las formas correctas de los verbos. Luego, escucha y comprueba.**

a

- Me encanta el anuncio del perfume *FreeMan.*
- Es increíble que tú 1 ...digas... (decir) eso. Hace unos días le decías a Elena que odiabas las marcas y mencionaste precisamente *FreeMan.*
- Bueno, lo que pasa es que Elena me gusta un montón...
- No, si está claro que tú por Elena 2 ...haces... (hacer) lo que sea, pero me parece un poco triste que 3 ...tengas... (tener) que mentir para impresionarla.

b

- Me parece fatal que en la publicidad 4 ...se muestre... (mostrarse) una imagen tan poco real de los jóvenes: todos frívolos y de fiesta continua.
- Tienes razón, y... ¡¿qué me dices de las chicas?! Es ridículo que nos 5 ...reduzcan... (reducir) a una cara o a un cuerpo. Y casi siempre anoréxico. ¡Qué triste!
- ¡Y que lo digas! ¿A quién le gusta eso?
- Pues no lo sé, la verdad, pero es preocupante que nadie 6 ...haga... (hacer) nada por cambiarlo, es una mala influencia para los más jóvenes.

6 **Contesta a estas preguntas. Después, habla con tu compañero/a, ¿estáis de acuerdo?**

a ¿Qué aspectos positivos y negativos piensas que tiene la publicidad?
b ¿Te parece que la imagen que da de los jóvenes es real?
c Según tu opinión, ¿cuándo es necesaria la publicidad?

Cuaderno de ejercicios p. 57 a 61 · Actividades interactivas

Unidad 5: p. 87

HABLAR POR HABLAR

Objetivo

- Valorar y pedir una valoración.

Nota gramatical.
- *Está claro/Es obvio/Es verdad* + indicativo.
- *No está claro/No es obvio/No es verdad* + subjuntivo.
- *Es/Parece* + adjetivo + *que* + subjuntivo.

Material fotocopiable 5.2.

Respuestas:

Alumno A: a. reúna; **b.** has estado; **c.** compres; **d.** veas; **e.** era; **f.** conozcas.
Alumno B: a. sea; **b.** pruebes; **c.** toques; **d.** aparezcan; **e.** cambie; **f.** preocupe; **g.** pruebe.

4

Con el libro cerrado, proyecte una de las imágenes del Material proyectable 5.1. El objetivo es generar la necesidad de valorar. Para ello escriba una frase en la pizarra, por ejemplo, si elige la foto de los mayores con los móviles, puede escribir: *¿Te parece bien que las nuevas tecnologías se asocien a los jóvenes exclusivamente? ¿Es extraño que los mayores jueguen con sus móviles o escriban sms o wasaps?* Escriba lo que los alumnos vayan produciendo y marque lo que se ajusta a la presentación de lengua que nos interesa. Pídales que abran el libro y explique el cuadro comunicativo. Si es necesario un apoyo más gramatical, consulte la página 124 del *Apéndice gramatical* del libro. En parejas, continúan practicando con el resto de imágenes. Pasee por la clase y tome nota de las producciones orales erróneas para corregir más tarde en la pizarra.

Material proyectable 5.1.
Valorar

5

Los estudiantes completan los diálogos individualmente y comparan sus respuestas en parejas. Después, corrigen la actividad con la audición. Anímelos a memorizar en parejas estos diálogos y a que traten de representarlos ante el resto de la clase.

6

Los estudiantes contestan individualmente las preguntas en su cuaderno y después hablan con su compañero/a. Para fijar mejor las estructuras, se puede realizar primero la actividad de vacío de información del Material fotocopiable 5.2. La corrección la realizan leyendo en parejas según los colores de su tarjeta.

Material fotocopiable 5.2.
Opinar y valorar

Cuaderno de ejercicios p. 57 a 61
Actividades 5.1. a 5.8.

Actividades interactivas
Opinar y valorar. Mostrar acuerdo o desacuerdo

Unidad 5: p. 88

PALABRA POR PALABRA

Objetivo

- Aprender el vocabulario relacionado con internet.

Palabra por palabra VOCABULARIO

Internet

1 **Lee la definición de los diferentes términos de internet y relaciónalos con su imagen.**

1 **Usuario**: persona que utiliza en un ordenador cualquier sistema informático.
2 ***Banner*** o **banderola**: formato publicitario en internet que consiste en incluir una pieza de publicidad dentro de una **página web**.
3 **Logo**: representación de una empresa u organización. Puede contener letras e imagen.
4 **Buscador**: **sitios** especializados para facilitar la búsqueda de información entre los millones de páginas web existentes.
5 **Portal** o **web portal**: sitio que sirve para ofrecer acceso a una serie de recursos y de servicios relacionados con un mismo tema. Puede incluir: enlaces, buscadores, foros, documentos, aplicaciones, compra electrónica...
6 **Botón**: permite al usuario comenzar una acción, como buscar, aceptar una tarea, interactuar...
7 **Enlace**: conexión de una página web con otra mediante una palabra que representa una dirección de internet. Generalmente está subrayado y es azul. También sirve para la descarga de **ficheros**, abrir **ventanas**, etc.

2 **Completa las frases con las palabras del ejercicio anterior.**

a Mi nombre de ...usuario... en Facebook no es mi nombre real. Es necesario proteger la intimidad.
b Cuando hago un trabajo de investigación, voy a un ...buscador... para encontrar lo que necesito.
c Los ...enlaces... que encuentro en un artículo del periódico en internet me dan más información relacionada con la noticia.
d En la web de mi marca favorita de pantalones el ...botón... de compra es siempre una tentación para mí.
e Me encantan los diseños de los ...logos... de algunas compañías, dan muy buena imagen.
f La sofisticación de algunos ...*banners*... me impresiona, pero también me molesta que aparezcan cuando solo quiero escribir un correo electrónico.
g La ...web portal... de mi instituto tiene mucha información útil para los alumnos y es muy fácil de usar.

88 ochenta y ocho

1

Escriba en la pizarra la palabra *internet* y pregunte a los estudiantes qué palabras conocen relacionadas con ella. Es posible que aparezcan algunas como *ordenador*, *portátil*, *correo electrónico*, *Google*, *contraseña*, *página web*, *Hotmail*, *Yahoo*, *YouTube*, *Facebook*... Preséntelas la actividad, donde van a conocer cómo se llaman en español algunos de los elementos que encuentran cada día en este medio. Pídales que la realicen individualmente y corríjala en grupo clase. Se puede trabajar utilizando el ordenador e identificando estos elementos en distintas páginas web.

2

Con esta actividad se comprueba que los alumnos han asimilado el vocabulario nuevo. Se realiza individualmente, se compara en parejas y se corrige, finalmente, en grupo clase.

Como actividad adicional, reparta una cartulina cada cuatro alumnos para que diseñen la página web de su red social ideal. En ella deben introducir elementos que aparecen en estas actividades. Buscan un nombre, crean un logo, generan enlaces a sitios web que les interesen, botones que activen la interrelación con sus amigos (*No me gusta/me encanta*), banderolas de cines, de músicas, de cantantes... Pueden dibujar todo ello o buscarlo en la red, imprimirlo y pegarlo.

37 **3** **Escucha el artículo sobre la publicidad en internet y elige la opción correcta que explica el significado de estos otros términos utilizados en la red.**

1 **Entrar** y **hacer clic** en los enlaces de las páginas web significa...
   (a) dinero y publicidad.
   b que aceptas pagar tú el uso de la página.
   c ver la información sin ninguna consecuencia económica para los propietarios de la web.

2 Un segundo sistema de publicidad son los **anuncios de textos** que consisten en...
   a un botón para comprar el producto.
   (b) un pequeño recuadro, con un título del producto o empresa, un texto corto de descripción, y la **dirección web** con enlace a la página.
   c Un amplio catálogo de productos o servicios disponibles para comprar.

3 Un **blog** (bitácora) en internet es...
   (a) un sitio en el que un autor o autores publican artículos de su interés. Es posible hablar de temas muy variados. Se incluye publicidad en ellos.
   b una **página web** exclusivamente publicitaria.
   c algo parecido a un **chat** para presentar temas de interés.

4 **El tema del mes de la web del instituto es la publicidad en internet. Por eso han creado un foro para conocer la opinión de los alumnos. Entra en él y danos tu opinión.**

www.foro_instituto.es — Usuario — Contraseña

EL FORO DEL INSTITUTO

Andrés

Marta

Álex

1 **Elige un título para el artículo que has escuchado. Escribe y justifica tu respuesta.**
   a La publicidad e internet, una pareja sólida.
   b Internet es la mejor herramienta para la publicidad.
   c ¿Cómo se hace la publicidad en internet?

2 **¿Qué opinas de la publicidad en internet? ¿Cuáles son sus ventajas y desventajas? Escribe y justifica tu respuesta.**

5 **¿Cómo crees que será en el futuro la publicidad? ¿Cuáles serán sus canales para llegar a los posibles consumidores? Habla con tu compañero/a.**

Cuaderno de ejercicios p. 61 y 62 — Actividades interactivas

Unidad 5: p. 89

PALABRA POR PALABRA

Objetivo

- Ampliar el vocabulario relacionado con internet.

37

(Véase la transcripción en la pág. 143)

4

Respuesta abierta.

5

Respuesta abierta.

3

Prepare a los alumnos para la audición preguntándoles cómo creen que se genera el dinero en la red que financia todas las posibilidades gratuitas a las que tenemos acceso en ella. La respuesta a esta pregunta es lo que van a escuchar. Antes, leen las opciones que aparecen y entre las que tendrán que elegir la correcta tras la escucha. Una vez realizada la actividad, comprueban sus respuestas en parejas y después se corrige en grupo clase.

4

Se contesta a las preguntas de forma individual. Aproveche la corrección para compartir sus ideas, es decir, escriba en la pizarra: *ventajas* y *desventajas* y recoja las opiniones de los estudiantes, así como lo que han escuchado en la audición con respecto a este tema.

5

Pídales que hablen primero con un compañero/a y que, después, cuenten la información recibida a otro/a compañero/a.

Cuaderno de ejercicios p. 61 y 62
Actividades 5.9., 5.10. y 5.11.

Actividades interactivas
Internet

Unidad 5: p. 90

PASO A PASO

Objetivo

- Aprender algunos conectores textuales.

Paso a paso GRAMÁTICA

1 **Lee el siguiente texto y completa el cuadro con los conectores correspondientes.**

En los medios de comunicación, por la calle, en gigantescos anuncios o de formas más novedosas, muchos rostros conocidos se asoman a la publicidad para aumentar sus beneficios.

Por un lado están los deportistas, con un espacio muy importante. Y, sin duda, son los que más dinero generan para las marcas, que se pelean por contar con ellos. Por ejemplo: Cristiano Ronaldo, Messi, Pau Gasol o Rafa Nadal.

Por otro (lado) actrices y modelos. Y es que nadie escapa de la tentación de conseguir dinero extra si su ocupación profesional no pasa por su mejor momento. Sobre eso tendría mucho que contarnos Andie McDowell, que lleva un tiempo alejada de las carteleras y ya es un clásico de los anuncios de cosméticos y productos de belleza. Algo parecido ocurre con Claudia Schiffer.

También han prestado su imagen para anunciar todo tipo de productos desde cantantes hasta humoristas, presentadores,

antiguas celebridades o hijos de famosos, como es el caso en España de Enrique Iglesias.

Asimismo, podemos recordar grandes personajes que también sucumbieron a la publicidad, como Mijaíl Gorbachov, que llegó a hacer una campaña para una conocida marca de comida rápida norteamericana, o Sarah Ferguson, que también tuvo sus momentos publicitarios hace ya unos años. Y es que el dinero que mueve la publicidad es muy goloso.

(Adaptado de *www.noticiasterra.es*)

CONECTORES PARA ORGANIZAR LAS IDEAS DE UN TEXTO

- Para **diferenciar** dos argumentos:
  – *La juventud es muy crítica.* ***En primer lugar*** *no acepta cualquier cosa y* ***en segundo lugar*** *busca lo que quiere.*
- Para **oponer** dos argumentos:
  – *Comer bien es importante.* Por un lado *es necesario,* por otro (lado) *un placer.*
- Para **añadir** argumentos:
  Y / ***además*** / también / asimismo...
  – *La creatividad está presente en la publicidad,* ***además*** *de la originalidad, por supuesto.*
- Para **ejemplificar** y **explicar:**
  Por ejemplo / ***es decir*** / ***o sea...***
  – *El alto nivel de competencia hace necesario invertir en publicidad,* ***es decir****, hay muchos productos buenos y similares en el mercado, pero algo te hace elegir uno.*
- Para aludir a un tema ya planteado:
  (Con) respecto a (eso de/eso) / sobre eso...
  – ***Con respecto a eso*** *que has dicho antes, siento no estar totalmente de acuerdo contigo.*

2 **Escribe en tu cuaderno un texto en el que hables de los famosos de tu país que hacen publicidad. Para organizar tus ideas, utiliza alguno de los conectores anteriores y la ficha que te va a dar tu profesor/a.**

90 noventa

2

Respuesta abierta.

1

En grupo clase, motive a los estudiantes para la lectura del texto haciendo una lluvia de ideas de nombres de famosos que han hecho anuncios publicitarios: actores, cantantes, deportistas... Pregúnteles si recuerdan el producto que anunciaban, si les gusta ver sus rostros en la publicidad, si creen que con su imagen el producto o la marca vende más, qué ideas creen que se asocian al producto cuando la publicidad está hecha por famosos, etc. En parejas, tienen contar a su compañero/a su anuncio o cartel publicitario preferido hecho por un famoso (futbolista, actor, modelo, cantante...) y por qué lo es.

Este trabajo previo también les ayudará a la hora de escribir el texto de la actividad 2.

A continuación, abren el libro e, individualmente, realizan el ejercicio completando el cuadro de los conectores para organizar las ideas de un texto. Finalmente, comparan sus respuestas con las de su compañero/a y se corrige en grupo clase.

2

Con la ayuda del **Material fotocopiable 5.3.**, los estudiantes podrán escribir un texto individualmente o en parejas. De esta forma deben clasificar, seleccionar y negociar sus ideas antes de escribir.

Material fotocopiable 5.3.
Guía para escribir y mejorar un texto

OTROS CONECTORES

- Para **añadir razones** en un orden de fuerza creciente:

  incluso

  – *María trabaja todos los días, **incluso** los domingos.*

- Para **contraponer** razones:

bueno	no obstante
pero	en cambio
sin embargo	

  – *El rojo es mi color preferido, **sin embargo** nunca llevo ropa de ese color.*

- Para expresar **consecuencia**:

así que	de ahí que
de modo que	así pues
de manera que	pues

  – *Me encantan las películas, **así que** voy al cine siempre que puedo.*

- Para sacar **conclusiones** y **resumir**:

entonces	en resumen
total que	en conclusión
por lo tanto	para terminar

  – *Fuimos a la montaña sin botas ni ropa adecuada, **total que** pasamos muchísimo frío.*

38 **3 Escucha la gran experiencia que han vivido algunos jóvenes de México D.F., participando en la campaña publicitaria de una conocida marca de deportivas, y ordena las siguientes frases que resumen las ideas principales. Después, complétalas con el conector correcto.**

www.foro_opinion.es Usuario Contraseña

a [5] La clave del éxito de esta campaña fue, por lo tanto, el volverse parte de la vida del consumidor y Nike llegó hasta sus propias casas.

b [3] Se consiguieron más de 4000 jóvenes, sin embargo había que implicarlos en el proyecto, así que se crearon las mascotas que representaban a los diferentes barrios de la ciudad. Incluso aparecieron como grafiti y estaban dibujadas sobre los bancos y en las estaciones de autobuses de todo México.

c [1] La campaña de las famosas zapatillas utilizó mercadotecnia de calle además de una campaña en redes sociales para conseguir el éxito.

d [2] Se empezó con un vídeo que se subió a YouTube donde chicos de la ciudad jugaban al fútbol en la calle, incluso un chico hablaba y decía: "El fútbol es diversión, juegues donde juegues".

e [4] La idea era organizar un torneo de fútbol con jóvenes del México D.F., de modo que hubo una convocatoria en la página Facebook de Nike que tiene 811 000 seguidores allí.

4 Continúa las siguientes frases de manera lógica.

a Las redes sociales llegan a muchísimas personas en cualquier país, **así que** ......

b Toda la información es muy accesible con internet. **Total que** ......

c En los anuncios la música atrae la atención, **pero** ......

d El tiempo que dura un anuncio cuesta muy caro, **de modo que** ......

e Los protagonistas de los anuncios son modelos perfectos, **en cambio** ......

f Me gustaría participar en un anuncio, **incluso** ......

Cuaderno de ejercicios p. 63 Actividades interactivas

Unidad 5: p. 91

PASO A PASO

Objetivo

- Conocer otros conectores textuales.

38

(Véase la transcripción en la pág. 144)

4

Posibles respuestas:

a. son muy utilizadas por las marcas; **b.** todos podemos conocer qué pasa en cualquier rincón del mundo; **c.** suben demasiado el volumen; **d.** son muy cortos; **e.** la gente real no es así; **f.** hacer cine.

3

Antes de leer el contenido del cuadro, escriba en la pizarra los cuatro epígrafes y pídales que, en parejas, piensen en los conectores que clasificarían en cada uno de ellos. Completan en grupo clase y comprueban con el libro de texto.

A continuación, dígales que van a escuchar un texto donde aparecen estos conectores. Antes de la escucha, enseñe o recuerde: *campaña publicitaria*, *cuadra*, *mercadotecnia de guerrilla* (*o en las calles*) y *mascota*. El texto de la audición habla de una experiencia real de jóvenes anónimos de la ciudad de México que fueron seleccionados para jugar un torneo de fútbol como campaña publicitaria para unas deportivas.

Realice la primera escucha. Después, leen individualmente las frases que resumen las ideas principales del audio. Compruebe que las entienden y realice la segunda escucha para ordenarlas. Después, comprueban sus respuestas con las de su compañero/a. Finalmente, pídales que completen los espacios con los conectores y corrija en grupo clase.

4

Los alumnos tienen que terminar las frases y poner en práctica el uso de los conectores.

Cuaderno de ejercicios p. 63
Actividades 5.12. y 5.13.

Actividades interactivas
Conectores para organizar las ideas de un texto

Unidad 5: p. 92

SUENA BIEN

Objetivo

- Conocer la diferencia entre siglas, acrónimos y abreviaturas.

Nota de vocabulario.

Significado de las siglas: DNI (Documento Nacional de Identidad), PC (Ordenador Personal), GPS (Sistema de Posicionamiento Global), ONG (Organización No Gubernamental), ADN (Ácido Desoxirribonucleico), CD (Disco Compacto), NBA (Asociación Nacional de Baloncesto), DVD (del inglés *Digital Video Disc*).

Significado de los acrónimos: ONU (Organización de Naciones Unidas), OTAN (Organización del Tratado Atlántico Norte), ovni (objeto volador no identificado), Unesco (Organización de las Naciones Unidas para la Educación, la Ciencia y la Cultura), Insalud (Instituto Nacional de Salud), uci (unidad de cuidados intensivos), radar (detección y localización por radio), sida (síndrome de inmunodeficiencia adquirida), láser (del inglés *Light Amplification by Stimulated Emission of Radiation*), módem (del inglés Modulator Demodulator, aparato que convierte las señales digitales en analógicas), Adena (Asociación para la Defensa de la Naturaleza), vip (del inglés *Very Important People*, persona muy importante), Ave (Alta Velocidad Española).

Significado de las abreviaturas: CC.OO. (Comisiones Obreras), n.º (número), Sr. (Señor).

39

(Véase la transcripción en la pág. 144)

40

(Véase la transcripción en la pág. 144)

Suena bien **PRONUNCIACIÓN Y ORTOGRAFÍA**

Siglas, acrónimos y abreviaturas

SIGLAS Y ACRÓNIMOS

- Una **sigla** es una palabra formada por el conjunto de letras iniciales de una expresión compleja. Se utilizan para referirse de forma abreviada a organismos, instituciones, empresas, etc.
  Hay siglas que se deletrean: DNI [dé-éne-í], PC [pé-cé], GPS [gé-pé-ése].
  Su plural es invariable: las ONG.
- Hay siglas que pueden leerse como palabras y que reciben el nombre de **acrónimos**: ONU, OTAN, ovni...
  En este caso, si se trata de un nombre propio, se escribe con mayúscula inicial: Unesco, Insalud; si es un nombre común, con minúsculas y según las reglas de acentuación: uci, radar, sida, láser, módem.

! Las siglas y los acrónimos adoptan el género de la palabra inicial: *la ONG (organización no gubernamental).*

ABREVIATURAS

- Una **abreviatura** es la representación reducida de una palabra o grupo de palabras y se cierra con un punto. Al leerlas, leemos la palabra entera: **etc.** (etcétera); **Dña.** (doña); **dcha.** (derecha); **pág.** (página), **Ud.** (usted); **2.º** (segundo); **C.P.** (Código postal).
  Pueden llevar tilde y formar plural, con una **-s**: **págs.** (páginas), o bien repitiendo la letra cuando provienen de palabras plurales: **EE. UU.** (Estados Unidos).

39 **1 Lee y escucha. ¿Sabes qué significan?**

CC. OO. ▪ Adena ▪ ADN ▪ Ave ▪ VV. AA. ▪ Boe ▪ CD ▪ ESO ▪ FIFA ▪ pyme ▪ n.º
vip ▪ Sr. ▪ IES ▪ láser ▪ JJ. OO. ▪ NBA ▪ GPS ▪ DVD

2 Clasifica las palabras anteriores en abreviaturas, acrónimos o siglas.

Abreviaturas	Acrónimos	Siglas
CC. OO., VV. AA., n.º, Sr., JJ. OO.	Adena, Ave, Boe, pyme, vip, láser	ADN, CD, ESO, FIFA, IES, NBA, GPS, DVD

3 Ahora, relaciónalas con su significado.

1 VV. AA.
2 ESO
3 FIFA
4 pyme
5 IES
6 JJ. OO.
7 UE
8 Boe

a Unión Europea.
b Varios Autores.
c Pequeña y Mediana Empresa.
d Juegos Olímpicos.
e Boletín Oficial del Estado.
f Instituto de Educación Secundaria.
g Enseñanza Secundaria Obligatoria.
h Federación Internacional de Fútbol Asociación.

40 **4 Dictado.**

Cuaderno de ejercicios p. 64 Actividades interactivas

92 noventa y dos

SIGLAS, ACRÓNIMOS Y ABREVIATURAS

Para presentar la sección, use el Material proyectable 5.2. En él aparecen abreviaturas que ya deben conocer los estudiantes. Cree un contexto donde introducir la nueva información. Muestre las fotos cubriendo las abreviaturas y pregunte por cada una de ellas.

Material proyectable 5.2.
Abreviaturas

1 y 2

Haga primero la lectura de las palabras para ayudarlos a discriminarlas: las siglas se deletrean y los acrónimos se leen como palabras. Con las abreviaturas, diga la palabra completa que resumen. Después, ponga la audición para comprobar y corregir.

3

Actividad donde los estudiantes tienen que identificar el significado de estas abreviaturas, siglas y acrónimos.

4

Si lo desea, enfatice las palabras que tienen que escribir de forma acortada.

Cuaderno de ejercicios p. 64
Actividades 5.14., 5.15. y 5.16.

Actividades interactivas
Siglas, acrónimos y abreviaturas

Sesión de cine VÍDEO

COMPRAS POR INTERNET

Unidad 5

SINOPSIS

Pronto será el cumpleaños del padre de una de las chicas y la madre decide comprarle un regalo por internet. Descubre qué le regalarán y cómo llegan a esa conclusión.

1 **Con tu compañero/a, responde a las siguientes preguntas.**

a ¿Tienes ordenador en casa? ¿Uno personal o de la familia? ¿Tienes internet?
b ¿Para qué usas el ordenador: para consultas de las asignaturas de clase, para ver películas, para escuchar música...?
c ¿Qué crees que se puede comprar por internet?
d ¿Compras por internet? Si lo haces, ¿qué compras? ¿Conoces a alguien que compre por internet?

2 **Mira estas imágenes del vídeo y responde a las preguntas.**

a ¿A qué lugar crees que pertenecen estas imágenes? Describe todo lo que ves en ellas.
b ¿Quiénes crees que son? ¿Dónde están? ¿Qué crees que hacen? ¿De qué crees que hablan?

3 **Observa el vídeo y haz las actividades que te va a repartir tu profesor/a.**

Secuencia de vídeo   Actividades interactivas

Unidad 5: p. 93

SESIÓN DE CINE

Objetivos

- Visionar un vídeo donde aparecen los contenidos de la unidad.
- Comprender conversaciones entre hispanos hablando sobre las compras por internet.

Material fotocopiable 5.4.

Respuestas:

1. a. Es la habitación de una de las chicas; **b.** Son dos amigas, están sentadas en el escritorio, frente al ordenador, están mirando páginas de compra por internet, hablan de las ventajas de comprar por internet y de cómo funciona.
2. 1. c; **2.** f; **3.** a; **4.** e; **5.** b; **6.** d.
3. a. En estas páginas en concreto, puedes comprar siendo socio o amigo de un socio, pero en otras páginas no es necesario; **b.** Viajes, hoteles, restaurantes, masajes, entradas para el teatro; **c.** Comprar una cena regalo para el cumpleaños de su marido.

Material fotocopiable 5.5.

Respuestas:

3. a. no llevan; **b.** una fiesta; **c.** dejó la lista en casa; **d.** saladas; **e.** poco; **f.** bastantes; **g.** escribió.
4. a. informamos, cinco; **b.** punto, caja; **c.** estamos, inmediatamente; **d.** decidirse, cerrar.
5. a. seguro que se te olvida algo, seguro que compras más de lo que necesitas; **b.** las galletitas saladas que gustan a todo el mundo.

Diga a los estudiantes que observen las imágenes del vídeo. Tienen que identificar los diferentes detalles que aparecen. Antes de que lean la sinopsis, pídales que piensen qué está ocurriendo en cada una de las imágenes.

1

Actividad oral de introducción al tema de las compras por internet.

2

Pida a los alumnos que, en pequeños grupos, comenten las imágenes presentadas en la actividad e interésese por conocer sus respuestas, comprobando si coinciden todos.

Después de hablar sobre las imágenes y de responder a las preguntas, invítelos a que lean la sinopsis del vídeo de forma individual y a que comprueben algunas de sus hipótesis. Con el visionado del vídeo podrán comprobar estas respuestas.

3

A continuación, proyecte el vídeo y presente el **Material fotocopiable 5.4.**

Material fotocopiable 5.4.
Compras por internet

Secuencia de vídeo
Compras por internet

Actividades interactivas
Compras por internet

Si lo desea, puede trabajar otros acentos a través de la serie hispana *¡Acción!* y del **Material fotocopiable 5.5.**

Material fotocopiable 5.5. (1 y 2)
Galletas Segismundo

¡Acción!
Galletas Segismundo

Actividades interactivas
Galletas Segismundo

Unidad 5: p. 94

MUNDO HISPANO

Objetivo

- Acercar a los estudiantes a la evolución de la publicidad en España.

1 **Observa estos anuncios publicitarios españoles. Relaciona cada uno con la década a la que crees que pertenece.**

1 

2 

3 

4 

5 

6 

7 

a 1940 → 2
b 1950 → 1
c 1960 → 6
d 1970 → 7
e 1980 → 4
f 1990 → 3
g 2000 → 5

2 **Habla con tu compañero/a y di qué características de las imágenes te han ayudado a decidir: los personajes, el mensaje, la forma de vida o el texto.**

2 Respuesta abierta.

3 **Para comprobar tu respuesta, relaciona cada imagen con los siguientes textos sobre la publicidad en España.**

a [5] En la actualidad, en España como en el resto del mundo, no puedes abrir ninguna página en internet en la que no aparezcan mensajes publicitarios; cualquier buscador, tu correo electrónico, redes sociales... Son sofisticados, clásicos, nacionales, internacionales... En cualquier caso, a los jóvenes usuarios nada les sorprende porque hay tanta publicidad a su alrededor que han dejado de verla.

b [6] En los 60 se generalizan los electrodomésticos que mejoran el nivel de vida. Comienzan a aplicarse las técnicas de *marketing* norteamericano y con Eurovisión la televisión española se conecta, por fin, con el mundo.

94 noventa y cuatro

1

En esta sección verán cómo ha evolucionado la publicidad a lo largo del tiempo y en qué medida esta es un reflejo de la sociedad, de sus intereses y de su forma de vida. La actividad presenta carteles publicitarios reales utilizados en campañas auténticas del momento. Se pretende que observen los detalles: los diferentes productos, las personas que aparecen –madres con niños, hombres, mujeres, familias–, el mensaje que trasmite su actitud, las palabras utilizadas –*España estará orgullosa de ti; Acérquese; Seat, una familia donde elegir el coche de su familia; Si bebes, no conduzcas...*–, el gusto estético del momento, la realidad o el simbolismo... Todo ello les ayudará a intuir la década correspondiente a cada cartel. En grupo clase, guíelos en este análisis deteniéndose en cada cartel y reflexionando juntos.

2

En parejas, reformulan lo trabajado antes en grupo clase, precisando y desarrollando su propia percepción y opinión personal. Aquí también pueden indicar sus propios gustos. Puede preguntar: *¿Cuál creéis que es más claro en la trasmisión del mensaje? ¿Cuál es el más original?*

3

La lectura de los textos se realiza por diferentes alumnos, centrando el interés en la prosodia. Realizan la actividad individualmente y corrigen, después, en grupo clase, contrastando la información objetiva leída con lo intuido antes en las imágenes. Comente cómo se refleja la evolución de la sociedad, desde la censura de un régimen dictatorial hasta la Democracia, la evidencia del consumo de alcohol y su posterior prohibición en la publicidad, la imagen de la mujer...

Invítelos a realizar la **actividad colaborativa 5**. En grupos, crearán la campaña publicitaria de un producto.

Actividades colaborativas
La campaña publicitaria

c 3 En los años 90, con la nueva ley, se entablaron amplias discusiones sobre la ética publicitaria, sobre qué se podía mostrar y hasta dónde se podía llegar. De esta década recordaremos los polémicos anuncios de una marca de ropa, se habla de racismo, sexismo, exceso de sexo... Productos como el tabaco y el alcohol, antes tan aceptados, sufrieron un acoso sin precedentes, también se prohibieron en las vallas publicitarias. Aparece internet, también en España. Cambian las estrategias publicitarias. En estos momentos ya no le dan importancia a convencer directamente al consumidor con las características del producto, sino que lo hacen de forma indirecta, con metáforas o la imagen de este. También se apoyan en elementos novedosos, como efectos especiales o situaciones fantásticas. La música actual y moderna, los colores llamativos, los personajes y las situaciones ideales van dirigidos a la emoción del consumidor para convencerlo de que compre el producto.

d 1 En los años 50 predominaban los anuncios de objetos: alimentos, perfumería y baño o licores, como el coñac o el anís. Se bebió durante muchas décadas el famoso "sol y sombra" (anís y coñac) que ponía en funcionamiento al país. Los canales que se utilizaban eran carteles, prensa y radio.

e 7 Los 70 estarán caracterizados por mensajes más enfocados al ocio y el bienestar, es decir, coches, cámaras de fotos, teléfonos, refrescos que se beben en playas en vacaciones...

f 2 En los años 40 se utilizaba básicamente la publicidad como propaganda del régimen político que existía en España: la dictadura franquista. El país unido a través de la familia y el trabajo duro. Existía la censura, que duró, de hecho, hasta 1976.

g 4 Es a partir de la década de los 80 cuando la publicidad se convertirá en un instrumento capaz de generar y cambiar comportamientos. En estos años empezarán a verse las primeras campañas políticas e institucionales (por ejemplo, no conducir si bebes alcohol). Había llegado la Democracia. La década viene marcada por la derogación del estatuto de publicidad de 1964, ya anticuado, a favor de la *Ley General de la Publicidad* de 1988.

4 **En grupos, participaréis en un debate en el que tendréis que defender vuestra postura sobre el tema: *La ética en la publicidad.* Seguid las instrucciones que os va a dar vuestro profesor/a.**

Alumno A

La anormalidad para provocar: "Derecho a la libertad de expresión".

Alumno B

No todo es posible: "Derecho a la intimidad, a la protección de la juventud, a la igualdad".

5 **Busca información en internet acerca de la historia de la publicidad en tu país y escribe un artículo sobre ello.**

TECNOLOGÍA | COMERCIO ELECTRÓNICO

El comercio electrónico en Hispanoamérica crece aproximadamente un 20% al año, supera ya los 100 000 millones de dólares y, actualmente, la mitad de los internautas compran *online*. México y Argentina son los dos países que han experimentado un mayor crecimiento. México representa el 12,3% y Argentina el 8,9%.

Mercadolibre es el sitio preferido por los hispanoamericanos para hacer su compras, con un 27% de la facturación total del sector.

Cuaderno de ejercicios p. 65 y 66 · Actividades interactivas

Unidad 5: p. 95

MUNDO HISPANO

Objetivo

- Hablar sobre la ética en la publicidad y sobre las compras *online* en Hispanoamérica.

4

El objetivo de esta actividad es aprender a debatir en público y respetar las opiniones de los demás sin menospreciarlas, al tiempo que se forman una opinión más rica y consistente sobre temas que preocupan a la sociedad. Proponga esta dinámica: nombre a un moderador que ceda el turno de la palabra y se responsabilice de que las normas se cumplan. Divida la clase en dos grupos y asigne a cada uno una idea a defender. Puede darles un tiempo previo para documentarse.

En primer lugar, cada grupo anota los argumentos para defender su postura. Además, señalan los argumentos en contra, para poder contraargumentar iniciado el debate. Anote en la pizarra las conclusiones a las que van llegando.

Pueden crear entre todos las normas del debate: contribuir a la conversación; centrarse en el objetivo y propósito; explicarse con claridad; escuchar atentamente a los demás y respetar sus comentarios; evitar prejuicios; no cambiar de tema; argumentar sin competir... Cada grupo cuenta con 20 puntos, por incumplir las normas se pierde un punto y el turno de palabra. El grupo que termine con más puntos será el que mejor habrá sabido debatir.

5

Actividad colaborativa donce cada grupo se centra en una época o aspecto de la publicidad en su país. Después, entre todos, elaboran el texto. Realizada la actividad, pueden escribir un artículo con su opinión y valoración personal.

COMERCIO ELECTRÓNICO

Para cerrar la sección, leen un artículo sobre el comercio a través de internet en Hispanoamérica. Pregunteles: *¿Qué países de Hispanoamérica compran más por internet? ¿Qué es Mercadolibre? ¿A través de qué página suelen comprar vuestras familias por internet?*

Cuaderno de ejercicios p. 65 y 66
Actividades 5.17., 5.18. y 5.19.

Actividades interactivas
La publicidad en España

Unidad 5: p. 96

ÉRASE UNA VEZ...

Objetivos

- Conocer a un autor hispano.
- Analizar un fragmento de una obra de literatura.

3

Respuesta abierta.

Érase una vez... LITERATURA

1 **Lee la siguiente información sobre Julio Cortázar y su obra y busca en el texto una palabra o expresión que signifique lo mismo que las que aparecen a continuación.**

Julio Cortázar

Nació en Bélgica, el 26 de agosto de 1914 y murió en Francia el 12 de febrero de 1984. Fue un escritor, traductor e intelectual argentino nacionalizado francés.

Está considerado uno de los autores más innovadores y originales de su tiempo. Maestro del relato corto, la prosa poética y la narración breve en general; por ejemplo, destaca su obra autobiográfica *Bestiario*. Fue creador de importantes obras que inauguraron una nueva forma de hacer literatura en el mundo hispano. Debido a que los contenidos de su obra están en la frontera entre lo real y lo fantástico, se le suele relacionar con el surrealismo. Su mayor éxito editorial, *Rayuela*, se convirtió en un clásico de la literatura argentina. También escribió teatro y poesía. Vivió buena parte de su vida en París, pero también en Argentina, España y Suiza.

a Obra que narra las vivencias personales del autor. → autobiográfica
b Los hechos que se narran no siguen un orden cronológico. → surrealismo
c La obra del autor que más se ha vendido. → *Rayuela*
d Composición de carácter poético no escrita en verso. → prosa poética

2 **Observa estos objetos y escribe qué representan para ti, y qué emociones, sensaciones o recuerdos asocias a ellos.**

3 **Piensa en estos objetos y habla con tu compañero/a.**

a ¿Cuál usas con más frecuencia?
b ¿Cuál es el más indispensable para ti?
c ¿Imaginas tu vida sin él?
d ¿Cómo la cambiaría?

96 noventa y seis

1

Invite a los estudiantes a leer la biografía de Julio Cortázar y a localizar las cuatro palabras a las que corresponden estas definiciones.

2

Para activar el vocabulario, introduzca la actividad haciendo en la pizarra una recopilación de sentimientos y emociones, por ejemplo: *alegría*, *pérdida*, *amistad*, *comunicación*, *imaginación*, *fantasía*, *dependencia*, *independencia*, *soledad*, *organización*...

Muestre a los estudiantes las imágenes y pídales que, individualmente, realicen la actividad. Posteriormente, haga una puesta en común para saber si algún estudiante comparte algún recuerdo o emoción asociado a algún objeto. Pídales que comenten al final las coincidencias.

3

Se trata de que los alumnos reflexionen individualmente sobre la importancia de estos objetos en sus vidas, que se den cuenta de lo que dependen de algunos de ellos. Esto servirá para prepararlos para la lectura del texto de la siguiente actividad y para que puedan comprender mejor la idea de posesión que se plantea de la persona hacia el objeto y del objeto hacia la persona. Después de reflexionar individualmente, deben comentar las preguntas en parejas.

4 Imagínate que trabajas para una agencia publicitaria y encuentras este texto de Cortázar extraído de *Historias de cronopios y de famas*. Lee y escucha, después habla con tu compañero/a. ¿Cómo podéis utilizarlo en un anuncio?

Preámbulo a las instrucciones para dar cuerda al reloj

Piensa en esto: cuando te regalan un reloj te regalan un pequeño infierno florido, una cadena de rosas, un calabozo de aire. No te dan solamente el reloj, que los cumplas muy felices y esperamos que te dure porque es de buena marca, suizo con áncora de rubíes; no te regalan solamente ese menudo picapedrero que te atarás a la muñeca y pasearás contigo. Te regalan –no lo saben, lo terrible es que no lo saben–, te regalan un nuevo pedazo frágil y precario de ti mismo, algo que es tuyo pero no es tu cuerpo, que hay que atar a tu cuerpo con su correa como un bracito desesperado colgándose de tu muñeca. Te regalan la necesidad de darle cuerda todos los días, la obligación de darle cuerda para que siga siendo un reloj; te regalan la obsesión de atender a la hora exacta en las vitrinas de las joyerías, en el anuncio por la radio, en el servicio telefónico. Te regalan el miedo de perderlo, de que te lo roben, de que se te caiga al suelo y se rompa. Te regalan su marca, y la seguridad de que es una marca mejor que las otras, te regalan la tendencia de comparar tu reloj con los demás relojes. No te regalan un reloj, tú eres el regalado, a ti te ofrecen para el cumpleaños del reloj.

5 Mira atentamente el anuncio publicitario que te va a mostrar tu profesor/a y responde a las preguntas.

a ¿Qué texto acompaña al anuncio?
b ¿Cuál es el eslogan?
c ¿Qué te sugiere? ¿Qué ideas quiere trasmitir?

6 Piensa en un objeto especial para ti y escribe un texto similar al de Cortázar con las emociones y sensaciones que te produce.

Piensa en esto:

Cuando te regalan ....
Te regalan un ....
No te dan solamente ....
No te regalan solamente ....
Te regalan ....
Te regalan la necesidad de ....
Te regalan la obsesión de ....
Te regalan el miedo de ....
Te regalan su marca y la seguridad de que ....
Te regalan la tendencia de ....
No te regalan un ....
Tú eres el regalado. A ti te regalan para el cumpleaños del ....

7 Ya tienes el texto de tu anuncio. Piensa en tu eslogan, en las imágenes que pondrías y en la música. Escríbelo en tu cuaderno y, después, preséntalo a la clase.

8 Habla con tu compañero/a sobre el anuncio publicitario que más te ha llamado la atención: ¿dónde lo has visto?, ¿por qué te ha impresionado?

Actividades interactivas

Unidad 5: p. 97

ÉRASE UNA VEZ...

4

Respuesta abierta.

Nota cultural.
La voz en *off* en estos anuncios es la del propio Julio Cortázar. Hay versiones del anuncio también en inglés y francés. La agencia publicitaria que lo realizó es Atlético Internacional. La pieza musical se titula *Reloj* y es un *single* creado por el estudio La Crem. El director creativo ejecutivo es Nacho Gayán y el actor protagonista se llama Josiah Early.

5

a. *Preámbulo a las instrucciones para dar cuerda al reloj*; **b.** *¿Quién posee a quién?*; **c. Posible respuesta:** Que te va a gustar tanto el coche que no vas a poder ir a ningún sitio sin él. Transmite la idea de dependencia a lo material y la identificación con ello.

4

Antes de la lectura, enseñe las palabras: *infierno*, *calabozo*, *áncora*, *picapedrero*, *atar*, *pedazo*, *correa*, *muñeca* y *dar cuerda*. En grupo clase, puede comentar el significado del texto. También, sugiera que busquen otro título para este y lleve a cabo una votación para elegir el mejor. En parejas, deciden en qué tipo de anuncio podrían utilizar este texto y por qué.

5

Antes de leer las preguntas, visione el vídeo del anuncio sin descubrir nada de él, y dígales que es un ejemplo publicitario de televisión de 2007. A continuación, leen las preguntas y se visiona una segunda vez. Haga la corrección en grupo clase. Para localizar el vídeo busque en YouTube: "Seat León quién posee a quién" o "Seat León Cortázar".

6

Actividad de escritura creativa que sigue la estructura del texto de Cortázar. Pueden utilizar los objetos de la primera actividad u otro que consideren más especial.

7

Recuerde las características de un eslogan: breve (idea clave), simple, conciso, brillante (analogías, metáforas, silogismos), recordable (ritmo, reiteración), perdurable y exclusivo. Respecto a las imágenes, pueden buscar las que mejor muestren su idea y hacer un cartel para presentar en clase.

8

Actividad oral para valorar los trabajos realizados anteriormente y ampliar después sus comentarios, opiniones y juicios en base a su experiencia real de la publicidad, contestando a las preguntas.

Actividades interactivas
Julio Cortázar, Preámbulo a las instrucciones para dar cuerda al reloj

Unidad 5: p. 98

ME PREPARO PARA EL DELE

Objetivos

- Familiarizarse con el examen de español DELE.
- Prepararse para lograr el nivel.

Me preparo para el DELE

Prueba de expresión e interacción orales

1 **Fíjate en los anuncios. Tienes que hablar durante cinco minutos sobre la publicidad y su función comercial y social. Las preguntas que te proponemos te pueden ayudar a preparar tu exposición.**

a ¿Los dos anuncios tienen una finalidad comercial?
b ¿Cuál es el objetivo que buscan?
c ¿Quién crees que es el anunciante que hay detrás de cada anuncio?
d ¿Qué recursos se utilizan para llamar la atención?
e ¿Se usa algún recurso lingüístico para ello?

Prueba de comprensión de lectura

2 **Lee el texto y marca si las afirmaciones son verdaderas (V) o falsas (F).**

EL FUTURO DE LA **PUBLICIDAD *ONLINE***

Es un hecho que los usuarios y compradores están cansados de los mensajes publicitarios. Al menos el 16 % de anuncios que se muestran en España en soportes digitales son bloqueados por las plataformas de bloqueo de publicidad.

Como anunciantes, la solución pasa por comunicarnos de una manera más suave y no tan agresiva, y con el objetivo de cuidar a nuestro consumidor. Reflexionemos un poco ante esta situación.

La industria de la publicidad debe replantearse sus principios, ya que el escenario actual de la publicidad recuerda a la venta puerta a puerta de hace unos años y esto debe cambiar; de hecho, el cambio ya ha comenzado.

Recientemente hemos podido ver un evento de Google Partners Connect, en el que se puso especial énfasis en la importancia de conocer los micromomentos durante el proceso de compra. Estos "momentos" consisten en entender en tiempo real al usuario y conocer el contexto en el que se encuentra y qué intereses presenta en ese momento antes de tratar de impactarle.

Esta es una de las claves de la publicidad *online* del futuro, los anunciantes tratamos con personas, no con dispositivos, por lo que debemos aprender a medir el momento.

(Adaptado de *https://www.iebschool.com/blog/futuro-publicidad-online/*)

		V	F
a	Más del 80 % de los anuncios no llegan a verse porque se bloquean.	V	X
b	Es necesario introducir el anuncio de manera menos impactante.	X	F
c	La publicidad *online* tiene los mismos resultados que la venta puerta a puerta.	V	X
d	La publicidad debe adaptarse a los momentos del usuario.	X	F
e	En el futuro hay que pensar más en el usuario que en el dispositivo.	X	F

98 noventa y ocho

Cuaderno de ejercicios p. 67 y 68 · Actividades interactivas

2

a. falso (Un 16 % de anuncios); **b.** verdadero; **c.** falso (Es la industria de la publicidad en general); **d.** verdadero; **e.** verdadero.

ME PREPARO PARA EL DELE

Dedique una sesión de clase para realizar esta actividad. No haga ningún tipo de comentario que sirva de ayuda a los estudiantes y simplemente deles las instrucciones como si fuera el examen real.

Puede obtener modelos de exámenes similares a este en el manual *El Cronómetro. Nivel A2/B1 para escolares* (Editorial Edinumen).

1

El examen DELE para el nivel A2/B1 para escolares incluye la prueba de expresión e interacción orales con las siguientes características:

12 min. (+ 12 min. preparación)	Características
Tarea 1	Describir, de manera breve y sencilla, una fotografía.
Tarea 2	Conversación, en situación simulada, relacionada con el tema de la tarea previa.
Tarea 3	Realizar una presentación oral breve y preparada en la que se describa, en términos sencillos, aspectos y experiencias de la vida cotidiana en relación con un tema concreto.
Tarea 4	Responder a preguntas del entrevistador sobre el tema de la presentación.

Antes de su exposición oral, pueden responder por escrito a las preguntas y hacer un esquema en el que señalen las ideas principales y las secundarias, y cómo lo van a relacionar todo. Esto les ayudará a hacer una exposición más organizada, correcta y fluida.

2

Para más información sobre la prueba de comprensión de lectura, consulte la página 30 de este libro. Puede animarlos a explicar por qué son verdaderas o falsas las frases y a señalar la información que lo indica.

Cuaderno de ejercicios p. 67 y 68
Actividades 5.20. a 5.23.

Actividades interactivas
Expresión e interacción escritas
Expresión e interacción orales

¡Me lo sé!

Unidad 5

EVALUACIÓN

1 **Pon el verbo entre paréntesis en la forma correcta.**

_/6

a Me parece que las escenas en los anuncios ...deben... (deber) ser variadas y dinámicas.
b No pienso que los jóvenes ...se dejen... (dejarse) influir tanto por la publicidad.
c No creo que los niños ...pidan... (pedir) los productos que ven en la televisión.
d Opino que los consumidores desarrollan (desarrollar) un espíritu crítico ante tanta información.
e Desde mi punto de vista, las asociaciones anticonsumo ...hacen... (hacer) un buen trabajo en la sociedad.
f No me parece bien que todos ...vayamos... (ir) con la misma ropa y las mismas deportivas.

2 **Completa las frases.**

_/6

Es obvio que ▪ Está claro que ▪ Es increíble que
Es una tontería que ▪ No es verdad que ▪ No es ridículo que

a .... los padres vigilen cuántas horas de televisión ven sus hijos pequeños.
b .... los anuncios sean sinceros.
c .... las personas crean que un perfume las hará perfectas.
d .... no sepamos elegir por nosotros mismos.
e .... los medios de comunicación tienen un gran poder sobre la sociedad.
f .... la publicidad en internet es muy barata para las empresas.

3 **Muestra acuerdo o desacuerdo ante las siguientes opiniones.**

_/4

a En verano somos más influenciables por la publicidad porque queremos tener unas buenas vacaciones. ➜ ....
b En la actualidad, hay poca publicidad y por eso todos la siguen con mucha atención. ➜ ....
c En las redes sociales hay mucha publicidad porque los jóvenes las visitan con mucha frecuencia. ➜ ....
d La fotografía y el diseño gráfico no son arte. ➜ ....

4 **Relaciona los elementos de las dos columnas.**

_/6

1 El fútbol es un gran deporte. Sin embargo,...
2 La fotografía en el cine es fundamental. Por ejemplo,...
3 Los jóvenes no ven la publicidad, incluso...
4 Pienso que seré seleccionado para el anuncio de Axo, en la última entrevista que hice les gusté mucho. Además,...
5 El gasto de las compañías en publicidad es muy alto. Total que...
6 Por un lado, los anuncios me divierten por su fantasía, pero por otro lado,...

a yo diría que no les interesa.
b sus productos son muy caros.
c no es el único.
d me aburre que haya tantos.
e había muy poca gente.
f en *Memorias de África* es impresionante, ¿la recuerdas?

Ahora soy capaz de...

	Sí	No
a ...pedir una opinión y darla.	Sí	No
b ...expresar que estoy de acuerdo o no.	Sí	No
c ...organizar mejor lo que digo.	Sí	No
d ...reconocer muchas abreviaturas.	Sí	No

Sigue practicando con... Spanish Blogger Misión 23

Actividades interactivas

noventa y nueve 99

Unidad 5: p. 99

¡ME LO SÉ!

Objetivos

- Practicar los contenidos aprendidos en la unidad.
- Autoevaluar su aprendizaje.
- Revisar lo aprendido con actividades lúdicas.

2

a. No es ridículo que; **b.** No es verdad que; **c.** Es una tontería que; **d.** Es increíble que; **e.** Es obvio que/Está claro que; **f.** Es obvio que/Está claro que.

3

Posibles respuestas: a. Yo no creo que eso sea verdad, pienso que en verano cada uno elige según sus posibilidades; **b.** En mi opinión sucede todo lo contrario, los medios nos bombardean continuamente con ellas; **c.** A mí me parece que es totalmente cierto porque es un sector que puede verse influenciable; **d.** Yo no estoy nada de acuerdo porque en ellos se encuentran la inspiración y sentimientos del artista.

¡ME LO SÉ!

En esta sección los estudiantes revisarán los contenidos vistos en la unidad. Esto le servirá para evaluar si han asimilado los objetivos propuestos.

Una vez que han terminado de realizar los ejercicios de estos apartados, es un buen momento para la reflexión sobre la evolución de su aprendizaje.

Actividades interactivas
Evaluación

AHORA SOY CAPAZ DE...

Explique a los estudiantes que esta actividad les servirá para evaluar su proceso de aprendizaje.

Pídales que reflexionen exhaustivamente y tomen conciencia de los conocimientos que han adquirido en esta unidad.

SPANISH BLOGGER

Invítelos a seguir practicando lo aprendido en esta unidad a través de la **Misión 23**. Con ella, los estudiantes podrán utilizar el español en un contexto divertido.

Misión 23
¡Yo vendo, tú compras!

Unidad 6 ¿SUEÑO O REALIDAD?

Unidad 6: p. 100

Objetivos de la unidad

- Conocer el tema de la unidad y a los personajes del diálogo.
- Revisar el léxico de la unidad 5.

Recursos del profesor

Materiales fotocopiables
6.1. a 6.6.

Materiales proyectables
6.1. a 6.3.

Audios
42 a 50

Vídeos
- Serie: *¿Vamos de compras?*
- *Videogramas*:
  - *Transmitir información dicha por otros*
  - *Expresar duda e hipótesis*
- *¡Acción!*: *¡Hasta siempre, mis amigos!*

Cuaderno de ejercicios
Unidad 6

Actividades interactivas
6.1. a 6.12.

Actividades colaborativas
Objetos del pasado

Spanish Blogger
Misión 24: *Puro amor*

1

Respuesta abierta.

Unidad 6

¿SUEÑO O REALIDAD?

Comunicación
- Transmitir información dicha por otros
- Expresar probabilidad o hipótesis en presente y en pasado

Vocabulario
- Las cartas formales y los teléfonos móviles
- Los correos electrónicos

Gramática
- Verbos y expresiones para expresar hipótesis o probabilidades

Pronunciación y ortografía
- La diéresis
- Las palabras homófonas

Sesión de cine
- *¡Felicidades!*

Cultura
- El teatro y las telenovelas

Literatura
- Calderón de la Barca, *La vida es sueño*

¿Qué ves?

1 **Fíjate en la imagen y habla con tu compañero/a.**

a ¿Dónde están los personajes?
b ¿Qué crees que hacen ahí?
c ¿Tú vas con frecuencia?
d ¿Vas solo a buscar libros o también para estudiar?

2 **Fíjate en las portadas de estos dos libros. ¿Puedes imaginar a cuál corresponde cada información?**

	El Quijote	Mafalda
a Es del año 1964.	○	☒
b Es del año 1605.	☒	○
c Su autor es Cervantes.	☒	○
d Su autor es Quino.	○	☒
e Otros personajes que aparecen son Felipe, Miguelito y Susanita.	○	☒
f Otros personajes que aparecen son Dulcinea, Sancho y Rocinante.	☒	○
g Es de origen español.	☒	○
h Es de origen argentino.	○	☒

100 cien

1

Los estudiantes, observando la imagen, responden en parejas a las preguntas de esta actividad. A continuación, anímelos a hablar sobre qué libros han leído últimamente, si les han gustado o no y por qué, si se los recomiendan a sus compañeros... El objetivo es conocer los gustos literarios y los hábitos de lectura de la clase.

2

Después de realizar la actividad, pídales que busquen más información en internet sobre estos dos personajes. Anímelos a presentar la información obtenida delante de la clase. Finalmente, pregúnteles cuál de los dos libros leerían y por qué.

Comenzamos con un diálogo

42 **3** **Escucha y contesta verdadero (V) o falso (F).**

a Daniel quiere comprar dos libros. V ☒
b Felipe lee solo novelas modernas. V ☒
c Daniel disfrutaba mucho con los tebeos de Mafalda cuando era pequeño. ☒ F
d A Juan el tebeo no le parece un buen regalo. V ☒
e Juan ya tiene regalo para Felipe. V ☒

4 **Lee el diálogo y comprueba tus respuestas.**

Daniel: No sé qué libro comprarle a Felipe para su cumpleaños, ¡estoy hecho un lío!
José: La verdad es que es bastante complicado, tienes razón.
Daniel: Creo que finalmente voy a regalarle uno de estos dos, pero no sé por cuál decidirme. Son muy diferentes.
José: Me parece que a Felipe le gusta leer novelas. Pero quizás no le guste el *Quijote*, es un poco antiguo para él.
Daniel: Es verdad que es un poco antiguo, pero Felipe lee toda clase de libros. En su casa tiene una colección enorme de novelas de todas las épocas. Es increíble que a un chico de 17 años le guste tanto leer.
José: ¿Y sabes si también lee tebeos? A lo mejor el libro de Mafalda es un poquito infantil.
Daniel: ¿Infantil? Todo lo contrario. En mi opinión deberían leerlo los adultos, es un poco filosófico. En estas historietas aparece una niña preocupada por la paz del mundo y por la humanidad. Yo, cuando era pequeño, tenía un montón de tebeos de Mafalda, pero no los entendí del todo hasta que no fui adulto.
José: Pues quizás sea esa una buena opción. Me parece que es más atractivo y más original como regalo.
Daniel: Pues ya está decidido. ¡Me lo llevo! Le voy a decir al dependiente que me lo envuelva. Oye, ¿y tú qué le vas a comprar?
José: Ni idea, voy a darme una vuelta por aquí a ver si encuentro algo.

5 **¿Te gusta leer tebeos? Aquí tienes los nombres de algunos tebeos españoles. Relaciónalos con sus protagonistas.**

detectives ▪ superhéroe ▪ niños revoltosos ▪ trabajador de una editorial

a 

b 

c 

d 

Actividades interactivas

Unidad 6: p. 101

COMENZAMOS CON UN DIÁLOGO

Objetivos

- Comprender un diálogo oral y escrito.
- Revisar las formas para expresar opinión, acuerdo y desacuerdo.
- Introducir las estructuras para expresar hipótesis.

Nota cultural.

Mafalda es un personaje argentino, creado por el dibujante Quino, que aparecía en tiras cómicas y que es muy popular en Hispanoamérica y en varios países europeos. Mafalda es una niña que desea que el mundo sea mejor, pero también refleja el pesimismo de la sociedad de los años 60.

Don Quijote de la Mancha es quizás el personaje literario español más popular internacionalmente. Creado en 1605 por Cervantes, es un personaje que ha perdido la razón después de leer muchos libros de caballerías. Este personaje sale de su pueblo acompañado de su escudero Sancho Panza para vivir el tipo de aventuras que ha leído en esos libros.

3

a. falso (Daniel quiere comprar uno); **b.** falso (Felipe lee toda clase de libros); **c.** verdadero (Aunque también disfruta ahora); **d.** falso (Le parece un buen regalo, más atractivo y más original); **e.** falso (Todavía no tiene regalo).

5

a. niños revoltosos; **b.** detectives; **c.** trabajador de una editorial; **d.** superhéroe.

3

En primer lugar, haga una escucha general, para después proceder a una selectiva en la que los estudiantes puedan responder a las preguntas.

4

La lectura del texto de la audición servirá para corregir la actividad 3. Después de leer el diálogo pida que ayuden a decidirse a José, que todavía no ha comprado nada, recordando los libros que ellos habían recomendado en el ejercicio 1 o pregúnteles qué comprarían ellos en una librería para regalar a un/a amigo/a.

5

Pregunte a los estudiantes si conocen qué son los tebeos, y si saben otra palabra para designarlos (cómic). Para resolver la actividad, divida la clase en cuatro grupos, e indíqueles que busquen en internet información sobre unos de estos tebeos. Finalmente, haga una puesta en común en grupo clase.

Después de realizar la actividad, proyecte en clase la primera tira de viñetas del **Material proyectable 6.1.** Los estudiantes, mirando los dibujos, imaginan el texto, ya que los bocadillos están en blanco. Anímelos a ser divertidos, ya que se trata de un tebeo.

Después de leer algunos de los textos proyecte la segunda tira de viñetas, que es la misma que la primera pero con los diálogos originales, y vea si el texto es parecido al propuesto por los estudiantes. Finalmente, pregunte: *¿Qué creen que ha querido transmitirnos su autor?*

Material proyectable 6.1.
Tebeos

Actividades interactivas
Un regalo para Felipe

Unidad 6: p. 102

HABLAR POR HABLAR

Objetivo

- Transmitir lo que dicen otras personas.

Hablar por hablar COMUNICACIÓN

TRANSMITIR INFORMACIÓN DICHA POR OTROS

Estilo directo		Estilo indirecto
*"**Eres** lo mejor de **mi** vida".*	→	*Dice/Ha dicho **que soy** lo mejor de **su** vida.*
*"**Estuve aquí** comiendo con Pedro".*	→	*Dice/Ha dicho **que estuvo allí** comiendo con Pedro.*
*"**Creo** que **tenemos este** libro".*	→	*Dice/Ha dicho **que cree** que **tienen** ese libro.*

Podemos usar verbos como *decir*, *comentar* o *confesar*.

*"**Compra** pan".* (Orden o petición)	→	*Me ha ordenado **que compre** pan.* (presente de subjuntivo)

En este caso usamos verbos como *ordenar*, *aconsejar*, *sugerir* o *recomendar*.

Videogramas Ver **Apéndice gramatical** p. 125

TRANSMITIR PREGUNTAS

"¿Habéis hecho los deberes?".	→	*El profesor ha preguntado **si** hemos hecho los deberes.*
"¿Cuándo haréis los deberes?".	→	*El profesor nos ha preguntado **cuándo** haremos los deberes.*

1 **Transforma las siguientes frases.**

a "Me acosté porque tenía sueño". → Ha dicho ....
b "Visita Madrid si quieres divertirte". → Me recomienda ....
c "Este libro lo escribimos entre mi amigo y yo". → Me ha confesado ....
d "¿Fuiste a la fiesta de Juan?". → Me ha preguntado ....
e "¿Dónde vive tu hermano?". → Te pregunta ....

1
a. Ha dicho que se acostó porque tenía sueño; b. Me recomienda que visite Madrid si quiero divertirme; c. Me ha confesado que ese libro lo escribieron entre su amigo y él/ella; d. Me ha preguntado si fui a la fiesta de Juan; e. Te pregunta dónde vive tu hermano.

2 **Marta ha visitado esta mañana a Elena, su mejor amiga, y le cuenta a su novio todo lo que le ha dicho. Con tu compañero/a, intenta completar los espacios en blanco.**

Marta: Elena me a ...ha dicho... que se va a cambiar de casa. Que está muy contenta porque b ...ayer... encontró trabajo.
Pedro: Vaya, qué suerte.
Marta: Me c ...ha confesado... que realmente no está enamorada de su novio y d ...que... quiere dejarlo.
Pedro: La verdad es que no hacen buena pareja.
Marta: Tienes razón. Por lo visto el otro día discutieron en el cine... Por cierto, me e ...ha recomendado... la película que vio, f ...dice... que es muy buena.
Pedro: Pues si quieres, vamos a verla este viernes.
Marta: Bueno... ¡Ah! y también me g ...ha comentado... que cree que el mes que viene va a Ámsterdam a visitar a su hermano y a su cuñada, y me ha preguntado h ...si... quiero ir con ella.

43 **3** **Ahora escucha la conversación completa y comprueba.**

43 (Véase la transcripción en la pág. 145)

4 **Habla con tus compañeros. En grupos de tres, pregúntale algo a uno de ellos y cuéntale la respuesta al otro. Sigue el ejemplo.**

▸ *¿Cuál es tu libro favorito?* ▸ El señor de los anillos.
Luis me ha dicho que El señor de los anillos *es su libro favorito.*

Cuaderno de ejercicios p. 69 a 71

102 ciento dos

TRANSMITIR INFORMACIÓN Y PREGUNTAS DICHAS POR OTROS

Antes de leer los cuadros comunicativos, proyecte de nuevo las viñetas en blanco del Material proyectable 6.1. y pida que recuerden y digan los textos originales. Con esto, usan el *estilo indirecto*. A continuación, muestre el cuadro dando las explicaciones oportunas. Insista en la importancia de hacer los cambios necesarios al usar el estilo indirecto en verbos, en posesivos, demostrativos o adverbios de lugar. Para ello, presente el Material proyectable 6.2. (1).

Material proyectable 6.1.
Tebeos

Material proyectable 6.2. (1 y 2)
Estilo indirecto

A continuación, proyecte el vídeo de gramática para ver el estilo indirecto.

Videogramas
Transmitir información dicha por otros

1
Practique de forma lúdica el estilo indirecto con el "teléfono estropeado": colocados en círculo, cada uno hace una pregunta al oído del compañero/a de la derecha y anota su respuesta, y responde a la pregunta que le hace el de la izquierda y anota su pregunta. Después, dirán qué les han preguntado por la izquierda y qué les ha respondido por la derecha.

2 y **3**
Completan libremente y comprueban con la audición. Advierta que esta es más larga que el texto.

4
En grupos, se hacen preguntas y después explican qué han preguntado y qué han respondido sus compañeros.

Para presentar el estilo indirecto introducido por el pretérito indefinido, use el Material proyectable 6.2. (2) y el Material fotocopiable 6.1. o remítalos a la página 126 del *Apéndice gramatical*.

Material proyectable 6.2. (1 y 2)
Estilo indirecto

Material fotocopiable 6.1.
Estilo indirecto

Cuaderno de ejercicios p. 69 a 71
Actividades 6.1. a 6.9.

EXPRESAR PROBABILIDAD O HIPÓTESIS EN PRESENTE Y EN PASADO

Conozco la información		Imagino la información
Está enfermo. (presente)	→	*Estará enfermo.* (futuro)
*No **ha dormido** nada esta noche.* (pretérito perfecto)	→	*No **habrá dormido** nada esta noche.* (futuro de *haber* + participio)
*No ha dormido porque **estaba** nervioso por el examen de hoy.* (pretérito imperfecto)	→	*No ha dormido porque **estaría** nervioso por el examen de hoy.* (condicional)
*Ayer **fue** a una fiesta.* (pretérito indefinido)	→	*Ayer **iría** a una fiesta.* (condicional)

- **Para hacer preguntas:**

Sabemos que la persona que escucha la pregunta sabe la respuesta		Pensamos que nadie conoce la respuesta
*¿Qué hora **es**?* (Alguien tiene reloj)	→	*¿Qué hora **será**?* (Nadie tiene reloj)
*¿Dónde **ha ido** José?*	→	*¿Dónde **habrá ido** José?*
*¿Quién **rompió** el cristal ayer?*	→	*¿Quién **rompería** el cristal ayer?*
*¿Cuánta gente **había** ayer en la fiesta?*	→	*¿Cuánta gente **habría** ayer en la fiesta?*

5 **Este perro está muy triste. Escribe de nuevo las frases transformando los verbos en negrita para hacer suposiciones.**

a Le **duele** el estómago. → Le dolerá el estómago.
b **Está buscando** a su dueño. → Estará buscando a su dueño.
c Ayer fue al veterinario porque no **se encontraba** bien. → Ayer iría al veterinario porque no se encontraría bien.
d Se **ha perdido**. → Se habrá perdido.

6 **Habla con tu compañero/a y haceos las siguientes preguntas sobre el perro de la actividad anterior, teniendo en cuenta que ninguno de los dos sabe la respuesta.**

a ¿Cómo (llamarse)? → ¿Cómo se llamará?
b ¿(Comer, hoy)? → ¿Habrá comido?
c ¿(Tener) dueño? → ¿Tendrá sueño?
d ¿(Escaparse, ayer) de la perrera? → ¿Se escaparía de la perrera?
e ¿(Estar, ayer) con sus dueños y los (perder) de vista? → ¿Estaría con sus dueños y los perdería de vista?
f ¿Sus dueños le (abandonar, hoy) para irse de vacaciones? → ¿Sus dueños le habrán abandonado para irse de vacaciones?

7 **Tu profesor/a te va a mostrar unas imágenes. Habla con tu compañero/a y haz hipótesis sobre ellas.**

Cuaderno de ejercicios p. 72 a 74

Actividades interactivas

Unidad 6: p. 103

HABLAR POR HABLAR

Objetivo

- Expresar probabilidad o hipótesis en presente y en pasado.

5

Para introducir la probabilidad e hipótesis, pida que se fijen en la foto y que imaginen qué le pasa a Luis. Después de escuchar sus suposiciones, explique que si no están seguros de lo que sucede deben usar las formas de la primera parte del cuadro comunicativo. Para ello, explique la diferencia entre *Está enfermo* (conozco la información y estoy seguro de ella) y *Estará enfermo* (desconozco la información pero imagino que puede ocurrir esto). A continuación, realizan la actividad 5.

6

Después de ver los cambios en los tiempos verbales, explique la segunda parte del cuadro comunicativo sobre cómo realizar preguntas y cambiar el tiempo verbal según sepamos o no si nuestro interlocutor conoce la respuesta. Señale la diferencia entre *¿Qué hora es?* y *¿Qué hora será?*, y explique que los cambios de los tiempos verbales son iguales a los de la primera parte del cuadro.

7

Divida la clase en grupos y reparta una imagen del Material fotocopiable 6.2. a cada uno. Cada grupo escribe qué puede estar pasando en su imagen, usando futuro, futuro compuesto o condicional. Después, se intercambian las imágenes y siguen haciendo hipótesis. Supervise y corrija errores que detecte.

Material fotocopiable 6.2.
Hipótesis

Invítelos a realizar la actividad colaborativa 6. En grupos, investigarán sobre algunos objetos del pasado.

Actividades colaborativas
Objetos del pasado

Cuaderno de ejercicios p. 72 a 74
Actividades 6.10. a 6.15.

Actividades interactivas
Transmitir información dicha por otros

Unidad 6: p. 104

PALABRA POR PALABRA

Objetivos

- Conocer la estructura de una carta formal.
- Aprender el vocabulario sobre los teléfonos móviles.

3

Esquema:

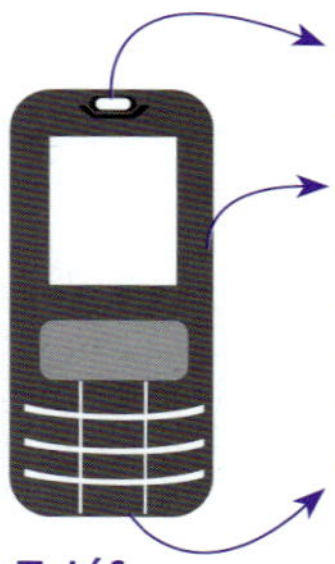

Solución:

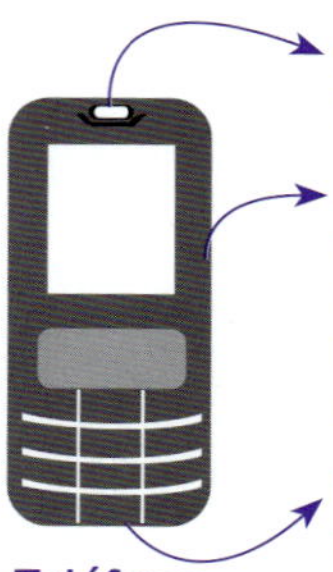

abc **Palabra por palabra** VOCABULARIO

Las cartas formales y los teléfonos móviles

1 **Escribe las partes de una carta formal en su lugar correcto.**

a [5] motivo
b [2] dirección del destinatario
c [7] firma
d [4] saludo
e [1] dirección del emisor
f [6] despedida
g [3] fecha

2 **Ordena la siguiente carta de un cliente a su compañía de telefonía móvil. Después escribe, siguiendo el ejemplo, a qué parte de la carta corresponde cada fragmento.**

Fecha — [3] Madrid, 13 de junio de 2018

Dirección del destinatario — [2] Movilmola
Paseo de la Antena, 33
28008 Madrid

Despedida — [6] Atentamente,

Dirección del emisor — [1] Juan Mora
C/ Cliente, 130
28001 Madrid

[5] Les escribo esta carta porque llevo varios días teniendo problemas con mi teléfono móvil. Hace cinco meses me regalaron un nuevo **terminal** por llevar como cliente en su empresa más de tres años. Pues bien, este **celular** no deja de darme problemas. A continuación les explico punto por punto cada uno de ellos.
La **pantalla táctil** no funciona bien. Cada vez que intento **marcar un número**, el teléfono se apaga.

Motivo — En muchos lugares no **tiene cobertura**. Es decir, que cuando salgo de la ciudad tengo
[5] muy poca señal y no puedo ni **llamar** ni **recibir llamadas**.
Cuando puedo llamar, se **corta** la **conversación** después de dos minutos.
Además, cuando intento **cargar el teléfono**, la **batería** solo dura cinco horas y después tengo que cargarlo otra vez. Al principio pensé que era problema del **cargador**, pero he probado con otro y sigo teniendo el mismo problema.
Debido a todos estos inconvenientes, espero que me cambien el **móvil** o me regalen uno nuevo. En caso contrario cambiaré de compañía telefónica.

Saludo — [4] Estimados señores:

Firma — [7] (firma)

3 **Las palabras resaltadas en la carta son formas de saludo y despedida en una carta o correo formal. Clasifica ahora estas otras expresiones formales en saludos o despedidas.**

Distinguido/a señor/a ▪ Se despide atentamente ▪ Muy señor/a mío/a ▪ Reciba un cordial saludo
Señor/a ▪ En espera de sus noticias ▪ Cordialmente

Saludos	Despedidas
Distinguido señor/a, Señor/a, Muy señor/a mío/a	Se despide atentamente, Reciba un cordial saludo, En espera de sus noticias, Cordialmente

104 ciento cuatro

Cuaderno de ejercicios p. 74 y 75

1

Pregunte a los estudiantes si han escrito alguna vez una carta, cuándo fue y para qué. Después, pregunte en qué situación o por qué escribirían ellos una carta formal. El objetivo es realizar una lluvia de ideas y conocer aquellas situaciones en las que pueden utilizar este tipo de escrito. A continuación, presente las partes de una carta formal. Posteriormente, lleve a clase una carta que le hayan enviado recientemente y analice junto a ellos sus diferentes partes para ver si en su lengua siguen la misma estructura.

2

Si lo considera conveniente, pida primero que averigüen el nombre de cada una de las partes de la carta y que, después, procedan a ordenarla.

3

Una vez corregida esta actividad, vuelva de nuevo a la carta formal y dígales que presten especial atención al léxico relacionado con los teléfonos móviles. Dibuje en la pizarra un teléfono móvil y un esquema como el que se muestra en el margen lateral izquierdo de esta página y pídales que coloquen las palabras en él. Aclare el significado de las palabras que lo precisen.

Cuaderno de ejercicios p. 74 y 75
Actividades 6.16. y 6.17.

Los correos electrónicos

4 **Habla con tu compañero/a.**

- ¿Has tenido alguna vez problemas con tu teléfono móvil? ¿Cuáles?
- ¿Los has solucionado?

44 **5** **Ahora escucha la conversación entre la secretaria y el director de la empresa Movilmola y escribe qué decisión toma el director.**

6 **Lee ahora la respuesta de Movilmola.**

Mensaje nuevo

De: movilmola@espaciojoven.com
Para: juanmora@edimail.com
Asunto: Nuevo teléfono

Estimado cliente:

Nos dirigimos a usted con la finalidad de expresarle nuestras disculpas por los problemas causados. Comprendemos perfectamente las molestias que puede haber tenido con el último móvil que recibió y, por esa razón, ponemos a su disposición un nuevo modelo. Por favor, para recibir este nuevo terminal mándenos un correo electrónico con la dirección donde quiere recibirlo a movilmola-terminales@espaciojoven.com. Si desea ver el modelo que le ofrecemos, puede pinchar en el siguiente enlace: www.movilesmovilmola.com/nuevos.

Atentamente,

Movilmola
Paseo de la Antena, 33
28008 Madrid

7 **Relaciona estas columnas.**

1	@	a	guion
2	/	b	punto com
3	:	c	arroba
4	-	d	tres uves dobles
5	_	e	barra
6	.com	f	dos puntos
7	www	g	guion bajo

8 **Imagina que eres el director de Movilmola y escribe en tu cuaderno un correo con otra respuesta diferente.**

Estimado señor Mora:

9 **Ahora lee la carta de un/a compañero/a y dile a tu profesor/a qué pone.**

El director de Movilmola dice que...

Cuaderno de ejercicios p. 75 · Actividades interactivas

Unidad 6: p. 105

PALABRA POR PALABRA

Objetivo

- Conocer el léxico relacionado con los correos electrónicos.

44

Secretaria: Señor Marín.
Director: Dígame.
Secretaria: Hemos recibido una carta de uno de nuestros mejores clientes, se llama Juan Mora y dice que el nuevo terminal que le regalamos no para de darle problemas. Dice que la pantalla táctil no funciona bien, que en muchos lugares no tiene cobertura y no puede llamar; que cuando llama, la conversación siempre se corta en el minuto dos. También dice que la batería no dura más de cinco horas.
Director: Muy bien, no se preocupe. Yo mismo me pondré en contacto con el Departamento Comercial. Le escribiremos un correo electrónico para pedirle disculpas. Además, le ofreceremos un nuevo teléfono móvil mucho más moderno. Yo lo tengo y no creo que con él tenga problemas. Gracias por la información.

5

El director le dice a la secretaria que no se preocupe, que él se pondrá en contacto con el Departamento Comercial y que le escribirán un correo disculpándose. También le dice que le ofrecerán un móvil más moderno que no dé problemas.

Nota cultural.
El sufijo del dominio que indica que el sitio web pertenece a España es **.es** y se lee "punto es".

4

En parejas o en grupos hablan sobre los problemas que se mencionan en la carta o sobre otros que hayan tenido. Después, haga una puesta en común para ver cuáles han sido los problemas más frecuentes. Pueden hablar sobre casos de otras personas que conozcan, como familiares y amigos, que también hayan tenido algún problema con su teléfono móvil. Probablemente en esta actividad empleen el estilo indirecto. Preste atención a si sus producciones son correctas y, en caso de detectar errores, corríjalos una vez hayan finalizado sus intervenciones.

5

A partir de la audición conocerán la resolución a la que ha llegado el director de la compañía. ¿Cuál es la decisión que toma? ¿Están de acuerdo con esta respuesta?

6 y **7**

Ahora leen la carta individualmente. El objetivo es saber leer las direcciones de correo electrónico y las páginas web. Después, realizan la actividad 7 para conocer cómo se leen los símbolos. A continuación, vuelva a leer la carta en voz alta para comprobar las soluciones y que leen correctamente los símbolos. Finalmente, dicen su dirección de correo electrónico o recomiendan algunas páginas web.

8 y **9**

De forma individual o en parejas, escriben una carta con otra respuesta diferente. Con esta actividad de expresión escrita se pretende comprobar que los estudiantes conocen la estructura de una carta formal.

A continuación, dicen qué han escrito sus compañeros para seguir practicando el estilo indirecto.

Cuaderno de ejercicios p. 75
Actividad 6.18.

Actividades interactivas
Cartas formales, teléfonos móviles y correos electrónicos

Unidad 6: p. 106

PASO A PASO

Objetivo

- Aprender a expresar hipótesis o probabilidades.

Paso a paso **GRAMÁTICA**

VERBOS Y EXPRESIONES PARA EXPRESAR HIPÓTESIS O PROBABILIDADES

■ Otras formas de expresar hipótesis o probabilidades son:

Creo/Me parece **Me imagino/Supongo** **Para mí/Yo diría**	**que**	*ese modelo de móvil es uno de los mejores.* *si está en la sierra, no tiene cobertura. Llámalo mañana.* *ha llovido esta noche, las calles están mojadas.*
A lo mejor/Lo mismo/Igual		*es un problema de tu compañía porque yo sí tengo cobertura.*

Videogramas

1 **Edu ha encontrado una foto de una casa que le gustaría comprar, pero no tiene ninguna información sobre ella. Lee el texto y completa con los siguientes verbos.**

vivir ▪ poder ▪ querer ▪ tener ▪ haber ▪ costar ▪ pertenecer

Me encantaría comprar esta casa, pero antes me gustaría tener información sobre ella. Supongo que a ...cuesta... muchísimo dinero, pero creo que mis padres b ...pueden... ayudarme. Parece una casa grande, me imagino que c ...tiene... más de tres habitaciones y al menos dos baños. Lo mismo en algún baño d ...hay... un *jacuzzi*, sería genial. Yo diría que antes e ...vivía... una familia numerosa, a lo mejor la f ...quieren... vender para irse a vivir a otra ciudad. Igual la parte de atrás g ...pertenece... también a la casa y hay una piscina y todo, quién sabe.

2 **Mira ahora estas curiosas imágenes y escribe tres hipótesis para cada situación.**

¿Por qué está llorando?

a Creo que el novio la ha dejado plantada.
b Igual se le ha roto el vestido.
c Para mí, que es la emoción.

Posibles respuestas

¿Por qué no hay nadie?

a Supongo que es la hora del descanso.
b Igual se ha confundido y es hoy fiesta.
c Me imagino que llegarán tarde.

¿Qué le pasa?

a Creo que está enfermo.
b Para mí, que tiene dolor de tripa.
c Lo mismo ha comido algo caducado.

45 46 **3** **Escucha el final de tres discusiones y con tu compañero/a haced hipótesis sobre el motivo que las origina. Después, escucha la conversación completa y comprueba.**

a ......
b ......
c ......

106 ciento seis

45

a. Chica: ¡No me lo puedo creer, Nacho! ¡Eres lo peor y me parece fatal lo que has hecho! ¿Es que no sabías que lo había preparado todo para hoy?

b. Madre: ¡Que no! ¡Ya te he dicho mil veces que no! No me importa si es grande o pequeño o si se ve o no. Cuando tú seas mayor haces lo que quieras, pero mientras vivas en casa, no.

c. Chica: Se acabó. Te dije que si volvías a hacerlo, no tendrías más oportunidades.

46

(Véase la transcripción en la pág. 145)

VERBOS Y EXPRESIONES PARA EXPRESAR HIPÓTESIS O PROBABILIDADES

Presente ahora una serie de estructuras de hipótesis que funcionan únicamente con indicativo. En este caso, ya con esta estructura queremos indicar que la información que damos no es 100% segura o la desconocemos, y no es necesario indicarlo con el tiempo verbal. Es posible que algún estudiante intente construir una frase con la forma negativa de *creer*; en ese caso, advierta que esta forma rige subjuntivo (***No creo que tenga*** *cobertura*) pero solo si el adverbio negativo va antes del verbo, y no a continuación (***Creo que no tiene*** *cobertura*).

Después, proyecte el **vídeo de gramática** para ver una explicación gramatical de las estructuras para expresar hipótesis o probabilidades.

Videogramas
Expresar duda e hipótesis

1

Actividad para reconocer las estructuras que llevan indicativo y que expresan hipótesis.

2

Actividad de expresión escrita donde tienen que hacer suposiciones a partir de las preguntas y de las imágenes que aparecen junto a ellas. Aquí eligen ellos la estructura que consideren oportuna.

3

Los estudiantes escuchan la pista 45, donde aparece el final de varias discusiones. En parejas, imaginan el motivo que las ha originado y comentan las diferentes hipótesis en grupo clase. Seguidamente, escuchan los diálogos completos con la pista 46 confirmando si sus hipótesis coinciden o se acercan a la realidad. Finalmente, para seguir practicando el estilo indirecto, escuchan de nuevo los diálogos y toman notas para después escribir en estilo indirecto qué dice cada personaje.

47 | 4 Escucha los siguientes diálogos y completa el recuadro.

OTROS VERBOS Y EXPRESIONES DE HIPÓTESIS Y PROBABILIDADES

Probablemente/ Posiblemente / *Seguramente*/ Quizás /*Tal vez*] *la compañía telefónica se pone/ponga en contacto conmigo después de mi reclamación.* (indicativo/subjuntivo)

Es posible /*Es probable* / *Puede ser*/ Puede [*que*] *mi teléfono tenga algún defecto de fábrica, me lo compré hace poco y no me dura nada la batería.* (subjuntivo)

5 Elige la opción correcta para cada frase. En algunas las dos opciones son correctas.

a Es probable que mañana **llueve** / [**llueva**]
b Seguramente [**tiene**] / [**tenga**] más de veinte años.
c Tal vez [**viene**] / [**venga**] mi hermana conmigo.
d Es posible que **consigue** / [**consiga**] el trabajo.
e Quizás no [**quiere**] / [**quiera**] trabajar con nosotros.
f Puede ser que **necesitan** / [**necesiten**] nuestra ayuda.

6 Escribe un final para las siguientes frases.

a ¡Qué raro que no haya llegado Juan! Él es muy puntual. Es posible que ....
b La compañía telefónica me ha cobrado un servicio que yo no utilizo. Seguramente ....
c Me dijo que me iba a llamar esta tarde pero no lo ha hecho. Tal vez ....
d Le he escrito un correo electrónico y no le ha llegado. Puede que ....

7 Con lo que has aprendido para expresar hipótesis y probabilidades, completa las siguientes frases.

a Es probable que .... (ser) su cumpleaños porque ha invitado a cenar a todos sus amigos.
b Igual .... (mudarse, él). Hace mucho tiempo que quería cambiar de casa.
c Quizás .... (comprarse, yo) un teléfono móvil nuevo. Este ya no funciona.
d A lo mejor Juan .... (ser) alérgico a los gatos. No para de estornudar.
e Posiblemente yo .... (organizar) la fiesta. Soy su mejor amigo.
f Puede que .... (saber) hablar italiano. Ha vivido un tiempo en Roma.
g Seguramente .... (ganar) el premio. Ha hecho un buen trabajo.

8 Con tu compañero/a habla sobre planes de futuro, que todavía no son seguros, relacionados con los temas propuestos.

Tu próximo cumpleaños | Tus próximas vacaciones | Cuando tengas 40 años

Cuaderno de ejercicios p. 75 a 77 · Actividades interactivas

Unidad 6: p. 107

PASO A PASO

Objetivo

- Aprender otras formas para expresar hipótesis y probabilidades.

47
(Véase la transcripción en la pág. 145)

6
Respuesta abierta.

7
a. sea; **b.** se muda/se ha mudado/se mudó; **c.** me compre/me compro; **d.** es; **e.** organice/organizo; **f.** sepa; **g.** gana/gane.

4
Presente más expresiones de hipótesis a través de esta audición. Los estudiantes deben escuchar las diferentes conversaciones y encontrar qué marcadores faltan en el cuadro. Después, explique que las expresiones del primer grupo pueden introducir el verbo en indicativo o en subjuntivo y que la diferencia entre usar uno u otro está en que se prefiere el indicativo para expresar una hipótesis más probable y el subjuntivo para expresar una hipótesis considerada menos probable. También es conveniente explicar que *quizás* puede alternarse con la forma *quizá* y que ambas son igualmente correctas. Por otro lado, el segundo grupo de expresiones introduce verbos solo en subjuntivo. Si lo desea, después de la explicación, ponga de nuevo la audición y pida que presten atención a estas estructuras.

5 y 6
Actividad para practicar las estructuras que llevan indicativo o subjuntivo.

7
Con esta actividad y la siguiente se pretende repasar todas las formas de expresar hipótesis o probabilidades que han aprendido en estas páginas.

8
Forme grupos para hablar sobre sus planes hipotéticos con respecto a los temas propuestos. Como en otros ejercicios, y siguiendo los contenidos de la actividad, pídales que usen de nuevo el estilo indirecto para contar o escribir qué les han dicho sus compañeros.

Cuaderno de ejercicios p. 75 a 77
Actividades 6.19. a 6.24.

Actividades interactivas
Verbos y expresiones de hipótesis o probabilidades

Unidad 6: p. 108

SUENA BIEN

Objetivos

- Aprender a identificar y a pronunciar las palabras con diéresis.
- Reconocer las palabras homófonas.

Nota de vocabulario.

Según el DRAE, las expresiones adverbiales *asimismo/así mismo* no deben confundirse con la secuencia *a sí mismo*, formada por la preposición *a*, el pronombre reflexivo *sí* y el adjetivo *mismo*: *"Sonríe mucho, parece gustarse a sí mismo y no tiene complejos"*.

48

Bilingüe, cigüeña, antiguo, vergüenza, lingüística, Uruguay, antigüedad, juguete.

49

- ¿Por qué has llegado tan tarde?
- He llegado tarde porque se me olvidó el paraguas en el paragüero de la escuela.
- ¡No era en la parada de Argüelles donde habíamos quedado sino en la de Goya!
- Mi primo es bilingüe porque nació en Alemania donde vivió hasta los 15 años.
- La familia se pregunta dónde se encuentra el antiguo joyero de la bisabuela.

Suena bien PRONUNCIACIÓN Y ORTOGRAFÍA

La diéresis y las palabras homófonas

LA DIÉRESIS

Es el signo ortográfico (¨) que se pone sobre la ***u*** de las sílabas *gue, gui* cuando queremos pronunciarla: ***lengüeta, paragüero, pingüino, piragüista***.

48 **1** **Escribe las palabras que escuches.**

bilingüe, cigüeña, antiguo, vergüenza, lingüística, Uruguay, antigüedad, juguete.

2 **Lee los diálogos y después completa los cuadros.**

LAS PALABRAS HOMÓFONAS

a

- ¿**A dónde/Adónde** podemos ir a merendar?
- **A donde/Adonde** tú quieras.
- ¿**Dónde** decías que hacían esas tortitas tan buenas?
- ¡Ah! Te refieres al sitio **donde** te conté que fui con Marcos, ¿no?

dónde/a dónde/adónde; donde/a donde/adonde

Usamos el adverbio 1 donde para indicar lugar y 2 a donde o 3 adonde indistintamente cuando indicamos también dirección o destino mediante la preposición ***a***.

Usamos 4 dónde, 5 a dónde o 6 adónde cuando las formas anteriores son exclamativas o interrogativas.

b

- No entiendo el **porqué** de su reacción, no me lo explico.
- Pues yo creo que ha actuado así **porque** no podía más y al final ha explotado.
- Pero, ¿**por qué** no le dijo a nadie que necesitaba ayuda?
- Es que muy orgulloso y le da vergüenza reconocerlo.
- Yo voto **por que** hablemos con él y le ofrezcamos nuestra ayuda.

porque/porqué/por que/por qué

Usamos 7 porque para expresar la causa o motivo de lo que se expresa a continuación y 8 por qué para preguntar por esa causa o motivo.

Usamos 9 porqué cuando nos referimos al sustantivo que significa "la causa, el motivo o la razón".

Usamos 10 por que para referirnos a la preposición ***por*** seguida del pronombre ***que***.

c

- Su **sino** no es quedarse parado viendo la vida pasar, **sino** llegar muy lejos.
- Tienes razón, no solo es muy decidido, **sino** también muy trabajador.
- **Si no** cambia será alguien muy importante en el futuro, tal vez un político.
- Sí, además sabe escuchar, tiene carisma, es elegante y, **asimismo**, discreto.
- Sí, pues **así mismo** se lo haremos saber cuando lo veamos.

sino/si no

Usamos 11 sino como sustantivo que significa "destino"; para introducir una información que reemplaza o sustituye a la negada en la oración precedente.

Usamos 12 si no para referirnos a la conjunción condicional ***si*** seguida del adverbio negativo ***no***.

asimismo/así mismo

Usamos 13 asimismo en el sentido de "también" y 14 así mismo en el sentido de "de la misma manera".

49 **3** **Dictado. Escucha y escribe en tu cuaderno.**

108 ciento ocho

Cuaderno de ejercicios p. 77 y 78 Actividades interactivas

1

Recuerde a los estudiantes que únicamente colocamos dos puntos encima de la *u* en las sílabas *gue* y *gui* cuando queremos pronunciarla. En otros casos no es necesario, ya que en las sílabas *gua* y *guo* siempre se pronuncia la *u*.

2

A través de los tres diálogos, el estudiante debe deducir y completar la explicación sobre las distintas secuencias que pueden escribirse en una o más palabras.

3

Para la corrección, pídales que, en parejas, se intercambien los dictados y corrijan el de su compañero/a.

Cuaderno de ejercicios p. 77 y 78
Actividades 6.25. a 6.29.

Actividades interactivas
La diéresis y las palabras homófonas

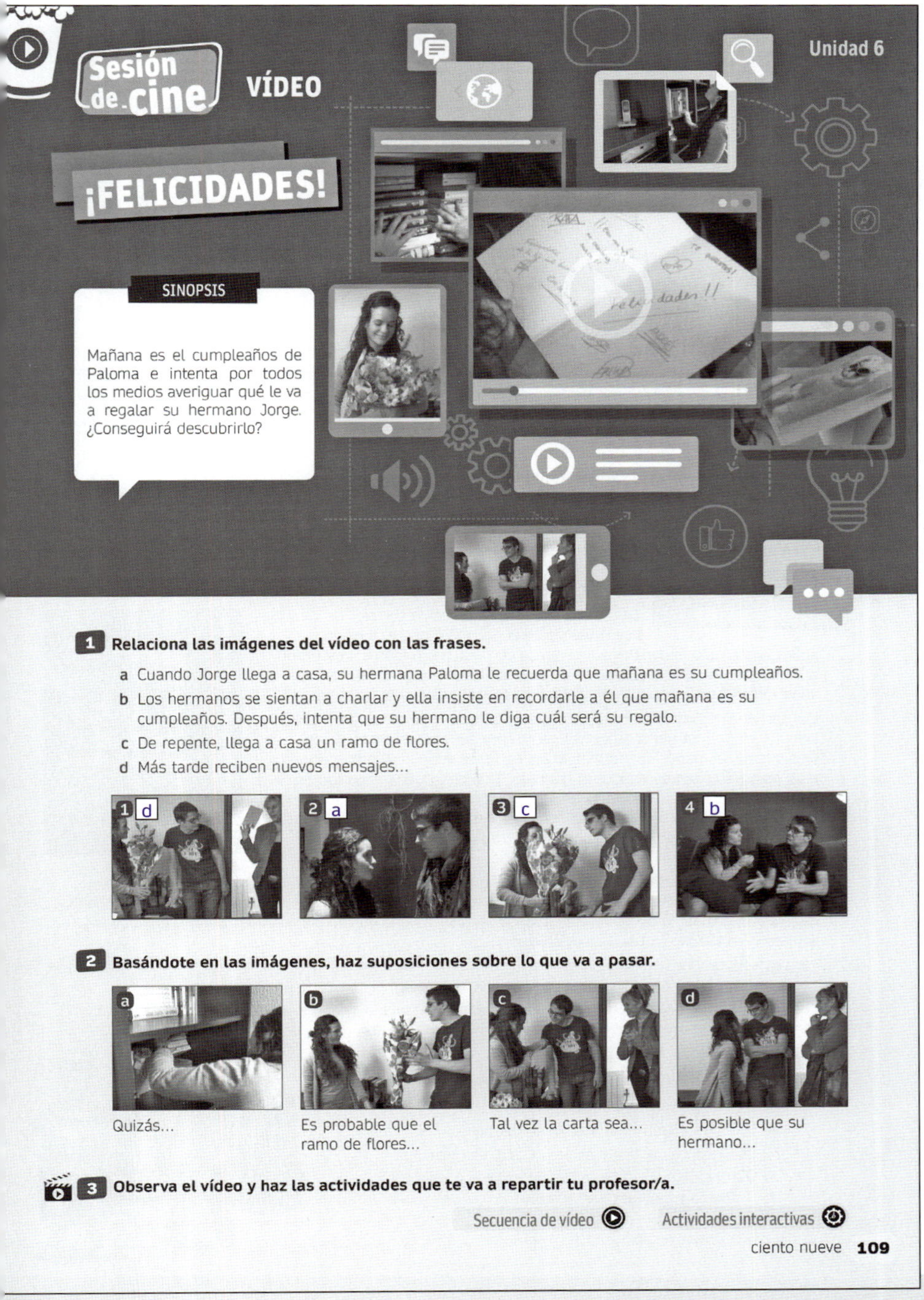

Unidad 6

Sesión de cine VÍDEO

¡FELICIDADES!

SINOPSIS

Mañana es el cumpleaños de Paloma e intenta por todos los medios averiguar qué le va a regalar su hermano Jorge. ¿Conseguirá descubrirlo?

1 Relaciona las imágenes del vídeo con las frases.

a Cuando Jorge llega a casa, su hermana Paloma le recuerda que mañana es su cumpleaños.
b Los hermanos se sientan a charlar y ella insiste en recordarle a él que mañana es su cumpleaños. Después, intenta que su hermano le diga cuál será su regalo.
c De repente, llega a casa un ramo de flores.
d Más tarde reciben nuevos mensajes...

1 d | 2 a | 3 c | 4 b

2 Basándote en las imágenes, haz suposiciones sobre lo que va a pasar.

a Quizás...
b Es probable que el ramo de flores...
c Tal vez la carta sea...
d Es posible que su hermano...

3 Observa el vídeo y haz las actividades que te va a repartir tu profesor/a.

Secuencia de vídeo · Actividades interactivas

ciento nueve 109

Unidad 6: p. 109

SESIÓN DE CINE

Objetivos

- Visionar un vídeo donde aparecen los contenidos de la unidad.
- Comprender conversaciones entre hispanos.

Material fotocopiable 6.3.

Respuestas:

1. a. Paloma está buscando el regalo que le ha comprado su hermano para su cumpleaños; **b.** Paloma recibe un ramo de flores de sus tíos de Málaga; **c.** Paloma recibe una tarjeta de cumpleaños de sus compañeros de clase; **d.** Paloma insiste para que su hermano le dé su regalo antes de su cumpleaños.
2. a. F; **b.** F; **c.** V; **d.** V; **e.** F; **f.** V; **g.** V; **h.** V; **i.** F.

Material fotocopiable 6.4.

Respuestas:

1. Las respuestas pueden variar, lo importante es que las usen en el modo adecuado. Frases con indicativo: a, d, f, g; Frases con subjuntivo: c, e; Frases que pueden ir tanto con indicativo como con subjuntivo: b, e.
2. a. Leer y dibujar los comics manga; **b.** De su amigo Felipe; **c.** Que igual tuvo que hacer algo.
3 a. a trabajar fuera de la ciudad; **b.** me escribirían pronto; **c.** el trabajo es mío.
4. Estimada señorita Castañeda: Tenemos el gusto de comunicarle que ha sido usted elegida para el puesto de auxiliar de enfermería en nuestro hospital.
5 a. 4; **b.** 1; **c.** 3; **d.** 2; **e.** 5. **Lorena:** a, b, c, d; **Juanjo:** e.
6. mensaje, acceder a internet, haber cobertura, cargarse.

1

Pídales que, en pequeños grupos, observen las imágenes y digan dónde están las personas que aparecen en ellas y de qué cosas creen que están hablando. Establezca una conversación acerca de todo lo que ven en las imágenes y dígales que contesten a las preguntas. Por último, relacionan las imágenes con las frases extraídas del vídeo.

2

Para anticipar el contenido del vídeo, tienen que hacer suposiciones sobre las siguientes imágenes extraídas del mismo. De esta manera, practican las estructuras gramaticales de la unidad. A continuación, leen la sinopsis de forma individual y comprueban algunas de sus hipótesis; otras se comprobarán después del visionado.

3

A continuación, proyecte el vídeo de la serie y presente el **Material fotocopiable 6.3.**

Material fotocopiable 6.3.
¡Felicidades!

Secuencia de vídeo
¡Felicidades!

Actividades interactivas
¡Felicidades!

Si lo desea, puede trabajar otros acentos a través de la serie hispana *¡Acción!* y del **Material fotocopiable 6.4.**

Material fotocopiable 6.4. (1 y 2)
¡Hasta siempre, mis amigos!

¡Acción!
¡Hasta siempre, mis amigos!

Actividades interactivas
¡Hasta siempre, mis amigos!

Unidad 6: p. 110

MUNDO HISPANO

Objetivos

- Conocer el origen del teatro en España.
- Acercar a los estudiantes a los corrales de comedias.

Mundo hispano

Cultura

EL TEATRO Y LAS TELENOVELAS

1 **Observa las fotos. ¿Te resultan familiares? ¿Qué crees que eran los corrales de comedias?**

2 **El profesor de Literatura ha hablado esta mañana en clase sobre los corrales de comedias. Lee lo que ha dicho y, después, contesta verdadero (V) o falso (F).**

Los corrales de comedias

En España, cuando hablamos de corrales de comedias nos situamos en el siglo XVI, que es cuando aparecieron, junto al denominado Siglo de Oro. Muchos fueron los escritores que escribieron obras teatrales en esta etapa literaria, algunos de los más importantes fueron Lope de Vega, Tirso de Molina o Calderón de la Barca.

Los corrales de comedias eran los espacios dedicados al teatro. No habían sido edificios construidos específicamente para ser teatros permanentes, sino que en los patios que formaban las casas de vecinos se empezaron a usar para hacer representaciones teatrales. Uno de los más importantes de España es el corral de comedias de Almagro, en Castilla-La Mancha, todavía conservado y donde hoy en día se siguen representando obras. El corral de comedias más antiguo que se conserva (pero parcialmente) es el corral de comedias de Alcalá de Henares, en Madrid.

El escenario estaba al fondo del patio. En los otros tres lados había galerías para el público con dinero, los nobles. El resto de la gente podía ver la obra en el patio, al aire libre y los hombres separados de las mujeres. Los niños no podían entrar. Cuando al público no le gustaba la representación silbaban a los actores y les tiraban frutas u otros objetos.

Las representaciones eran de día y duraban entre dos horas y media y tres horas. Como no había techo, se ponía un toldo para proteger del sol a los espectadores. En el escenario no había telón.

Los protagonistas de las obras solían ser el galán y la dama, el criado y la criada, el padre de la dama y, a menudo, aparecía un hombre poderoso, generalmente un rey.

a Ⓥ ☒ Los corrales de comedias aparecieron en el siglo XIV.
b Ⓥ ☒ Podía ir gente de cualquier edad.
c ☒ Ⓕ El escenario estaba al fondo del patio.
d Ⓥ ☒ El corral de Alcalá está en Castilla-La Mancha.
e Ⓥ ☒ Dos de los autores más importantes fueron Lope de la Barca y Calderón de la Vega.

110 ciento diez

2

a. falso (Aparecieron en el siglo XVI); b. falso (Los niños no podían entrar); c. verdadero; d. falso (Está en Madrid); e. falso (Fueron Lope de Vega y Calderón de la Barca).

1

Para introducir la sección, lleve a cabo una lluvia de ideas sobre las fotografías que los estudiantes pueden ver en este ejercicio. Siga practicando con ellos las hipótesis, formulando preguntas con el futuro o el condicional como: *¿Qué será esto? ¿Dónde estarán? ¿Qué harían allí?...* Las respuestas a estas preguntas están en el texto que aparece en la actividad 2. En el caso de que se nombre la palabra *teatro*, puede hacer otras preguntas más generales, del tipo: *¿Habéis ido recientemente al teatro? ¿Qué obra fuisteis a ver? ¿Os gusta el teatro? ¿Lo preferís al cine?, ¿por qué?*

2

En primer lugar, invítelos a que lean el texto y, después, dígales que marquen si las afirmaciones son verdaderas o falsas. Si lo considera conveniente, puede proceder de otra forma: primero leen las frases y establecen sus hipótesis, y después leen el texto y comprueban sus respuestas. Es conveniente enseñar el verbo *silbar*.

Como actividad adicional, pida a los estudiantes que inventen una historia con los personajes que suelen ser protagonistas de las obras del Siglo de Oro. Tienen que plantear un problema en la relación de amor entre el galán y la dama, imaginar dónde viven, cómo se enamoran, etc. Forme grupos de seis y reparta las cartas correspondientes a los seis personajes principales del **Material fotocopiable 6.5.** Los estudiantes dan la vuelta a su carta y siguen el rol de ese personaje. También puede hacer preguntas relacionadas con la historia que han creado para que los estudiantes respondan como si fueran el personaje que les ha tocado.

Material fotocopiable 6.5. *Un teatro muy clásico*

Unidad 6: p. 111

MUNDO HISPANO

Objetivo

- Conocer la importancia de las telenovelas en Hispanoamérica.

Un mundo de novelas

La telenovela es una expresión cultural típica del mundo hispano. En estos programas de televisión no faltan dramas, villanos... ¡ni capítulos!

Las telenovelas son programas de televisión dramáticos. Pero no son cualquier programa: están estrechamente conectadas con la forma de ser de los países hispanos. Las historias de las telenovelas reflejan las tradiciones, las aspiraciones y, muchas veces, los temas de actualidad de la sociedad que las mira. "Las telenovelas son exitosas porque generan emoción y entretenimiento", explica Nora Mazziotti, investigadora argentina y autora de libros sobre telenovelas.

Aunque cada telenovela tiene una historia diferente, hay elementos comunes que están presentes en todas ellas. Suelen tener entre 100 y 200 capítulos. Hay un galán (normalmente, rico) y una heroína (normalmente, pobre), hay una villana que hace todo lo posible por separarlos y hay varios personajes secundarios que aportan historias divertidas para equilibrar el melodrama de la historia central.

Cada país latinoamericano produce telenovelas con un estilo distinto. "Las telenovelas mexicanas son las más tradicionales: son muy conservadoras, las brasileñas tienen elementos modernos, las colombianas tienen historias muy creativas y las argentinas suelen tener toques de comedia", dice Mazziotti.

Además de entretener, una importante función de las telenovelas es educar. Muchas de las historias incorporan personajes que atraviesan enfermedades graves, o viven situaciones serias como la decisión de adoptar un hijo o la pérdida de un trabajo.

3 **¿Qué opinas? Contesta a las siguientes preguntas y comenta tus ideas con tus compañeros.**

a ¿Qué telenovela de las mencionadas te gustaría ver y por qué?

b ¿Qué programas en la televisión de tu país tienen la función de entretener y educar? Da dos ejemplos.

c Piensa en tu género televisivo favorito y haz una lista de los elementos que lo componen, según el ejemplo del texto.

d Las villanas de las telenovelas siempre tienen un final violento. ¿Por qué?

e ¿Por qué crees que las antagonistas de las telenovelas suelen ser mujeres?

TELEVISIÓN | LA MÁS EXITOSA

Yo soy Betty, la fea es una telenovela colombiana. Trata sobre una joven lista y culta que asciende profesionalmente gracias a su talento pero que es despreciada por su apariencia física. Es la telenovela latinoamericana más exitosa de la historia. Este es un perfil en números de su éxito:

- **7 millones** de personas vieron el primer beso de Betty con Armando, el galán.
- **100** países emitieron esta telenovela.
- **15** son los idiomas a los que se tradujo.
- **338** es el número de capítulos.
- **2001** es el año en que terminó.

La actriz América Ferrera protagonizó la versión norteamericana de *Yo soy Betty, la fea.*

Cuaderno de ejercicios p. 78 y 79 · Actividades interactivas

3

Pregunte a los estudiantes si les gustan las telenovelas. Haga una lluvia de ideas sobre qué conocen sobre estos programas de televisión dramáticos.

Una vez leído el texto, establezca una conversación en clase para dar respuesta a las preguntas que aparecen en esta actividad.

Finalmente, pídales que lean la información sobre una de las telenovelas más conocidas en Hispanoamérica, *Yo soy Betty, la fea*. Presente algunos extractos de la telenovela y pregúnteles si conocen la versión estadounidense.

Cuaderno de ejercicios p. 78 y 79
Actividades 6.30. a 6.34.

Actividades interactivas
Los corrales de comedias.
Un mundo de novela

Unidad 6: p. 112

ÉRASE UNA VEZ...

Objetivos

- Conocer a un autor hispano.
- Analizar un fragmento de una obra de literatura.

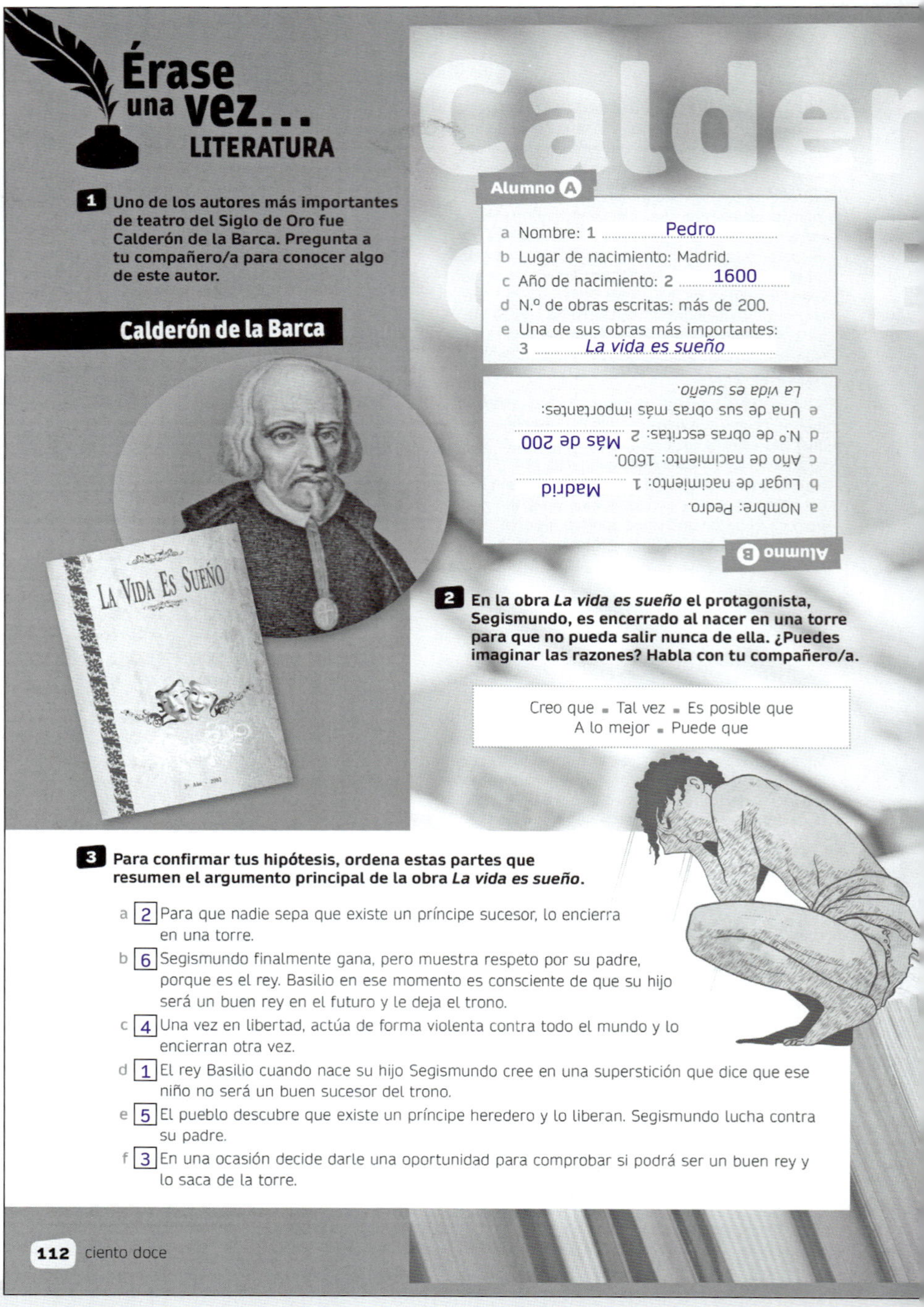

Érase una vez... LITERATURA

1 **Uno de los autores más importantes de teatro del Siglo de Oro fue Calderón de la Barca. Pregunta a tu compañero/a para conocer algo de este autor.**

Calderón de la Barca

Alumno A

a Nombre: 1 Pedro
b Lugar de nacimiento: Madrid.
c Año de nacimiento: 2 1600
d N.º de obras escritas: más de 200.
e Una de sus obras más importantes: 3 *La vida es sueño*

Alumno B

a Nombre: Pedro.
b Lugar de nacimiento: 1 Madrid
c Año de nacimiento: 1600.
d N.º de obras escritas: 2 Más de 200
e Una de sus obras más importantes: *La vida es sueño.*

2 **En la obra *La vida es sueño* el protagonista, Segismundo, es encerrado al nacer en una torre para que no pueda salir nunca de ella. ¿Puedes imaginar las razones? Habla con tu compañero/a.**

Creo que ▪ Tal vez ▪ Es posible que
A lo mejor ▪ Puede que

3 **Para confirmar tus hipótesis, ordena estas partes que resumen el argumento principal de la obra *La vida es sueño*.**

a [2] Para que nadie sepa que existe un príncipe sucesor, lo encierra en una torre.
b [6] Segismundo finalmente gana, pero muestra respeto por su padre, porque es el rey. Basilio en ese momento es consciente de que su hijo será un buen rey en el futuro y le deja el trono.
c [4] Una vez en libertad, actúa de forma violenta contra todo el mundo y lo encierran otra vez.
d [1] El rey Basilio cuando nace su hijo Segismundo cree en una superstición que dice que ese niño no será un buen sucesor del trono.
e [5] El pueblo descubre que existe un príncipe heredero y lo liberan. Segismundo lucha contra su padre.
f [3] En una ocasión decide darle una oportunidad para comprobar si podrá ser un buen rey y lo saca de la torre.

112 ciento doce

1

En este ejercicio los estudiantes trabajan en parejas. Se trata de una actividad de "vacío de información" donde el estudiante A y el estudiante B tienen informaciones diferentes sobre Calderón de la Barca, uno de los autores más importantes del Siglo de Oro. Para completar la información que les falta, deben hacer las preguntas correspondientes a su compañero/a.

Las posibles preguntas son:

Alumno A:

a. *¿Cómo se llamaba?*
c. *¿En qué año nació?*
e. *¿Cuál es el título de una de sus obras más importantes?*

Alumno B:

b. *¿Dónde nació?*
d. *¿Cuántas obras escribió?*

2 y **3**

Con la actividad 2 se pretende que los alumnos formulen hipótesis sobre el tema de la obra. La respuesta a la pregunta planteada se encuentra en la actividad 3.

4 Ahora escucha y lee un fragmento de la obra donde habla Segismundo encerrado en la torre. Después, marca cuál es la interpretación correcta.

La vida es sueño

¡Ay, mísero[1] de mí, ay infelice!
Apurar[2], cielos[3], pretendo,
ya que me tratáis así
qué delito[4] cometí
contra vosotros naciendo;
aunque si nací, ya entiendo
qué delito[5] he cometido:
bastante causa ha tenido
vuestra justicia[6] y rigor[7],
pues el delito mayor
del hombre es haber nacido.

Solo quisiera saber
para apurar[8] mis desvelos[9]
dejando a una parte, cielos,
el delito de nacer,
qué más os puede ofender
para castigarme más.
¿No nacieron los demás?
Pues si los demás nacieron,
¿qué privilegios[10] tuvieron
que yo no gocé[11] jamás?

1. Antig. infeliz (*infelice*); 2. Averiguar, descubrir; 3. Indica que es una invocación a Dios; 4. Falta, culpa, error; 5. Se refiere al pecado original; 6. Se refiere a la justicia de los cielos; 7. Severidad; 8. Acabar, concluir; 9. Preocupación o sufrimiento; 10. Ventaja, mejor suerte; 11. Disfrutar.

a ☒ Segismundo no puede entender qué ha hecho para ser encerrado por su padre.

b ☐ Segismundo está preocupado por la justicia.

c ☐ Segismundo piensa que nacen muchos niños en el mundo.

5 Segismundo durante la obra piensa que está dormido y que su vida es un sueño. ¿Qué te sugieren las palabras "sueño" o "soñar"? Anota en tu cuaderno todas las palabras que te vengan a la mente al pensar en ellas.

6 Habla con tus compañeros: ¿Te gusta soñar? ¿Por qué? ¿Hay algún sueño que tengas a menudo?

7 Aquí tienes algunas expresiones relacionadas con los sueños. Relaciónalas con su significado.

1 No pegar ojo.
2 Dormir como un tronco.
3 Tener sueño.
4 Soñar con los angelitos.
5 Pasar la noche en blanco.
6 Cumplirse un sueño.
7 Tener un sueño.

a Estar cansado y con ganas de dormir.
b Hacerse realidad algo muy deseado.
c No poder dormir.
d Desear algo con mucha intensidad.
e En lenguaje infantil, dormir.
f Dormir muy profundamente.

8 Y tú, ¿cómo sueles dormir? Por la noche seguramente sueñas con los angelitos pero de día, ¿qué sueño te gustaría cumplir? Habla con tu compañero/a.

Actividades interactivas

Unidad 6: p. 113

ÉRASE UNA VEZ...

7

1. c; 2. f; 3. a; 4. e; 5. c; 6. b; 7. d.

Material proyectable 6.3.

Respuestas:

1. c; 2. a; 3. e; 4. b; 5. f; 6. d.

4

El fragmento seleccionado es uno de los más conocidos de la obra *La vida es sueño*. Debido a su dificultad de comprensión, se presenta una explicación del léxico. Después de su lectura individual, escuchan una lectura dramatizada del fragmento. Una vez han leído y escuchado el mismo, tienen que seleccionar cuál de las tres interpretaciones es la correcta.

5

Realice una lluvia de ideas y escriba en la pizarra todo el vocabulario que digan relacionado con "soñar" o "sueño". Puede completar la lista con otras palabras.

6

Ejercicio de expresión oral en parejas. Después, comentan en grupo clase las respuestas más creativas.

7

Actividad en la que podrán aprender algunas expresiones idiomáticas del español relacionadas con los sueños y entender su significado. Indique que hay dos expresiones que significan lo mismo.

Después de realizar esta actividad, proyecte el Material proyectable 6.3. con más vocabulario relacionado con los sueños. Los alumnos tienen que relacionar las imágenes con aquello que representan.

Material proyectable 6.3.
Los sueños

8

Para terminar la sección, pida que cuenten qué sueños tienen en la vida o qué cosas les gustaría llegar a hacer. Explique *soñar despierto*.

Actividades interactivas
Calderón de la Barca, La vida es sueño

Unidad 6: p. 114

ME PREPARO PARA EL DELE

Objetivos

- Familiarizarse con el examen de español DELE.
- Prepararse para lograr el nivel.

Me preparo para el DELE

Prueba de gramática y vocabulario

1 **Lee la carta que le escriben desde la sección de consejos de una revista a un lector y completa con una de las tres opciones propuestas.**

UNA FIESTA INOLVIDABLE

Querido amigo Álex:

Si estás pensando (1) ____ preparar una fiesta para impresionar a tu familia y amigos, a continuación te daremos algunos consejos (2) ____ convertir esa celebración en algo inolvidable.

En primer lugar deberás ponerte en contacto con las personas a las que quieres invitar para decidir el día. Un mensaje de móvil o un correo electrónico masivo será la forma más rápida de hacerlo. Lo mejor será proponer un día del fin de semana, ya que es más probable que (3) ____ más personas si no hay que madrugar al día siguiente.

Al menos un par de días antes del evento deberás ir al supermercado para comprar todo lo que necesitarás cuando (4) ____ a preparar la comida. Piensa en sorprender a tus invitados con originales canapés. Además, es importante que haya gran variedad de ellos para satisfacer los gustos y exigencias de todos. (5) ____ que alguno sea vegetariano, que otro no coma ciertos productos o incluso que haya algún alérgico a cualquier alimento.

Otra cosa importante para causar (6) ____ impresión es la decoración. Igual los globos y las guirnaldas de las tiendas (7) ____ ya muy vistos, así que te recomendamos que crees tú mismo tu propia decoración, no hay nada como tu toque personal para impresionarlos.

Y música, por supuesto; alguien dijo una vez que no (8) ____ fiesta que mereciera tal nombre sin música. Para que todos (9) ____ sin parar te recomendamos que la música sea marchosa y sobre todo variada, por aquello de la diversidad de gustos que ya te comentábamos.

Los temas lentos resérvalos para el final, (10) ____ sean la excusa perfecta para aquellos que quieran sacar a bailar a alguna chica.

¡Ah! y sentimos decirte que, por muy cansado que estés, deberás ser el último en retirarte.

Si sigues todos estos pasos, te convertirás en el rey de las fiestas.

	a	b	c
1	de	(b) en	para
2	(a) para	por	en
3	asisten	asistirán	(c) asistan
4	ve	irás	(c) vayas
5	Tal vez	Quizás	(c) Puede
6	buen	(b) buena	grande
7	(a) están	estén	sean
8	hubo	(b) había	habría
9	bailan	(b) bailen	bailarán
10	(a) seguramente	igual	imaginamos que

Prueba de expresión e interacción orales

2 **Responde a estas preguntas de carácter personal.**

a ¿Te gustan las fiestas? ¿Qué tipo de fiestas son las que más te gustan?

b ¿Prefieres las fiestas en casa o en locales o discotecas? ¿Por qué?

c ¿Te gusta invitar a tus amigos a una fiesta o prefieres que te inviten?

d ¿Cuál es la última fiesta a la que has ido? ¿Cómo fue?

3 **Con tu compañero/a, realizad esta situación simulada.**

Te han invitado a una fiesta en un local. Cuando llegas, el portero no te deja entrar porque dice que vas en zapatillas. En la invitación no se especifica cómo hay que ir vestido. Solicitas hablar con el encargado de la discoteca. Cuando salga, exponle tu queja contándole lo que te ha dicho el portero y lo que no dice la invitación.

Cuaderno de ejercicios p. 79 y 80 · Actividades interactivas

ME PREPARO PARA EL DELE

Dedique una sesión de clase para realizar esta actividad. No haga ningún tipo de comentario que sirva de ayuda a los estudiantes y simplemente deles las instrucciones como si fuera el examen real.

Para obtener más información sobre los diplomas DELE, acceda a https://examenes.cervantes.es/es/dele-para-escolares/examenes/a2-b1

También puede obtener modelos de exámenes similares a este en el manual *El Cronómetro. Nivel A2/B1 para escolares* (Editorial Edinumen).

1

Explique a sus estudiantes que, aunque esta actividad no corresponde a ninguna tarea del examen, queremos que con ella aprendan estrategias que les servirán para la prueba de expresión escrita, ya que en esta prueba es importante evitar errores de preposiciones, tiempos verbales, conectores oracionales, adjetivos...

2

En la página 98 de este libro puede consultar las características de la prueba de expresión e interacción orales del DELE A2/B1 para escolares.

Cuaderno de ejercicios p. 79 y 80
Actividades 6.35. a 6.38.

Actividades interactivas
Comprensión de lectura
Expresión e interacción escritas

¡Me lo sé!

Unidad 6

EVALUACIÓN

1 Transforma las siguientes frases en estilo indirecto.

.../5

a Tengo frío y necesito un abrigo. Si no me sirve uno tuyo, voy a ir a comprarme uno.
Me ha dicho ....

b ¿Dónde tengo que ir? ¿Qué tengo que hacer? ¿Cuándo debo volver?
Me ha preguntado ....

c No he hecho nada y cuando vuelva de mi viaje te lo demostraré.
Me ha confesado ....

d ¿Está muy lejos la casa de tu primo? Es que estoy un poco cansado de caminar.
Me ha preguntado ....

e Dime la verdad. Me ha pedido ....

2 Relaciona para formar frases con sentido.

.../5

1 ¡Muchas gracias por el regalo de cumpleaños!
2 (¡Riiinnnggg!) Son las doce de la noche y no espero ninguna llamada.
3 No encuentro las llaves de casa por ningún sitio.
4 No sé por qué se escuchan tantas sirenas de la policía.
5 Sara me ha dicho que el abrigo que se compró la semana pasada ahora está mucho más barato.

a ¿Qué habrá pasado?
b ¿Qué será?
c ¿Cuánto costaría antes?
d ¿Dónde las habré puesto?
e ¿Quién será?

3 Relaciona para formar saludos y despedidas.

.../5

1 Se despide
2 Muy
3 Reciba
4 En espera
5 Estimado

a de sus noticias
b un cordial saludo
c atentamente
d señor
e señor mío

4 Completa el siguiente correo electrónico con los símbolos estudiados.

.../2

Mensaje nuevo

De: carol.sanz@gmail.com Para: LauraLA@hotmail.com

Hola, Laura a ......:...... (dos puntos)
Te envío la dirección de correo electrónico de Pepe para que le envíes las fotos.
Es b ....Pepe_Cruz@hotmail.com.......... (PepeguionbajoCruzarrobahotmailpuntocom)
Un besito, Carolina.

Ahora soy capaz de...

a ...contar lo que han dicho otros. Sí No
b ...expresar la probabilidad de que algo suceda. Sí No
c ...plantear hipótesis en todos los tiempos. Sí No
d ...escribir una carta formal. Sí No

Sigue practicando con... Spanish Blogger Misión 24

Actividades interactivas

ciento quince 115

Unidad 6: p. 115

¡ME LO SÉ!

Objetivos

- Practicar los contenidos aprendidos en la unidad.
- Autoevaluar su aprendizaje.
- Revisar lo aprendido con actividades lúdicas.

1

a. Me ha dicho que tiene frío y que necesita un abrigo y que si no le sirve uno mío, va a ir a comprarse uno; **b.** Me ha preguntado dónde tiene que ir, qué tiene que hacer y cuándo debe volver; **c.** Me ha confesado que no ha hecho nada y que cuando vuelva de su viaje me lo demostrará; **d.** Me ha preguntado si está muy lejos la casa de mi primo porque está un poco cansado de caminar; **e.** Me ha pedido que le diga la verdad.

¡ME LO SÉ!

En esta sección los estudiantes revisarán los contenidos vistos en la unidad. Esto le servirá para evaluar si estos han asimilado los objetivos propuestos.

Una vez que han terminado de realizar los ejercicios de estos apartados, es un buen momento para la reflexión sobre la evolución de su aprendizaje.

Como actividad adicional y para revisar lo aprendido en las unidades 4, 5 y 6, proponga jugar a un Trivial con preguntas sobre los contenidos de las secciones *Comunicación*, *Vocabulario*, *Gramática*, *Pronunciación y ortografía* y *Cultura*.

Para ello, use el Material fotocopiable 6.6. y el Material proyectable 3.5. Una de las tarjetas está en blanco para fotocopiarla y que la completen.

Material fotocopiable 6.6. (1 y 2)
Juguemos al Trivial II

Material proyectable 3.5.
Juguemos al Trivial

Actividades interactivas
Evaluación

AHORA SOY CAPAZ DE...

Explique a los estudiantes que esta actividad les servirá para evaluar su proceso de aprendizaje.

Pídales que reflexionen exhaustivamente y tomen conciencia de los conocimientos que han adquirido en esta unidad.

SPANISH BLOGGER

Invítelos a seguir practicando lo aprendido en esta unidad a través de la Misión 24. Con ella, los estudiantes podrán utilizar el español en un contexto divertido.

Misión 24
Puro amor

Unidades 5 y 6

AHORA COMPRUEBA

Objetivo

- Repasar los contenidos aprendidos en las unidades 5 y 6.

1

a. En el teatro Lope de Vega en Madrid, c/ Lope de Vega, 57; **b.** Recomendamos transporte público porque la zona es de mucho tráfico. En metro: estaciones Callao y Plaza de España; **c.** En las páginas web: *www.elreyleon.es* y *ServiCaixa.com* o en el teléfono 902 888 788. También en la taquilla todos los días desde las 12 p.m. hasta el inicio de la última función; **d.** Una butaca que permite descubrir los secretos que esconde el musical entre bambalinas a través de una asombrosa visita guiada al *backstage* de *El rey León* y que ofrece un recibimiento con cava al inicio de la función y cóctel en el entreacto. **e.** *El rey león, el musical que conmueve a todo el mundo.*

51

(Véase la transcripción en la pág. 146)

3

1. d, 2; **2.** a, 4; **3.** c, 1; **4.** b, 3.

Ahora comprueba

51 **1** **Escucha el siguiente anuncio sobre el musical *El rey León* y contesta a las preguntas.**

a ¿Dónde puedes ver *El rey León*? ....

b ¿Cómo puedes llegar? ....

c ¿Dónde y cómo puedes comprar las entradas? ....

d ¿Qué es la Butaca de Oro? ....

e ¿Cuál es el eslogan? ....

2 **Completa el diálogo entre Nélida y Silvia con las siguientes expresiones.**

creo que ▪ además ▪ desde luego ▪ es asombroso que ▪ no creo que
impresionante ▪ qué te parece ▪ pero qué dices

Nélida: ¿a ..Qué te parece.. ir a ver el musical de *El rey León*? Vi la película cuando era pequeña y me parece b ..impresionante.. poder ver ahora el musical en Madrid.

Silvia: ¡c ..¡Pero qué dices!..! No me gustan nada los musicales.

Nélida: ¿No has visto su anuncio en la tele? Creo que d ..es asombroso que.. estén tan bien caracterizados los actores para parecer animales. Ya solo eso me parece increíble... Y las canciones fueron escritas por Elton Johny y el letrista Tim Rice, que ganaron un Óscar y un Tony.

Silvia: e ..No creo que.. sea el tipo de espectáculo para mí, prefiero una película. f ..Además.., el teatro es carísimo.

Nélida: ¡g ..Desde luego.. que es caro! Pero lo vale la emoción del directo, los actores cantando y bailando delante de ti, los efectos de la iluminación... Es tan espectacular que h ..creo que.. es imposible verla y que no se te pongan los pelos de punta.

Silvia: ¡¿Imposible?! Hummm...

3 **Relaciona los elementos de las tres columnas y construye frases para descubrir el argumento de *El rey León*.**

1 Simba es un cachorro y sucesor al trono,	a por eso	1 le enseñan la filosofía de vivir sin preocupaciones: *el Hakuna Matata.*
2 Scar organiza la muerte de Mufasa, el padre de Simba, y le hace creer que es culpa suya,	b incluso	2 su tío Scar quiere ser el próximo rey y prepara un plan para ocupar el trono.
3 Simba tiene dos nuevos amigos que le adoptan y,	c además,	3 llega a hacer pensar a todos los animales que Simba ha muerto. ¿Volverá a recuperar su reino?
4 Su tío Scar toma el trono,	d sin embargo	4 se siente culpable y escapa a la selva.

116 ciento dieciséis

Estas páginas están pensadas para que el alumno trabaje individualmente y pueda valorar y ser consciente de su progreso, pero si lo desea, puede trabajarlas en clase. Para ello, hay algunas sugerencias de explotación.

1

Proyecte la imagen del cartel publicitario y pregunte a los estudiantes si conocen la historia, si han visto la película y si recuerdan los nombres de los personajes. Infórmeles de que hay musicales en diferentes ciudades con esta historia y que van a escuchar la información sobre uno de ellos. Antes de la escucha, los alumnos leen las preguntas y, después de la audición, comparan sus respuestas con su compañero/a. Se escucha por segunda vez para completar, comprobar y corregir. Se corrige finalmente en grupo clase.

2

Después de realizar individualmente el ejercicio, los estudiantes pueden memorizar y representar el diálogo.

3

Hacen el ejercicio individualmente y, después de la corrección, pueden contar en parejas cómo continúa la historia.

4 **Completa este diálogo entre dos amigos. Ninguno de los dos tiene información sobre la obra. Lee las respuestas y piensa cuál fue la pregunta, como en el ejemplo.**

Sandra: *¿Cuánto costarán las entradas?*
Mateo: Ni idea, pero imagino que serán caras.
Sandra: a ¿Dónde podremos comprarlas?
Mateo: Imagino que en la taquilla del teatro o por internet, pero no estoy seguro.
Sandra: b ¿Dónde estará el teatro?
Mateo: Creo que está por el centro de Madrid. Lo podemos mirar en la página web del teatro.
Sandra: c ¿Habrá ganado algún premio?
Mateo: Me imagino que sí ha ganado muchos premios.
Sandra: d ¿Cuánto durará la obra?
Mateo: Supongo que más de dos horas, como todos los musicales.
Sandra: e ¿Podremos aparcar allí?
Mateo: Tal vez. Si no, pues buscamos un aparcamiento.
Sandra: f ¿A qué hora serán las funciones?
Mateo: Ya sabes que yo tampoco lo sé, pero normalmente las funciones son sobre las ocho de la tarde, ¿no?
Sandra: g ¿La habrá visto mucha gente?
Mateo: Seguramente. La han representado en muchos países, entonces supongo que sí, que la han visto muchas personas.

5 **En la historia de *El rey León* aparecen muchos animales. Habla con tu compañero/a para decidir a cuál corresponden estas fotos.**

1
- a ☐ toro
- b ☒ rinoceronte
- c ☐ jabalí

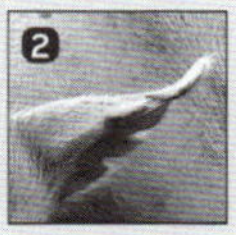

2
- a ☐ elefante
- b ☐ ciervo
- c ☒ cerdo

3
- a ☒ pingüino
- b ☐ oso panda
- c ☐ cebra

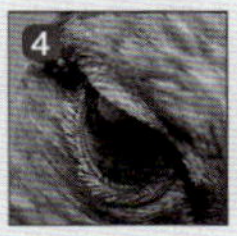

4
- a ☐ loro
- b ☒ águila
- c ☐ tucán

6 **Ahora, escribid vuestras hipótesis sobre el ejercicio 5 usando diferentes marcadores o formas de hacerlo.**

1	2	3	4

Unidades 5 y 6

AHORA COMPRUEBA

4

Explique a los estudiantes que a partir de las respuestas del diálogo deben pensar en cuáles fueron las preguntas correspondientes. Cuando escriban sus posibles opciones, en grupos numerosos (de 5 a 10 alumnos), comparan sus preguntas y eligen cuál ha sido la que aparece con más frecuencia. Aclare que no hay una respuesta única. Por ejemplo: la primera pregunta que está en el libro: *¿Cuánto costarán las entradas?*, la podríamos cambiar por: *¿Cuánto valdrán las entradas?* o *¿Cuánto podrán costar las entradas?*

5 y **6**

Los estudiantes, en parejas, discuten y deciden a qué animal podría corresponder cada imagen y marcan una opción. Después, pregunte en grupo clase el porqué de su elección. Sería conveniente que guíe a los estudiantes para que utilicen las estructuras aprendidas en la unidad 6 para expresar hipótesis.

En la actividad 6, los estudiantes tienen que escribir sus hipótesis para cada fotografía de la actividad anterior. Finalmente, muestre las imágenes completas con el Material proyectable R1. para desvelar a qué animal correspondía cada una.

Para crear más intriga, vaya descubriendo las imágenes lentamente mientras los alumnos van discutiendo sobre si han acertado en sus hipótesis.

Continúe la actividad pidiéndoles que piensen en sus cuatro animales favoritos y que individualmente escriban una descripción de cada uno de ellos sin escribir el nombre del animal. Después, de nuevo en parejas, se las leen a sus compañeros y escriben hipótesis sobre qué animal piensan que se está describiendo.

Material proyectable R1.
Animales

APÉNDICES

MATERIAL FOTOCOPIABLE Y PROYECTABLE

Unidad 0

Material fotocopiable

0.1. ¡Qué personajes!

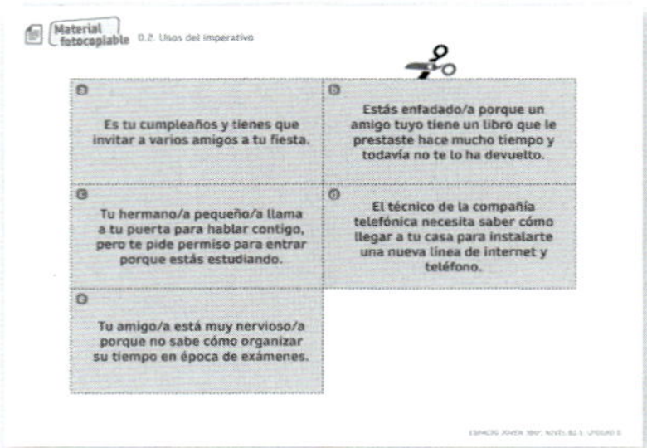

0.2. Usos del imperativo

Material proyectable

0.1. Mi primer día de colegio

Unidad 1

Material fotocopiable

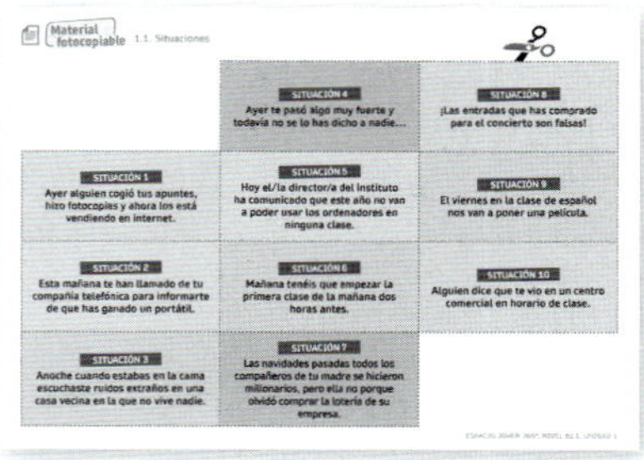

1.1. Situaciones

1.2. De película (1 y 2)

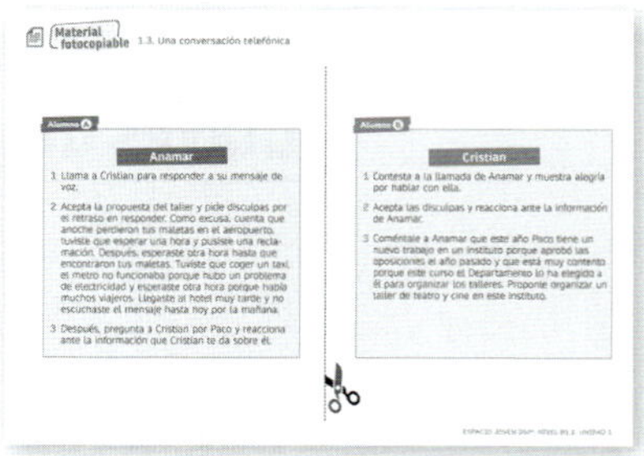

1.3. Una conversación telefónica

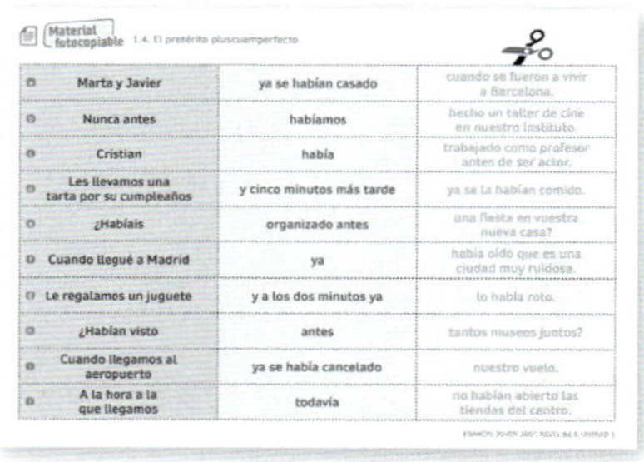

1.4. El pretérito pluscuamperfecto

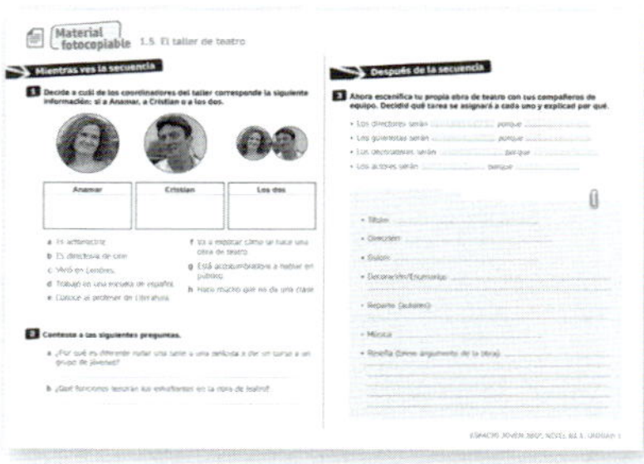

1.5. El taller de teatro

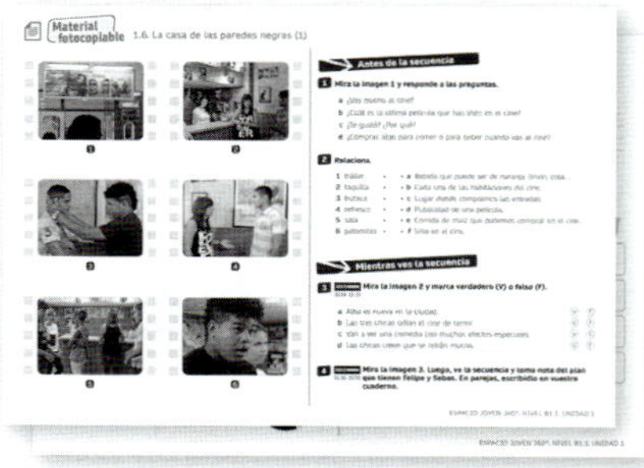

1.6. La casa de las paredes negras (1 y 2)

Material proyectable

1.1. De cine y teatro

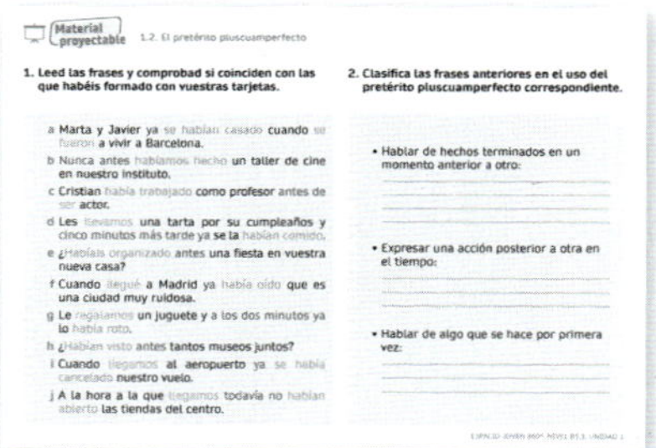

1.2. El pretérito pluscuamperfecto

1.3. Palabras con *h*

1.4. Breve historia del cine español

Unidad 2

Material fotocopiable

2.1. Tengo un problema

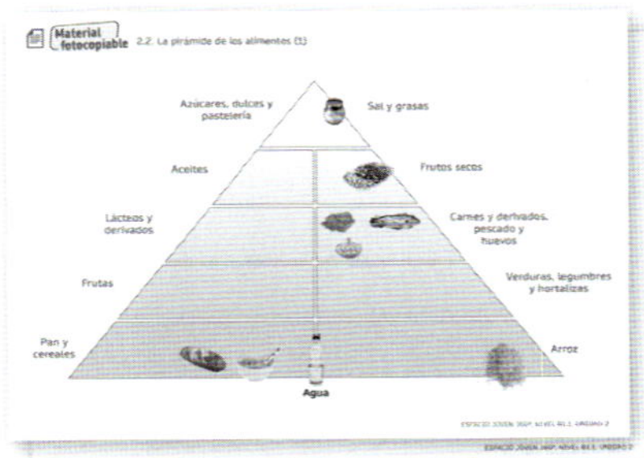

2.2. La pirámide de los alimentos (1 y 2)

2.3. Curiosidades culinarias

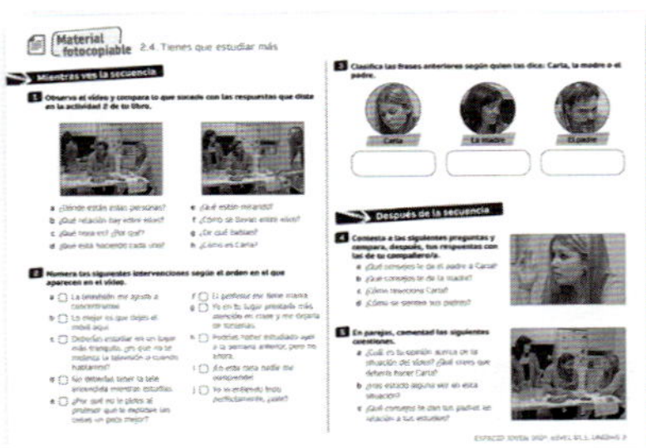

2.4. Tienes que estudiar más

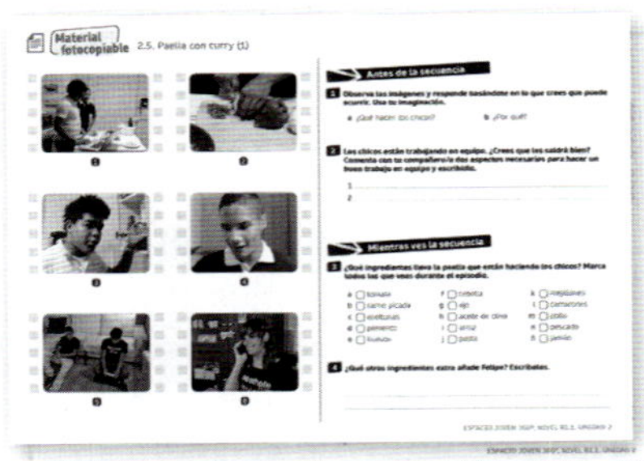

2.5. Paella con curry (1 y 2)

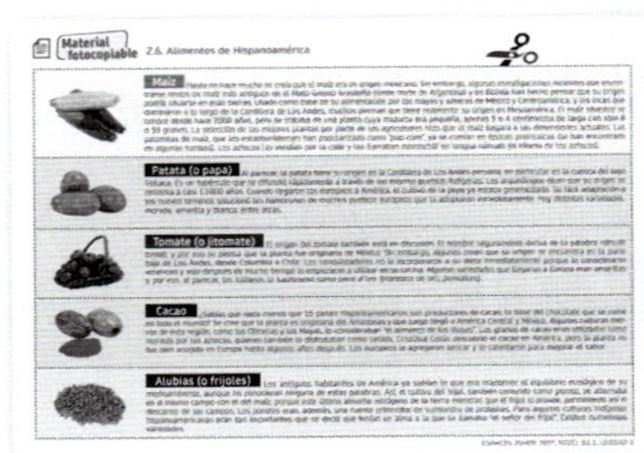

2.6. Alimentos de Hispanoamérica

Material proyectable

2.1. ¡Qué raro!

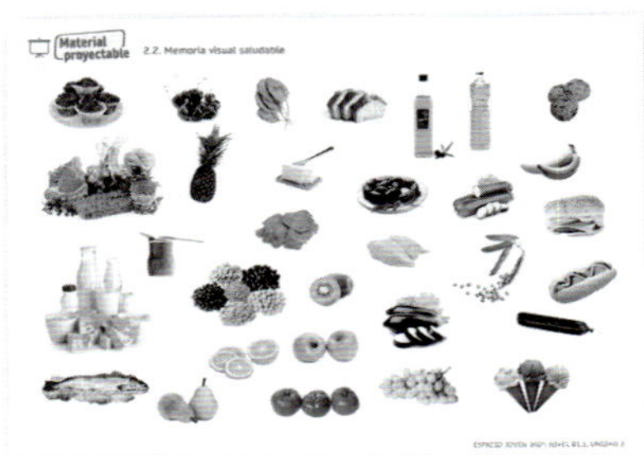

2.2. Memoria visual saludable

Unidad 3

Material fotocopiable

3.1. Presente de subjuntivo. Verbos regulares

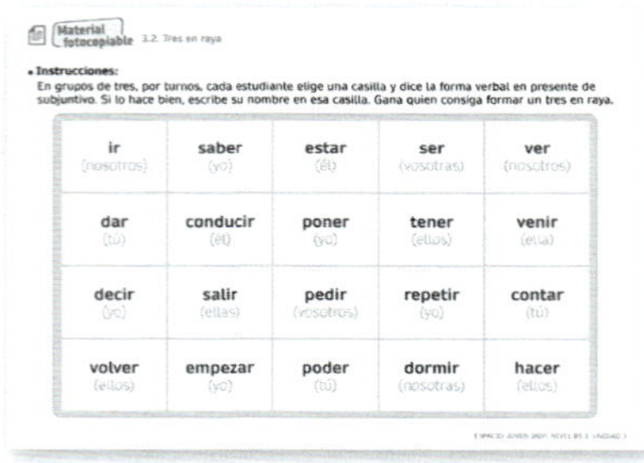

3.2. Tres en raya

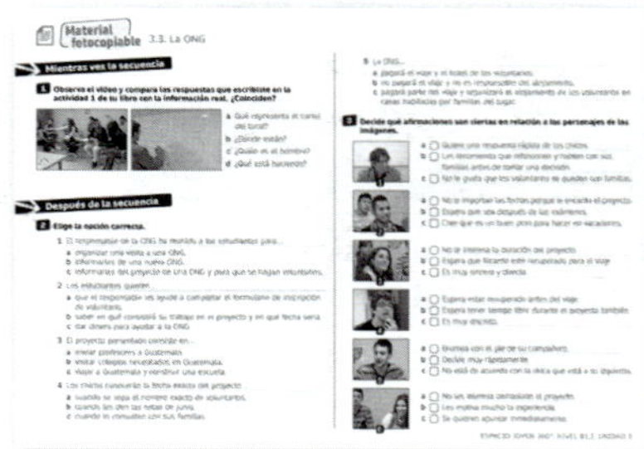

3.3. La ONG

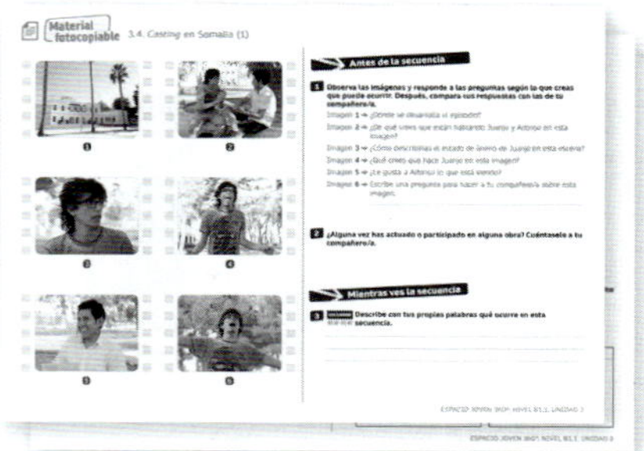

3.4. *Casting* en Somalia (1 y 2)

3.5. Explico algunas cosas

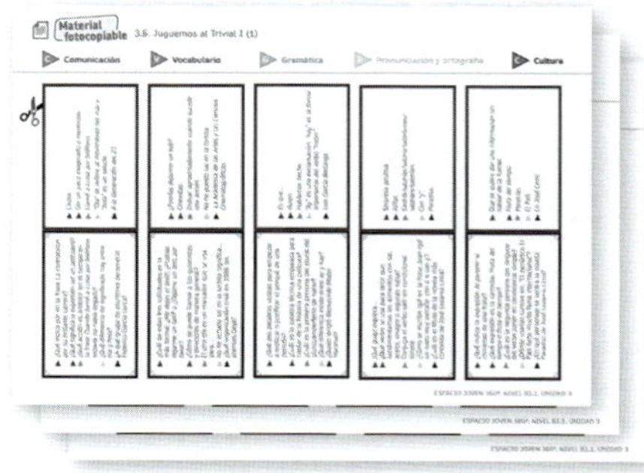

3.6. Juguemos al Trivial I (1, 2 y 3)

Material proyectable

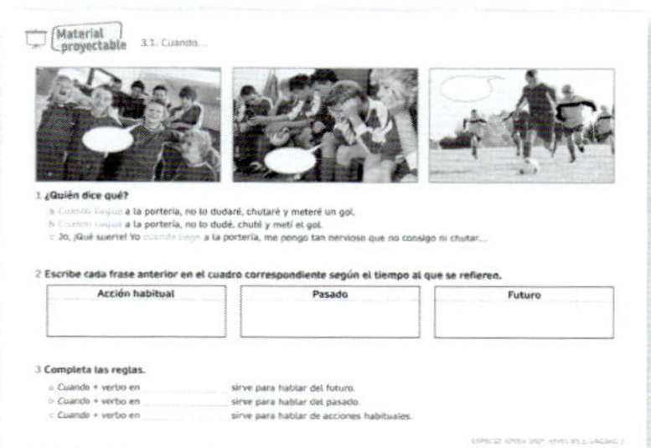

3.1. Cuando...

3.2. ¿Para qué...?

3.3. Las ONG

3.4. Querido/a...

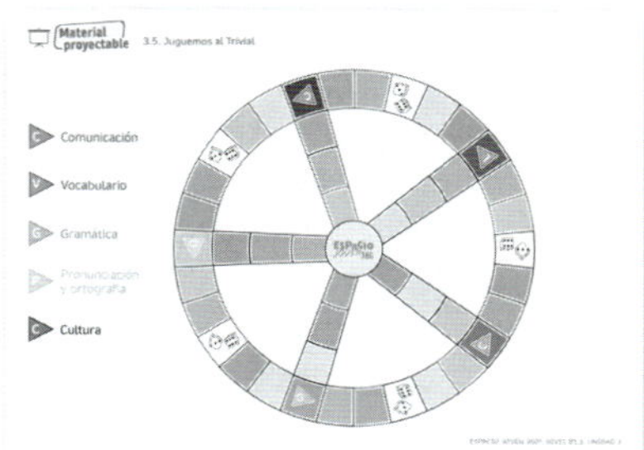

3.5. Juguemos al Trivial

Unidad 4

Material fotocopiable

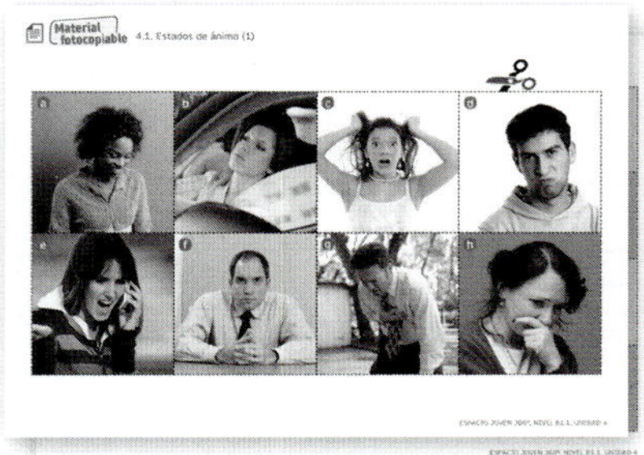

4.1. Estados de ánimo (1 y 2)

4.2. ¿Qué sientes cuando...?

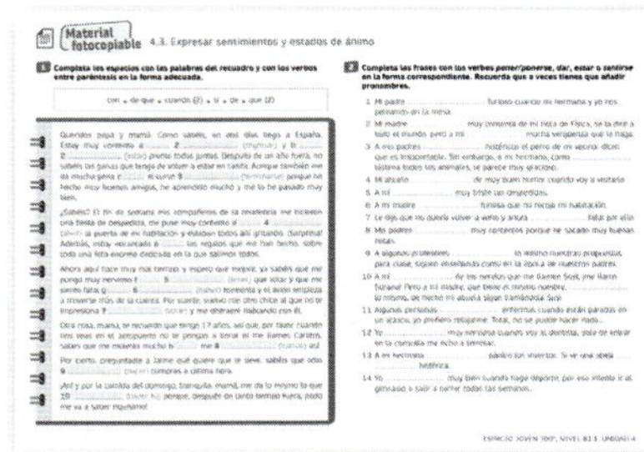

4.3. Expresar sentimientos y estados de ánimo

4.4. Pictionary de las artes

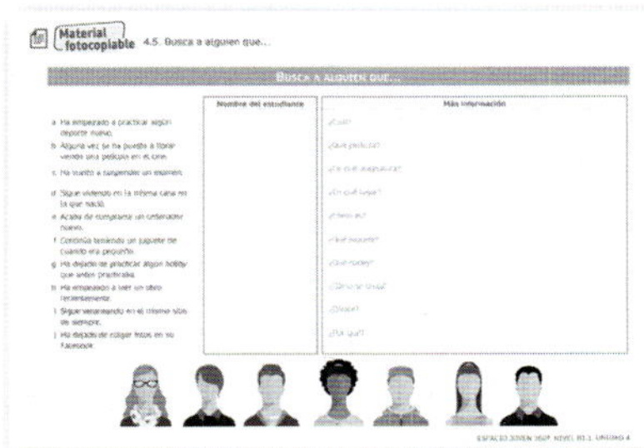

4.5. Busca alguien que...

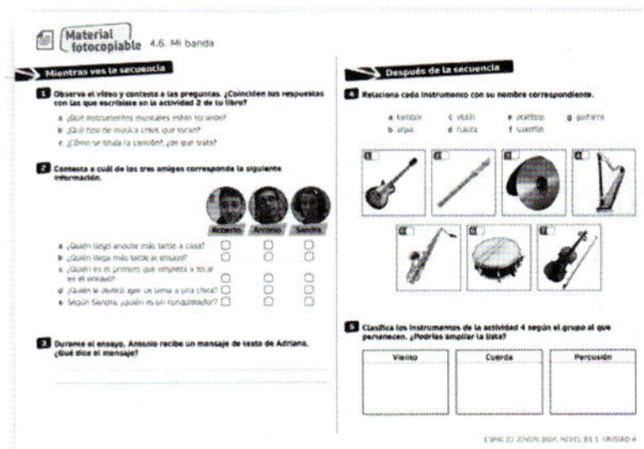

4.6. Mi banda

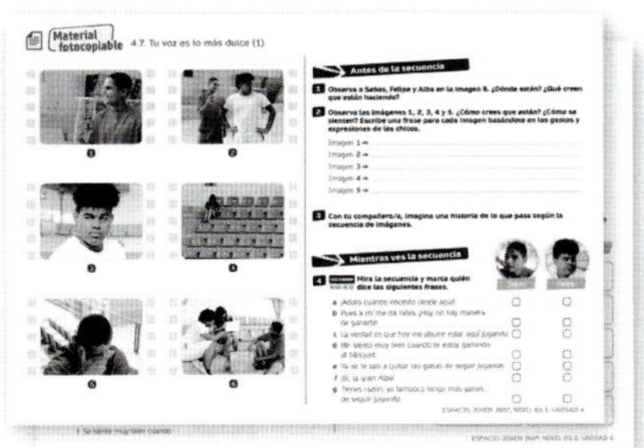

4.7. Tu voz es lo más dulce (1 y 2)

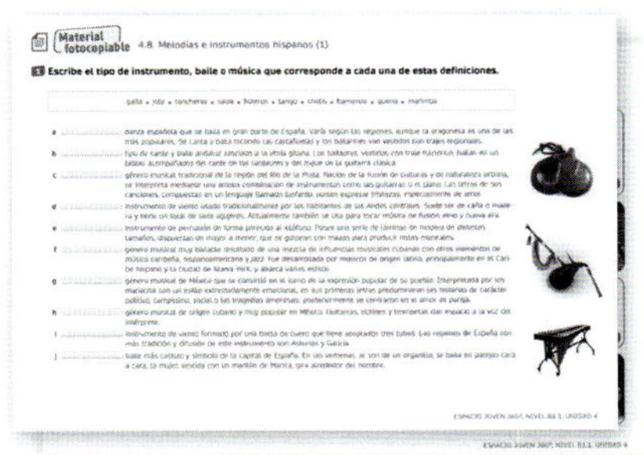

4.8. Melodías e instrumentos hispanos (1 y 2)

Material proyectable

4.1. Escenarios artísticos

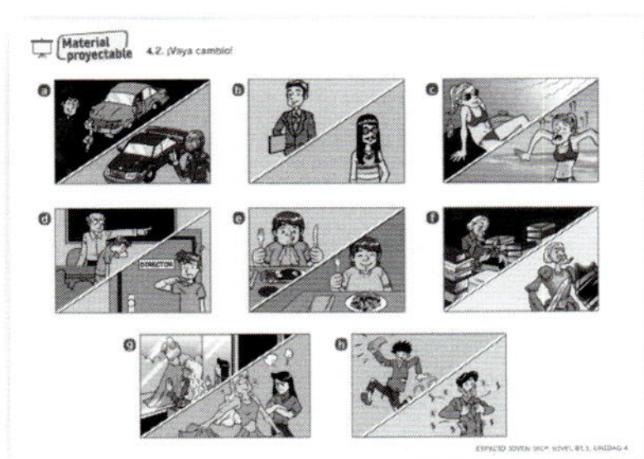

4.2. ¡Vaya cambio!

Repaso unidades 3 y 4

Material fotocopiable

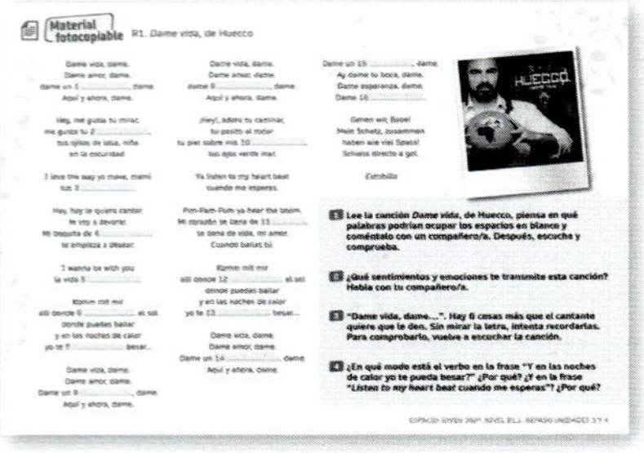

R1. *Dame vida*, de Huecco

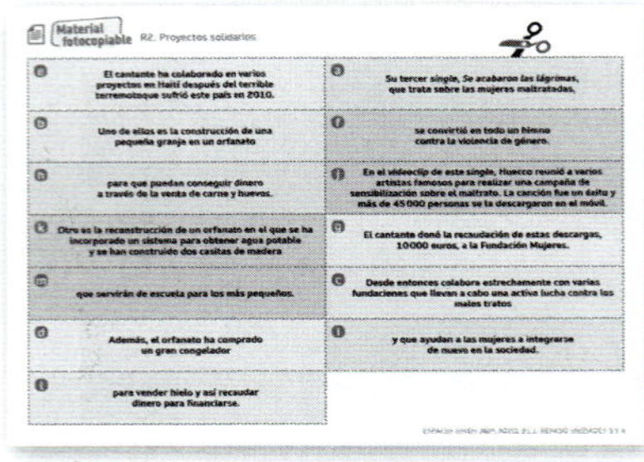

R2. Proyectos solidarios

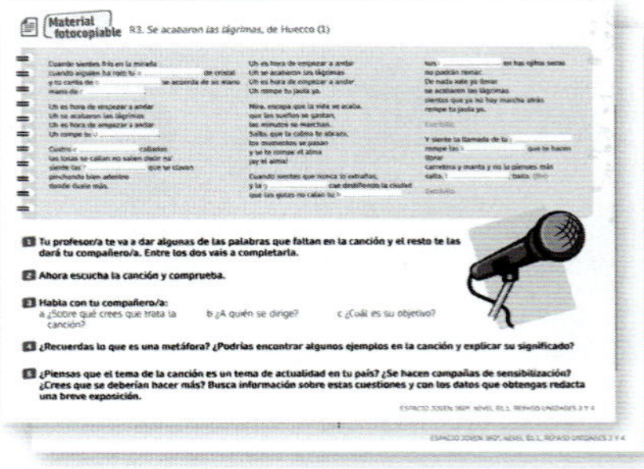

R3. *Se acabaron las lágrimas*, de Huecco (1 y 2)

Unidad 5

Material fotocopiable

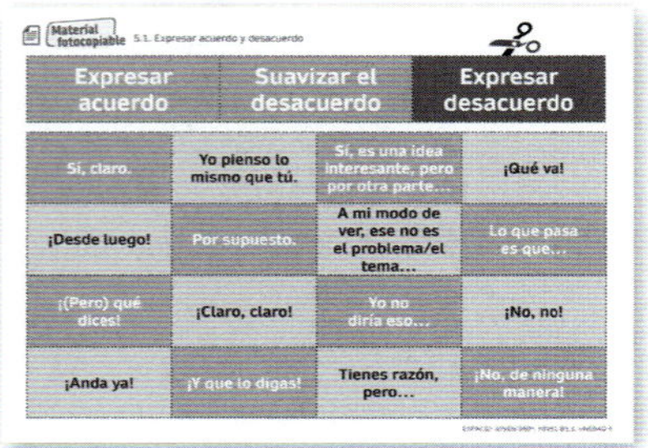

5.1. Expresar acuerdo y desacuerdo

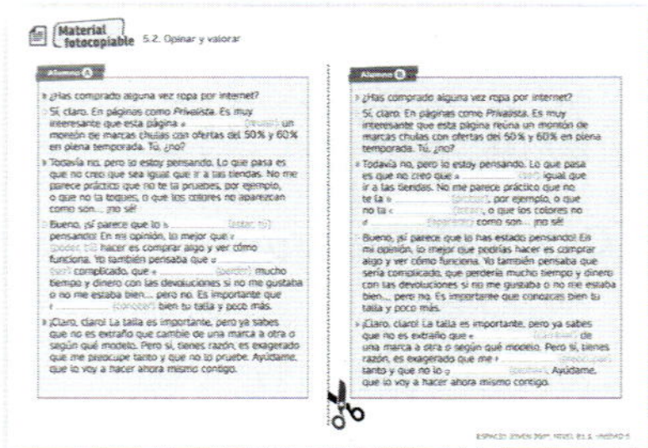

5.2. Opinar y valorar

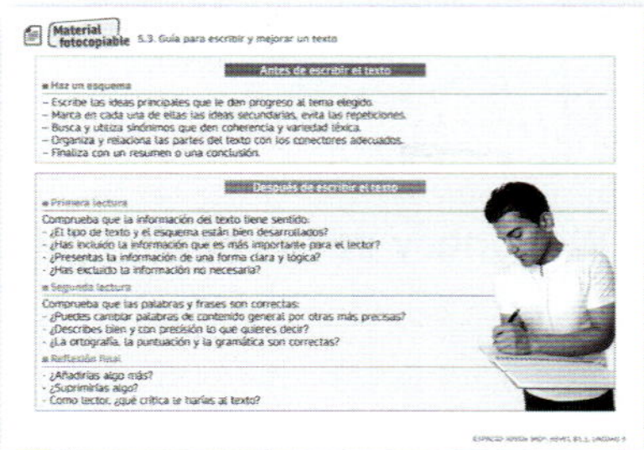

5.3. Guía para escribir y mejorar un texto

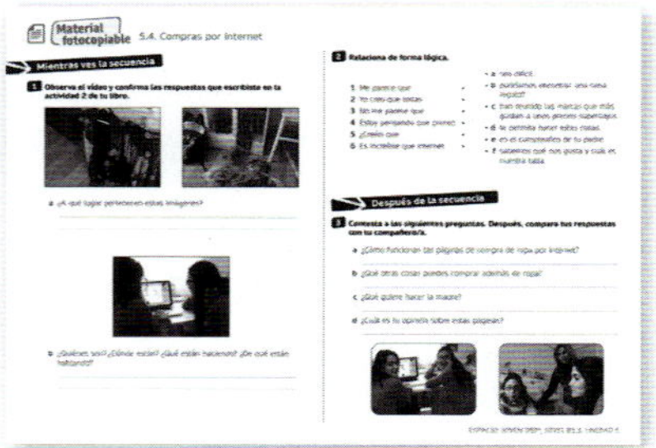

5.4. Compras por internet

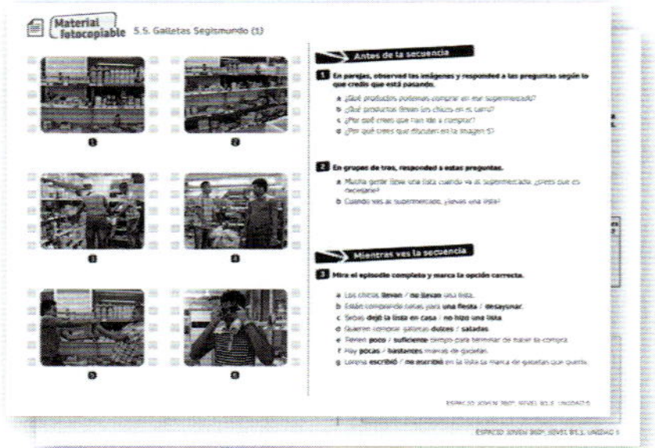

5.5. Galletas Segismundo (1 y 2)

Material proyectable

5.1. Valorar

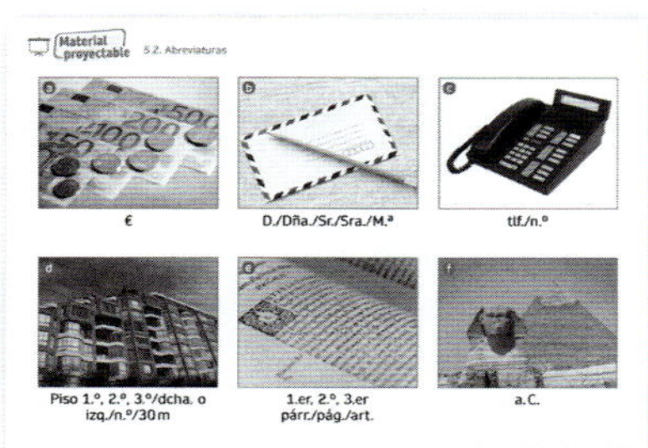

5.2. Abreviaturas

Unidad 6

Material fotocopiable

6.1. Estilo indirecto

6.2. Hipótesis

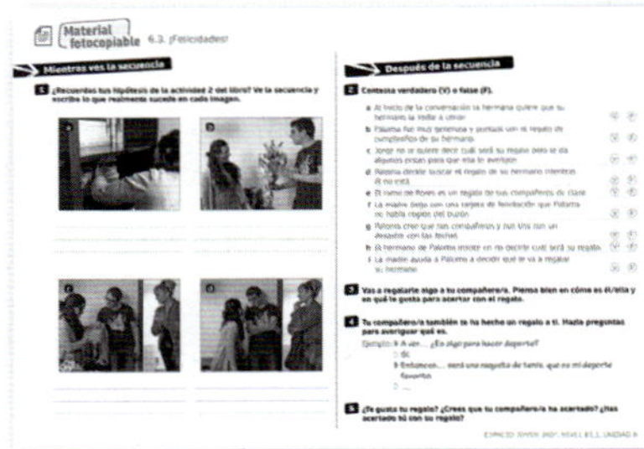

6.3. ¡Felicidades!

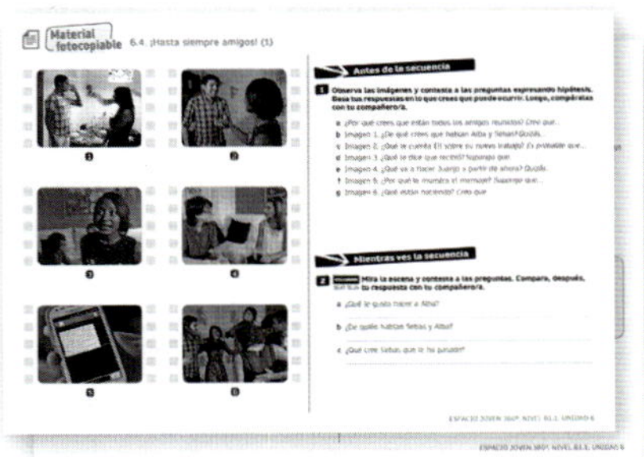

6.4. ¡Hasta siempre amigos! (1 y 2)

6.5. Un teatro muy clásico

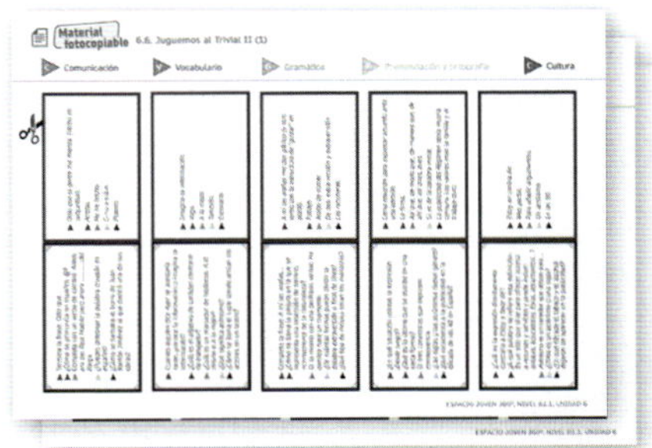

6.6. Juguemos al Trivial II (1 y 2)

Material proyectable

6.1. Tebeos

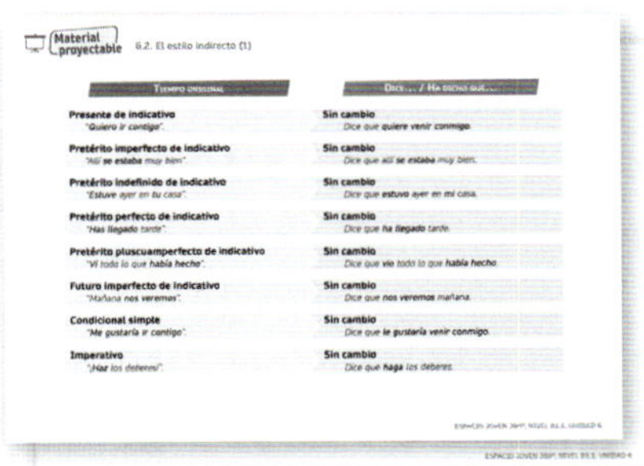

6.2. El estilo indirecto (1 y 2)

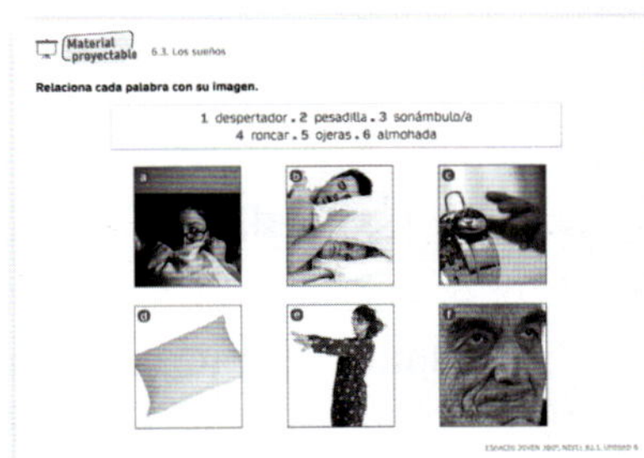

6.3. Los sueños

Repaso unidades 5 y 6

Material proyectable

R1. Animales

CLAVES DEL LIBRO DE EJERCICIOS

Unidad 0

0.1. **Pretérito indefinido:** comieron, regresé, bajé, estuvo, rompió; **Pretérito imperfecto:** tenían, charlabas, dormías, me quedaba; **Pretérito perfecto:** han ido, se ha divertido, has estado, he descansado.

0.2. **a.** se bañaron, tenían; **b.** regresé, dormías; **c.** se ha divertido, se ha reunido; **d.** fue, estuvo, Ganó; **e.** has hecho, has estado; **f.** tenía, me quedaba; **g.** caía, charlabas; **h.** han ido; **i.** fueron, comieron; **j.** estaba, rompió; **k.** he cogido, He descansado; **l.** llamaste, bajé.

0.3. **1.** d, 1; **2.** c, 4; **3.** a, 2; **3.** b, 3.

0.4. **a.** Antes, ahora; **b.** Ayer; **c.** Hoy; **d.** Todos los días.

0.5. **a.** vino, lo pasamos; **b.** nos ha hablado; **c.** me levantaba; **d.** contaba; **e.** acosté, estaba.

0.6. **1.** sabrá; **2.** valdrán; **3.** querrán; **4.** cabréis; **5.** diremos; **6.** saldrás; **7.** pondréis; **8.** tendré; **9.** haremos.

La palabra secreta es Barcelona.

0.7. **a.** querrán; **b.** Saldrás; **c.** haremos; **d.** cabréis; **e.** tendré; **f.** diremos; **g.** Sabrá; **h.** valdrán; **i.** pondréis.

0.8. **a.** Si termino pronto los deberes, jugaré con la consola; **b.** Si vienes conmigo el sábado, te invitaré al cine; **c.** Si comes mucho chocolate, te dolerá el estómago; **d.** Si hablamos en clase, la profesora nos castigará; **e.** Si Víctor no me llama, me enfadaré; **f.** Si apruebo todo, mis padres me regalarán una bicicleta.

0.9. **a.** hablad; **b.** Complete; **c.** sube; **d.** Corred; **e.** Entren; **f.** baja; **g.** Beba; **h.** Abrid; **i.** Coma.

0.10. **a.** Vuelve; **b.** Jugad; **d.** durmáis; **f.** Id; **g.** Tened; **h.** salgas; **j.** Haced; **k.** estéis.

0.11. **a.** Adrián, *no bebas* la leche; **b.** *No te acuestes*, es muy *pronto*; **c.** *No tengáis tanto* cuidado. El suelo *no* está mojado; **d.** *¡No salgáis* de clase *todavía!*; **e.** *No hagáis tanto* ruido. Os oirá todo el mundo; **f.** *No me esperéis, no* voy con vosotros.

0.12. **Tú:** **a.** pulsa; **b.** Elige; **c.** Saluda; **d.** prográmale; **e.** Da; **f.** no olvides; **g.** Aprieta; **h.** Comprueba; **i.** No lo pongas; **j.** Carga; **k.** No cierres; **l.** Pon; **m.** Limpia; **n.** no uses; **ñ.** No lo dejes; **o.** No programes; **p.** Evita; **q.** No permitas; **r.** Desconéctalo.

Usted: **a.** pulse; **b.** Elija; **c.** Salude; **d.** prográmele; **e.** Dé; **f.** no olvide; **g.** Apriete; **h.** Compruebe; **i.** No lo ponga; **j.** Cargue; **k.** No cierre; **l.** Ponga; **m.** Limpie; **n.** no use; **ñ.** No lo deje; **o.** No programe; **p.** Evite; **q.** No permita; **r.** Desconéctelo.

0.13. Respuesta abierta.

Unidad 1

1.1. **a.** 1, 3, 5, 6; **b.** 1, 3, 5, 8; **c.** 2, 7; **d.** 4, 6.

1.2. **a.** 8; **b.** 1; **c.** 3; **d.** 5; **e.** 7; **f.** 2; **g.** 4; **h.** 6.

1.3. **1.** c; **2.** d; **3.** a; **4.** g; **5.** b; **6.** e; **7.** f.

1.4. **Expresiones de causa. Formales:** 1, 7; **Informales:** 2, 3, 6. **Expresiones de finalidad. Formales:** 5; **Informales:** 4.

1.5. **Posibles respuestas:** **a.** para informaros; **b.** porque los colaboradores han respondido tarde; **c.** porque tienen muchos compromisos profesionales; **d.** Para encontrar el aula; **e.** para proteger la intimidad; **f.** porque son profesionales del cine, del teatro y de la televisión.

1.6. **a.** Para; **b.** por; **c.** Para; **d.** para; **e.** para; **f.** por; **g.** por.

1.7. **Por: Causa:** b; **Aproximación temporal o espacial:** e; **Medio de comunicación:** c; **A través de:** f; **Frecuencia:** d. **Para: Finalidad:** h; **Tiempo límite o plazo:** g; **Opinión:** a.

1.8. **a.** género; **b.** taquillas; **c.** cartelera; **d.** director/guion; **e.** director/guion; **f.** escenario; **g.** obra; **h.** telón.

1.9. **1.** d; **2.** e; **3.** a; **4.** b; **5.** c.

1.10. **Nacionalidad:** argentina; **Año de producción:** 2001; **Año de estreno:** 2001; **Director:** Juan José Campanella; **Reparto:** Ricardo Darín, Héctor Alterio, Norma Aleandro, Natalia Verbeke, Eduardo Blanco; **Premios obtenidos:** Candidata al Premio Óscar a la mejor película de habla no inglesa (2001); **Argumento:** Rafael Belvedere es un cuarentón que ha heredado un restaurante por parte de su padre. Sin embargo, el estrés por las nuevas exigencias del restaurante lo tienen agobiado. Además, en su vida sentimental tampoco le van bien las cosas, ya que está divorciado. Por todo esto, no le presta mucha atención a su novia y hace mucho que no va a visitar a su madre que padece alzhéimer y está ingresada en una residencia. Rafael tendrá que intentar ver cumplido el viejo sueño de su madre antes de que fallezca: casarse por la Iglesia.

1.11. **1.** b, h; **2.** a, c. d; **3.** e, g, i, k; **4.** c, f, j.

1.12. **a.** comedia; **b.** drama; **c.** ciencia ficción; **d.** independiente; **e.** acción; **f.** denuncia social; **g.** aventuras; **h.** terror; **i.** romántica; **j.** histórica.

1.13. **Posibles respuestas: Comedia:** *Resacón en Las Vegas*; **Drama:** *12 años de esclavitud*; **Terror:** *Carrie*; **Romántica:** *Diez cosas que odio de ti*;

Ciencia ficción: *Star Trek: en la oscuridad*; **Acción:** *Rápido y furioso*; **Denuncia social:** *Grita libertad*; **Histórica:** *La lista de Schindler*; **Independiente:** *Trainspotting*; **Aventuras:** *El señor de los anillos*.

1.14. **1.** b; **2.** a; **3.** a; **4.** a.

1.15. **hacíamos:** habíamos hecho; **dejaban:** han dejado; **han avisado:** habían avisado; **ha sido:** fue.

1.16. Respuesta abierta.

1.17. Respuesta abierta.

1.18. f, a, e, b, g, c, h, d.

1.19. **a.** Hace unos días; **b.** Al principio; **c.** al final; **d.** Después; **e.** Entonces; **f.** por cierto.

1.20. **a.** se había levantado; **b.** Me había olvidado; **c.** habíais acabado; **d.** habías ido; **e.** había preparado.

1.21. Respuesta abierta.

1.22. hola, hormiga, hielo, huevo, hoy, ahí, hierba, hipopótamo.

T	B	H	O	R	M	I	G	A	H
U	H	I	T	H	P	X	U	F	E
J	Y	E	B	A	E	Z	G	Q	A
H	O	L	A	B	H	H	E	R	B
U	H	O	I	I	O	Í	T	U	R
E	A	H	P	T	M	C	E	H	E
V	X	M	C	V	U	H	N	I	I
O	M	A	T	Ó	P	O	P	I	H

1.23. **a.** ahí; **b.** hecho; **c.** olas; **d.** haber.

1.24. **a.** verdadero; **b.** falso (Es de finales del siglo XIX); **c.** verdadero; **d.** verdadero; **e.** falso (Empezó a triunfar en la década de los 90).

1.25. **a.** **1.** *Cronos*; **2.** *Mimic*; **3.** *El espinazo del diablo*; **4.** *Blade II*; **5.** *Hellboy*; **6.** *El laberinto del fauno*; **7.** *La forma del agua*; **b.** Ganó tres Óscar y siete Goyas; **c.** Veinte kilos; **d.** Siete.

1.26. **1.** b; **2.** c; **3.** c; **4.** b.

1.27. **a.** 2; **b.** 4; **c.** 1; **d.** 3.

1.28. **a.** Se habla de una comedia; **b.** Porque es el que mejor dirige a los personajes femeninos y el que mejor refleja la sociedad actual; **c.** Jugaba a las películas de acción; **d.** Cine de autor/artístico/independiente.

1.29. Respuesta abierta.

1.30. Respuesta abierta.

Unidad 2

2.1. **a.** Podrías/Puedes; **b.** comes; **c.** Deberías; **d.** puedo; **e.** Coge.

2.2. **1.** tomaría, haría, reserva, ten, sería; **2.** ir, visitaría; **3.** llevaría, dejaría, iría, visitaría; **4.** vería, aprovechas, visitaría. **a. Consejo:** 2, **Foto:** 4; **b. Consejo:** 1, **Foto:** 3; **c. Consejo:** 4, **Foto:** 2; **d. Consejo:** 3, **Foto:** 1.

2.3. **1.** c; **2.** f; **3.** d; **4.** b; **5.** e; **6.** a.

2.4. **Muy formal:** b, e; **Formal:** a, d, f; **Informal:** c.

2.5. **1.** e; **2.** c; **3.** d; **4.** b; **5.** a; **6.** f.

2.6. **1.** D; **2.** B; **3.** A; **4.** C.

2.7. **1.** kiwi, c; **2.** calabacín, d; **3.** salchichón, f; **4.** magdalena, h; **5.** margarina, g; **6.** yogur, b; **7.** chorizo, a; **8.** nata, e.

2.8. **a.** 3; **b.** 2; **c.** 4; **d.** 2.

2.9. **1.** c; **2.** c; **3.** c; **4.** a; **5.** c; **6.** d.

2.10. **a.** cocer; **b.** sobrepeso; **c.** mediterránea; **d.** desnatada; **e.** mixta; **f.** escurrir.

2.11.

Verbos

Ñ	M	V	E	P	O	N	E	R
U	Z	A	R	F	U	A	I	A
I	C	J	I	O	A	Ñ	U	G
C	O	N	G	E	L	A	R	A
Z	C	A	R	R	I	D	R	U
J	E	U	Z	A	J	I	Z	J
I	R	A	U	I	F	R	O	N
J	R	I	R	R	U	C	S	E

Alimentos

R	I	A	R	P	G	U	A	H	V
I	U	H	L	E	C	H	U	G	A
G	R	R	I	S	A	T	H	A	H
R	R	A	E	C	I	A	T	R	U
Z	Z	A	J	A	A	T	E	B	T
U	I	I	F	D	U	A	T	A	F
R	D	E	G	O	T	G	U	N	A
E	A	I	T	A	U	I	F	Z	F
S	A	J	E	T	N	E	L	O	E
H	F	A	H	I	U	T	A	S	I

a. añadir; **b.** enjuagas, lechuga; **c.** poner, garbanzos; **d.** escurres; **e.** pescado, congélalo; **f.** Cuece, lentejas.

2.12. **a.** poner en remojo; **b.** escurrir; **c.** enjuagar; **d.** cocer; **e.** escurrir; **f.** guisar; **g.** añadir.

2.13. **Verbos irregulares: salir:** saldré, saldrás, saldrá, saldremos, saldréis, saldrán; **poder:** podré, podrás, podrá, podremos, podréis, podrán; **hacer:** haré, harás, hará, haremos, haréis, harán; **decir:** diré, dirás, dirá, diremos, diréis, dirán; **poner:** pondré, pondrás, pondrá, pondremos, pondréis, pondrán.

2.14. **a.** se quedarían; **b.** mejoraría; **c.** costillas de cordero; **d.** ensalada; **e.** frutas; **f.** potaje; **g.** garbanzos; **h.** espinacas; **i.** bizcocho; **j.** nata; **k.** Debería.

2.15. **Posibles respuestas: a.** *Yo que tú*, comería alimentos variados a lo largo del día; **b.** *¿Por qué no* comienzas todos los días con un desayuno completo a base de frutas, cereales y lácteos?; **c.** *Yo* repartiría lo que comes en cuatro o cinco comidas durante el día; **d.** *Yo en tu lugar*, bebería mucha agua al día; **e.** *Yo* tendría cuidado con los refrescos, que no alimentan y además engordan; **f.** *Deberías* comer pescados, legumbres, huevos y carnes magras; **g.** *Yo que tú*, disminuiría los fritos, los rebozados y los alimentos grasos; **h.** ¿Y si aumentas el consumo de frutas y verduras? De esa manera tomarás vitaminas, minerales y muy pocas calorías; **i.** *Yo en tu lugar*, disminuiría el consumo de grasas animales, dulces, bollería y sal; **j.** *Yo que tú*, no picaría entre horas y tendría a mano frutas u hortalizas por si te entra hambre; **k.** *Yo* me movería y haría ejercicio a diario.

2.16. **a.** bueyes; **b.** expresarme; **c.** estimado; **d.** reyes; **e.** explicar; **f.** oyó, claxon; **g.** estirar; **h.** Huyó, leyes; **i.** estupidez; **j.** concluyeron.

2.17. **a.** leyes; **b.** *El País*, reyes; **c.** explotar; **d.** *playback*; **e.** cayó; **f.** huyó, *La Gioconda*; **g.** expresionista.

2.18. **a.** *La Anunciación, El Lavatorio, El Descendimiento, El Jardín de las delicias, Las tres gracias, Las Meninas, El sueño de Jacob, Los Fusilamientos del 3 de mayo*; **b.** *Cien años de Soledad, Rayuela, El Aleph, El laberinto de la soledad, El señor presidente, 20 poemas de amor y una canción desesperada, El siglo de las luces.*

2.19. **a.** verdadero; **b.** falso (Es gratuito para los extranjeros que viven y trabajan en España); **c.** falso (El sistema nacional de salud es el servicio público más valorado por los españoles); **d.** verdadero; **e.** falso (Es la más alta en la Unión Europea y la cuarta más alta en el mundo); **f.** verdadero; **g.** verdadero.

2.20. Respuesta abierta.

2.21. Respuesta abierta.

2.22. **Verduras:** berenjenas, calabacines, espinacas; **Legumbres:** garbanzos, lentejas, judías/frijoles; **Carnes:** pollo, chuletas, bistec, entrecot; **Frutas:** cerezas, melocotones, tomates, plátano.

2.23. Respuesta abierta.

2.24. **a.** *El horario del colegio sería* de 12:00 a 14:00; **b.** *Las aulas serían* enormes y no tendrían mesas, habría una pizarras inteligente y un sillón para el profesor; **c.** *Habría otras aulas para* dormir la siesta, con camas; **d.** *En su sueño estudiarían* con libros conectados a internet; **e.** *Todos los días ella vestiría* con un vestido de un color diferente.

2.25. **1.** f, Deberías estudiar en tu habitación; **2.** d, Yo en tu lugar, no la compraría por internet; **3.** e, Te aconsejo dormir más; **4.** b, ¿Por qué no te haces socio de la biblioteca?; **5.** c, Yo la llamaría antes por teléfono; **6.** a, Tendrías que consultarlo antes con tus padres.

2.26. Respuesta abierta.

2.27. Respuesta abierta.

Unidad 3

3.1. **a.** tendré; **b.** tuve; **c.** llego; **d.** vivía; **e.** di cuenta; **f.** salir; **g.** te vayas; **h.** volví; **i.** vuelva; **j.** vi; **k.** veas; **l.** quedo.

3.2. **Acciones referentes al pasado:** b, e, h, j; **Acciones habituales:** c, d, l; **Acciones referentes al futuro:** a, f, g, i, k.

3.3. **a.** para; **b.** para que; **c.** llueva; **d.** caminar; **e.** vayamos; **f.** para; **g.** para; **h.** para que; **i.** sepan; **j.** llamen.

3.4. **1.** para que, d; **2.** para, e; **3.** para, b; **4.** para que, a; **5.** para, c.

3.5. **Posibles respuestas: a.** Que aproveche; **b.** Que te mejores; **c.** Felicidades, Que cumplas muchos más; **d.** Enhorabuena, Felicidades; **e.** Buen viaje, Que tengáis/tengas buen viaje.

3.6. **Posibles respuestas: a.** Siento muchísimo; **b.** ojalá; **c.** se recupere; **d.** espero que te vayan; **e.** Enhorabuena; **f.** te lo pases muy bien; **g.** ¡Que descanses!

3.7. **Posibles respuestas: a.** Espero que no sea muy difícil; **b.** Espero que este verano haga menos; **c.** Ojalá nieve mucho antes de ir; **d.** Ojalá pase otro muy pronto; **e.** me equivoque yo; **f.** Espero que puedas venir mañana; **g.** que no esté todavía en casa; **h.** Espero que llegues a tiempo; **i.** Ojalá haga sol y no haya olas; **j.** Ojalá me dé tiempo; **k.** Ojalá sea muy feliz; **l.** Espero que se ponga bueno pronto.

3.8. **Posibles respuestas: a.** Yo lo llevo fatal, la física nunca ha sido lo mío. Espero que no sea muy difícil; **b.** ¡Qué suerte! Pues espero que te diviertas; **c.** Bueno, de aquí al fin de semana quedan unos días. Espero que te haga buen tiempo; **d.** ¡Vaya, qué mala suerte! Pues dile de mi parte que se mejore; **e.** ¡Pues que aproveche!

3.9. Respuesta abierta.

3.10. **1.** conflictos; **2.** inmigrante; **3.** humanitarias; **4.** organización; **5.** recaudar; **6.** voluntad; **7.** trabajo; **8.** catástrofes. La ONG oculta en el crucigrama es: Cruz Roja.

1	C	O	N	F	L	I	C	T	O	S					
	2	I	N	M	I	G	R	A	N	T	E				
					3	H	U	M	A	N	I	T	A	R	I	A	S
4	O	R	G	A	N	I	Z	A	C	I	Ó	N			
						5	R	E	C	A	U	D	A	R	
					6	V	O	L	U	N	T	A	D		
	7	T	R	A	B	A	J	O							
					8	C	A	T	Á	S	T	R	O	F	E	S

3.11. **a.** benéfica/solidaria; **b.** fondos; **c.** iniciativa; **d.** benéfica/solidaria; **e.** representante; **f.** proyecto; **g.** beneficios; **h.** donativo.

3.12. **1.** a; **2.** b; **3.** b; **4.** c.

3.13. No son de Pilar las frases *d*, *f*, *i*.

3.14. Respuesta abierta.

3.15. **1.** c; **2.** f; **3.** a; **4.** d; **5.** e; **6.** b.

3.16. **Posibles respuestas:** **a.** poner nuestro granito de arena; **b.** codo con codo; **c.** saldrán adelante; **d.** sin ánimo de lucro; **e.** satisfactorio; **f.** dar la voluntad.

3.17. **a.** sea; **b.** sepas; **c.** tengas; **d.** den; **e.** pongan; **f.** diga; **g.** haga; **h.** conozcáis; **i.** duermas, sueñes; **j.** vayamos; **k.** quieras.

3.18.

V	E	N	C	U	E	N	T	R	E	S	N
E	V	F	A	I	P	D	D	U	F	G	A
N	I	C	A	D	E	U	O	N	Y	I	N
G	O	U	D	D	U	R	M	A	L	S	O
A	C	A	D	H	I	M	R	L	A	A	E
S	A	D	I	A	S	A	A	E	C	X	B
O	F	I	G	J	A	M	S	U	S	M	E
T	N	B	A	T	L	O	Y	T	P	O	U
S	D	A	I	A	C	S	U	G	L	P	R
L	O	P	S	R	A	L	N	M	A	I	P
U	E	U	A	F	S	J	P	O	N	G	A
R	U	O	P	I	D	A	M	O	S	O	E

3.19. **a.** encuentres; **b.** seas; **c.** vengas; **d.** cierres; **e.** ponga; **f.** apruebe; **g.** digáis; **h.** durmamos; **i.** repita; **j.** pidamos.

La *b* y la *d* son las dos frases que no van en presente de subjuntivo, sino en imperativo.

3.20. **E > IE excepto *nosotros* y *vosotros*:** gobernar, pensar, empezar; **E > I:** repetir, pedir, seguir; **O > UE excepto *nosotros* y *vosotros*:** soltar, volver, encontrar, volar, demostrar; **O > UE excepto *nosotros* y *vosotros* (O > U):** dormir, morir.

3.21. **Posibles respuestas:** **a.** *¿Cuándo empezará la gente a proteger más el medioambiente?* ► *Cuando se dé cuenta de lo importante que es.* ► *¿Y cuándo se dará cuenta?* ► *Cuando haya muchas catástrofes naturales y la gente no tenga comida.* ► *¿Y cuándo habrá muchas catástrofes naturales?* ► Cuando aumente el cambio climático. ► ¿Y cuándo aumentará el cambio climático? ► Cuando la gente no haga nada por remediarlo. ► ¿Y cuándo la gente hará algo para remediarlo? ► Cuando empiece a proteger más el medioambiente. ► ¿Y cuándo protegerá más el medioambiente? ► Cuando se dé cuenta de lo importante que es.

b. El hambre en el mundo tiene que desaparecer. ► ¿Y cuándo desaparecerá el hambre en el mundo? ► Cuando desaparezca la pobreza. ► ¿Y cuándo desaparecerá la pobreza? ► Cuando los países ricos ayuden a los pobres. ► ¿Y cuándo ayudarán los países ricos a los más pobres? ► Cuando todos seamos más solidarios. ► ¿Y cuándo seremos todos más solidarios? ► Cuando no haya desigualdades sociales. ► ¿Y cuándo no habrá desigualdades sociales? ► Cuando no haya más hambre en el mundo.

3.22. **a.** nos durmamos; **b.** apruebe; **c.** cuentes; **d.** seáis, tengáis; **e.** empecemos; **f.** veáis; **g.** corregir; **h.** diga; **i.** traigan.

3.23. **Diptongos:** apadrinam**ie**nto, colaborac**ió**n, humanitar**ia**, benefic**ia**n, poblac**ió**n, tamb**ié**n, c**uo**tas, financ**ia**n, construcc**ió**n, esc**ue**las, mantenim**ie**nto, formac**ió**n, inic**ia**tivas, c**uo**ta, mens**ua**l, **eu**ros, domicil**io**, p**ue**des, correspondenc**ia**; **Hiatos:** **aho**ra, **paí**ses, **rea**lizar, fotograf**ía**.

3.24. fr**í**-o; pai-sa-je; U-ru-guay; reu-ni**ó**n; pen-s**é**is; am-bi-guo; ten-g**á**is; bai-lan-do; ma-gia; es-ta-r**í**-ais; fru-te-r**í**-a; Se-bas-ti**á**n; buey; li-bre-r**í**-a; h**é**-ro-e; cuen-ta; triun-far; pue-blo; guar-dar; gu**í**-a; hu**é**r-fa-no; dec**í**-ais; pa-**í**-ses; a-ho-ra.

3.25. **Diptongos:** boina, anciano, violencia, Eugenio, buitre, estadounidense, aullar, diurno, copia, adiós; **Triptongos:** situáis, cambiáis, vieira, buey; **Hiatos:** barbacoa, b**ú**ho, acent**ú**a, orqu**í**dea, act**ú**o, core**ó**grafo.

3.26. Respuesta abierta.

3.27. **a.** Voluntarios de las Naciones Unidas; **b.** A las Naciones Unidas; **c.** El Día Internacional de la Juventud; **d.** Con diferentes eventos; **e.** Organizó un chat en directo en Facebook con Isabelle Blanc, voluntaria de VNU; **f.** Con los Scouts laicos en Francia y en el extranjero, con Secours Populaire y con la Cruz Roja Americana en Tanzania; **g.** Fue coordinadora del programa VNU y luego fue Oficial de proyectos y Promoción VNU para el programa VNU Haití; **h.** El Día Internacional del personal de la Paz de Naciones Unidas.

3.28. **a.** 1; **b.** 3; **c.** 5; **d.** 4; **e.** 2.

3.29. **a.** falso (Global Humanitaria realiza colabora en apadrinamientos, no en adopciones); **b.** verdadero; **c.** falso (Se paga una cuota mensual de 21 euros); **d.** verdadero; **e.** falso (Pueden establecer comunicación con ellos por correspondia); **f.** verdadero.

3.30. Respuesta abierta.

3.31. Respuesta abierta.

Unidad 4

4.1. Respuesta abierta.

4.2. **1.** c; **2.** h; **3.** e; **4.** g; **5.** b; **6.** d; **7.** f; **8.** a; **9.** i.

4.3. Respuesta abierta.

4.4. **Posibles respuestas: a. 1.** *A mi padre le pone nervioso* que yo salga con mis amigos y ver que me retraso; **2.** *A mi madre* le pone histérica que lo deje todo tirado por la habitación; **3.** *A mi padre* le pone de mal humor pillarme chateando cuando le digo que estoy estudiando/*A mi padre* le pone de mal humor cuando le digo que estoy estudiando y me pilla chateando; **4.** *A mi padre le da pena* ver que me hago mayor y que no lo necesito tanto; **5.** *A mi padre* le da felicidad ver que soy una persona cada vez más independiente; **6.** *A mi madre* le impresiona ver cómo nos manejamos con las nuevas tecnologías.

b. 1. aburre, tener; **2.** da, esté; **3.** molesta, piense; **4.** da, siga; **5.** da, ver; **6.** pone; **7.** pongo, decide; **8.** dan.

4.5. Respuesta abierta.

4.6. **a.** yo, exponer un tema; **b.** tiene el mismo sujeto que *odio*, el sujeto es distinto al verbo principal, *odio*; **c.** *las arañas* es plural, *esa película* es singular.

4.7. **Antonio: a.** soporta; **b.** da; **c.** recoger; **d.** dan; **e.** pongas; **f.** tarda. **Juan: g.** molestan; **h.** cocinar; **i.** da; **j.** se duerma; **k.** habla.
Roberto: l. da; **m.** esté; **n.** ponen; **ñ.** metan; **o.** tarden.
Álex: p. despierten; **q.** pone; **r.** pone; **s.** da; **t.** limpiar; **u.** dan.

a. Respuesta abierta.

b. Respuesta abierta.

4.8. **a. 1.** sincero; **2.** tranquilo; **3.** generoso; **4.** flexible; **5.** tolerante; **6.** sensible; **7.** comprensivo; **8.** educado; **9.** responsable; **10.** fuerte; **11.** puntual; **12.** optimista; **13.** trabajador; **14.** seguro; **15.** paciente.

b.

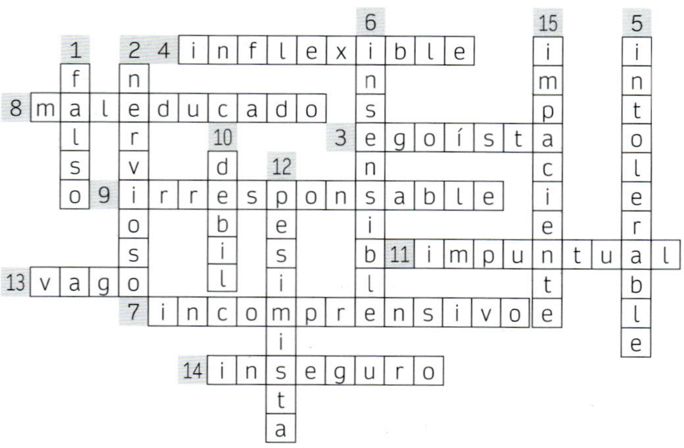

4.9. **a.** Respuesta abierta; **b.** "Cuadrilla de gamberros" se entiende como un grupo de jóvenes que comenten malos actos; "hacer botellón" significa reunirse en la calle para beber alcohol; **c.** Ponerse en la situación del prójimo para entenderlo mejor, de tal forma que todos puedan juzgar con más justicia; **d.** Respuesta abierta; **e.** Respuesta abierta.

4.10. **a.** galería de arte; **b.** poeta; **c.** hacer fotos; **d.** violinista; **e.** orquesta; **f.** ensayar; **g.** bailarín; **h.** retrato; **i.** escultora; **j.** paisaje.

4.11. **1. Ángel Corella:** bailarín, a, g, h, m, ñ;
2. Leticia Moreno: violinista, c, e, i, j, k, o, p;
3. Antonio López: pintor, b, d, f, l, n, q.

4.12. **a.** Sigues viviendo; **b.** empiezo a acostumbrarme; **c.** me puse/empecé a estudiar; **d.** dejé/he dejado de estudiar; **e.** sigo/continuo estudiando; **f.** acabo de enviar; **g.** he vuelto a saber; **h.** dejes de escribirme.

4.13. **a.** me puse roja; **b.** volvimos a acercar; **c.** empecé a trabajar; **d.** hacerme budista; **e.** Acababa de llegar; **f.** me quedé blanca; **g.** Me puse tan nerviosa; **h.** se puso a reír; **i.** seguimos viendo; **j.** volver a separar; **k.** me quedé embarazada; **l.** acabamos de tener; **m.** He dejado de viajar; **n.** me he vuelto más hogareña.

4.14. **a.** ponerse; **b.** quedarse embarazada; **c.** quedarse más; **d.** hacerse; **e.** hacerse; **f.** ponerse; **g.** hacerse; **h.** volverse; **i.** quedarse.

4.15. **1.** e, se ha puesto roja; **2.** c, me he puesto nervioso/a; **3.** f, se ha quedado blanco/a; **4.** b, se ha quedado embarazada; **5.** d, se ha vuelto una estúpida; **6.** g, se ha vuelto vegetariano; **7.** a, se hizo empresaria.

4.16. Respuesta abierta.

4.17. **a.** cruasán; **b.** *pendrive*; **c.** espaguetis; **d.** espray; **e.** yogur; **f.** *pizza*; **g.** *ballet*; **h.** *piercing*; **i.** béisbol. **Son voces adaptadas:** cruasán, espaguetis, espray, yogur, béisbol; **No son voces adaptadas:** *pendrive*, *pizza*, *ballet*, *piercing*.

4.18. **a.** com-/prender, compren-/der; cual-/quiera, cualquie-/ra; com-/prenderlas, compren-/derlas, comprender-/las; tam-/bién; de-/be; en-/cantan, encan-/tan; pre-/tenden, preten-/den; equi-/vocado, equivo-/cado.

b. 1. verdadero; **2.** falso; **3.** verdadero; **4.** verdadero; **5.** falso.

c. Pablo Picasso.

4.19. **a.** astro-/nauta, astronau-/ta; **b.** es-/tudiáis, estu-/diáis; **c.** am-/bulancia, ambu-/lancia, ambulan-/cia; **d.** sur-/realismo, surrea-/lismo, surrealis-/mo; **e.** contra-/decir, contrade-/cir; **f.** des-/cripción, descrip-/ción; **g.** des-/hacer, desha-/cer; **h.** geo-/metría, geome-/tría; **i.** pro-/hibido, prohi-/bido, prohibi-/do.

4.20. Las palabras que han adoptado la ortografía y fonética del español son: estrés, estatus, yogur, cruasán y cabaré.

4.21. **a.** falso (Representa básicamente la forma de vivir del pueblo andaluz); **b.** falso (Era un grupo español); **c.** verdadero; **d.** falso (Era un guitarrista); **e.** falso (Es un grupo que mezcló el flamenco con la música electrónica de inspiración *chill out*); **f.** falso (Es un grupo que ha cruzado las fronteras españolas y ha sido nominado a los Grammys Latinos).

4.22. **a.** 2; **b.** 1; **c.** 4; **d.** 3.

4.23. **1.** a; **2.** a; **3.** b; **4.** c.

4.24. **1.** c; **2.** b; **3.** a; **4.** d.

4.25. **a.** la disconformidad de los jóvenes con una clase política que les ignoraba; **b.** que los jóvenes tengan que pagar por la mala gestión del gobierno; **c.** no poder acceder a una vivienda; **d.** cuando oye a los políticos hablar de los recortes; **e.** dejar a sus amigos y familiares si tiene que marcharse al extranjero.

4.26. Respuesta abierta.

4.27. Respuesta abierta.

Unidad 5

5.1. **b.** **a.** 3, facilitan; **b.** 9, sea, ofrece; **c.** 2, pueda, es; **d.** 4, tengamos; **e.** 1, haya; **f.** 5, sepamos; **g.** 7, deben/deberían; **h.** 6. era, demos; **i.** 8, es, ir.

5.2. **a.** utilice; **b.** hagan; **c.** ponga; **d.** suba; **e.** gustan; **f.** ganen; **g.** jueguen; **h.** pretendan; **i.** utilicen; **j.** debe; **k.** quiere.

5.3. **Con indicativo:** Creo que..., Está claro que..., Yo creo que..., Es obvio que...; **Con subjuntivo:** ¿Te parece bien que...?, Es fantástico que..., Me encanta la idea de que..., Es justo que..., ¿Te parece mal que...?, Es injusto que..., No estoy totalmente en contra de que...

5.4. **a.** Es importante que la publicidad englobe la originalidad con alguna diferencia positiva del producto; **b.** Me parece imprescindible que la publicidad diga las características y atributos del producto; **c.** Está claro que los anuncios tienen como objetivo atrapar al consumidor; **d.** Creo que la publicidad trata de modificar el comportamiento del consumidor.

5.5. **a.** controle; **b.** expresa; **c.** ponga; **d.** debemos; **e.** esté; **f.** lee; **g.** vaya; **h.** comprar; **i.** hagas; **j.** recicle; **k.** vengas.

5.6. **b.** coma; **e.** es; **f.** encuentres; **g.** depende; **i.** vayamos; **k.** espere; **l.** haya.

5.7. **Expresar acuerdo:** ¡Desde luego!, Por supuesto, ¡Y que lo digas!; **Expresar desacuerdo:** Pero, ¡qué dices!, ¡Qué va!; **Suavizar el acuerdo:** A mi modo de ver..., Lo que pasa es que..., Tenéis razón, pero...; **Posibles respuestas:** **a.** Por supuesto/Desde luego; **b.** ¡Y que lo digas!; **c.** A mi modo de ver; **d.** lo que pasa es que; **e.** Pero, ¡qué dices!; **f.** Desde luego/Por supuesto; **g.** tenéis razón, pero; **h.** ¡Qué va!/¡Pero qué dices!

5.8. **Posibles respuestas:** **a.** Y qué lo digas; **b.** Qué va; **c.** Tienes razón; **d.** Pero qué dices.

5.9. **a.** web portal; **b.** usuario; **c.** botón; **d.** enlace; **e.** texto publicitario; **f.** logo.

5.10. **a.** Usuario; **b.** Banderola; **c.** Blog; **d.** Buscador; **e.** Web portal; **f.** Hacer clic; **g.** Anuncios de texto; **h.** Descargar; **i.** Fichero; **j.** Botón; **k.** Enlace; **l.** Logo.

5.11. **a.** el portal; **b.** descargar(me); **c.** el fichero; **d.** enlace; **e.** clic; **f.** anuncios de texto; **g.** blog.

5.12. 5, y también; 4, es decir; 1; 6, Con respecto a; 2, Por un lado; 3, Por otro.

5.13. **a.** Asimismo; **b.** De ahí que, En resumen; **c.** e incluso, de manera que; **d.** Por lo tanto; **e.** De ahí.

5.14. **a.** DNI; **b.** ESO; **c.** FIFA; **d.** EE.UU.; **e.** 3.º izq.; **f.** JJ.OO.

5.15. **a.** **Sr. D.** Alberto Márquez Silvestre
IES Miguel de Cervantes
Avda. López de Monte, **n.º** 10, **2.º izq.**
C.P. 08080 Barcelona

b. **Sra. Dña. M.ª** del Mar García Rodríguez
c/ Zurbano, **n.º** 15, **1.º dcha.**
C.P. 28012 Madrid

5.16. **a.** DNI; **b.** AVE, €; **c.** ONU, DELE; **d.** ONG; **e.** GPS; **f.** PC, ESO.

5.17. **1940:** h, i; **1950:** a, g; **1960:** e, l, m; **1970:** j; **1980:** b, f, k; **1990:** c, d.

5.18. Respuesta abierta.

5.19. Respuesta abierta.

5.20. **a.** **1.** Movilidad; **2.** Empática; **3.** Megalópolis; **4.** Ubicuidad; **5.** Conectividad; **6.** Vinculado.

b. **1.** verdadero; **2.** verdadero; **3.** falso (Aunque afirman no dejarse influir por la publicidad, tienden a comprar lo que ven anunciado y el valor de la marca es decisivo y solo pierde importancia a medida que van llegando a la edad adulta); **4.** falso (Al contrario, aparecerán nuevas redes mucho más especializadas).

5.21. **a.** Para obtener una información más amplia de sus clientes y llegar a ellos de una forma más directa; **b.** Aumento del compromiso con la marca, información del perfil del comprador más completa, mayor facilidad para el envío de recomendaciones, promociones, etc.; **c.** La posibilidad de que el comprador vea su intimidad vulnerada.

5.22. Respuesta abierta.

5.23. Respuesta abierta.

Unidad 6

6.1. **a.** 1; **b.** 5; **c.** 2; **d.** 3; **e.** 4.

6.2. **1.** La profesora de Educación Física me ha dicho que haga ejercicio si quiero mantenerme en forma; **2.** El futbolista me ha dicho que todos los días entrena con sus compañeros de equipo; **3.** El piloto me ha preguntado cuándo fue la última vez que volé; **4.** El profesor de Literatura me ha ordenado que escriba un resumen de este libro para mañana; **5.** El bombero me ha dicho que ayer fue a apagar un fuego.

6.3. **a.** Sí, porque había mirado información sobre la empresa en internet; **b.** En ningún sitio, no tiene experiencia; **c.** Sí, le interesa trabajar por la tarde (claro que sí); **d.** No (¡Vaya!); **e.** No lo dice; **f.** Porque piensa que es el trabajo perfecto para él.

6.4. **a.** falso (Ha sido su primera entrevista de trabajo); **b.** falso (Estaba muy nervioso); **c.** verdadero; **d.** falso (Directamente, no. Lo que le han preguntado es si tenía coche para desplazarse); **e.** verdadero.

6.5. Respuesta abierta.

6.6. **a.** Ha dicho *que* quiere viajar por Europa; **b.** Siempre *me pregunta* cuándo voy a volver; **c.** Le *ha/he* comentado que necesita un cambio en su vida; **d.** Me *recomienda* que vaya a un gimnasio como el suyo; **e.** Nos ha preguntado *si* aceptaremos su invitación.

6.7. **a.** Marta dice/ha dicho que hace dos meses que vive allí y que ha aprendido mucho de esa ciudad; **b.** Ángel dice/ha dicho que no está de acuerdo con esa persona; **c.** Luis y Andrés dicen/han dicho que ayer terminaron ya su trabajo de Física; **d.** Ana pregunta/ha preguntado si quiero ir al teatro con ella; **e.** Luis dice/ha dicho que cree que esta mañana han echado un programa sobre Kenia.

6.8. **Posible respuesta:** El robot me ha pedido que me levante y que haga la cama. También ha dicho que prepare el desayuno, que me duche, que me vista, y que vaya al colegio. También me recuerda que tengo que estudiar mucho. Me dice que vuelva a casa después de las clases.

6.9. Respuesta abierta.

6.10. **1.** d; **2.** f; **3.** a; **4.** c; **5.** b; **6.** e.

6.11. **a.** **1.** ¿Cómo se llamará?; **2.** ¿Cuántos años tendrá?; **3.** ¿Habrá hecho películas?; **4.** ¿Tendrá una novia famosa?; **5.** ¿Cuál será su profesión?; **6.** ¿Vivirá cerca de aquí?; **7.** ¿Qué estará diciendo?

b. Respuesta abierta.

6.12. **a.** una biblioteca; **b.** uno; **c.** escribiendo; **d.** largo; **e.** libros; **f.** de pie; **g.** Respuesta abierta.

6.13. **a.** ¿Por qué habrá ido esa chica a la biblioteca?; **b.** ¿Qué estará escribiendo?; **c.** ¿Por qué estará sola?; **d.** ¿Por qué no estará sentada?; **e.** ¿Qué hora será?; **f.** ¿Dónde irá cuando salga de la biblioteca?

6.14. Respuesta abierta.

6.15. Respuesta abierta.

6.16. **a.** Estimados; **b.** *curriculum vitae*; **c.** presentación; **d.** entrevista; **e.** espera; **f.** noticias; **g.** cordial saludo; **h.** Atentamente; **i.** firmado.

6.17. **1.** c; **2.** h; **3.** f; **4.** e; **5.** g; **6.** b; **7.** b; **8.** a.

6.18. **a.** ana_sanchez@edimail.com; **b.** www.edinumen.es; **c.** www.formacion.com/estudiantes; **d.** luis-lopez/gomez@gmail.es

6.19. **a.** era/fue; **b.** haremos; **c.** fueron; **d.** nació; **e.** está/estará; **f.** cocináis/cocinaréis.

6.20. **a.** Lo mismo; **b.** Probablemente; **c.** Puede ser que; **d.** Quizás; **e.** Es posible que; **f.** Quizás.

6.21.

P	A	R	A	M	B	E	R	O	S	I	M	B
A	R	L	I	Z	R	T	A	V	U	E	N	C
Y	J	O	G	Í	A	N	Z	E	P	R	S	Á
A	B	E	B	A	N	E	L	Ú	O	D	E	T
L	E	D	O	A	S	M	A	F	N	I	T	A
O	G	U	E	N	B	E	S	I	G	U	A	L
M	F	A	R	X	E	L	T	A	O	N	P	V
E	C	Q	Ú	H	L	B	E	R	S	I	C	E
J	P	U	E	D	E	I	R	M	I	G	E	Z
O	Q	I	K	I	R	S	M	O	E	O	L	H
R	Í	Z	M	T	C	O	E	S	S	N	E	Ó
E	S	Á	R	E	Ñ	P	N	I	T	E	T	S
F	A	S	E	G	U	R	A	M	E	N	T	E

6.22.

...la rana es un príncipe.	...la rana sea un príncipe.	...la rana es/sea un príncipe.
A lo mejor, Lo mismo, Creo que, Supongo que, Yo diría que, Igual, Me parece que, Para mí que	Puede que, Puede ser que, Es posible que, Es probable que	Tal vez, Seguramente, Quizás, Probablemente

6.23. **a.** tiene; **b.** se hacen/se harán/se hagan; **c.** existe; **d.** conozca; **e.** crezca; **f.** ayudan/ayuden; **g.** se cumplen; **h.** seamos.

6.24. Respuesta abierta.

6.25. **1.** b, bilingüe; **2.** d, cigüeña; **3.** a, antigüedad; **4.** e, vergüenza; **5.** c, lingüística.

6.26. **a.** paraguas; **b.** bilingüe; **c.** guerra; **d.** guitarra; **e.** antiguo; **f.** vergüenza.

6.27. piragüista, vergüenza, piragüistas, lengüeta, cigüeña.

6.28. A dónde, Adonde, por qué, porqué, Si no, Asimismo.

6.29. **a.** A dónde, donde; **b.** sino; **c.** así mismo; **d.** Por qué, Porque.

6.30. **1.** b; **2.** a; **3.** d; **4.** e; **5.** f; **6.** c.

6.31. **a.** 4; **b.** 1; **c.** 5; **d.** 3; **e.** 2.

6.32. **1.** d; **2.** c; **3.** b; **4.** a.

6.33. **a.** falso (Aunque básicamente sí lo son, algunas suelen tener toques de comedia o personajes secundarios que aportan historias divertidas); **b.** verdadero; **c.** verdadero; **d.** falso (Se emitió en 100 países y se tradujo a 15 idiomas); **e.** verdadero.

6.34. **a.** Están estrechamente conectadas con la forma de ser de su gente y son una expresión cultural típica del mundo hispano; **b.** Suelen tener entre 100 y 200 capítulos, hay un galán (normalmente, rico) y una heroína (normalmente, pobre), una villana que hace todo lo posible por separarlos y varios personajes secundarios divertidos; **c.** Educar; **d.** Una joven lista y culta que asciende profesionalmente gracias a su talento pero que es despreciada por su apariencia física.

6.35. **a.** Programador de informática; **b.** En Estados Unidos, en una empresa norteamericana; **c.** Dos años; **d.** trabajar en el extranjero; **e.** dos días después de la publicación del anuncio.

6.36. **a.** **1.** c; **2.** a; **3.** b.
b. un monitor, un ratón y una memoria externa.

6.37. Respuesta abierta.

6.38. Respuesta abierta.

Claves del Apéndice gramatical

En el *Apéndice gramatical* del Libro del Alumno aparecen cuadros, denominados Expansión Gramatical, donde se amplían algunos contenidos lingüísticos de las unidades del libro. En algunos de estos cuadros se añaden actividades para el estudiante. A continuación se facilitan las claves.

Unidad 1

1. **a.** llegó, nos habíamos acostado; **b.** llamaste, había llegado; **c.** dijo, había olvidado; **d.** Habíais visto; **e.** respondió, había abierto.

2. **a.** ya; **b.** Nunca/Nunca antes; **c.** alguna vez/antes; **d.** todavía no; **e.** Ya.

Hablar de una acción anterior a otra en el tiempo: a, d.

Hablar de una acción inmediatamente posterior a otra: e.

Hablar de algo que se hace por primera vez: b, c.

Unidad 3

3. **a.** recomiende; **b.** mienta; **c.** se despida; **d.** resuelvas; **e.** se siente; **f.** suene; **g.** nos muramos; **h.** os acostéis, os durmáis.

4. **Agudas:** camión, salón, melón, sofá; **Llanas:** hace, casco, ambulancia, salida, cárcel, cráter; **Esdrújulas o Sobresdrújulas:** díselo, cómpratela, trágico.

Unidad 6

5. **a.** Me dijo que estudiaba español; **b.** Me dijo que estudió/había estudiado español; **c.** Me dijo que había estudiado español; **d.** Me dijo que estudiaba español; **e.** Me dijo que había estudiado español; **f.** Me dijo que estudiaría español; **g.** Me dijo que estudiaría español.

6. **a.** tengo; **b.** había ido; **c.** había ido; **d.** encantaría; **e.** prepararía.

7. **presente:** pretérito imperfecto; **pretérito indefinido:** pretérito indefinido o pluscuamperfecto; **pretérito perfecto:** pretérito pluscuamperfecto; **pretérito imperfecto:** pretérito imperfecto; **pretérito pluscuamperfecto:** pretérito pluscuamperfecto; **futuro:** condicional; **condicional:** condicional.

TRANSCRIPCIONES

Libro del alumno

Unidad 0

[1]

1. Al acabar el bachillero, empecé a ir a la universidad; 2. De pequeño, jugaba mucho al fútbol con mis amiguitos; 3. Me casé con la mujer de mi vida; 4. Ahora estoy jubilado; 5. De joven tenía muchas novias; 6. Trabajaba muchas horas para mantener a mi familia; 7. Con 4 años aprendí a atarme los cordones; 8. Esta mañana he ido al parque y he echado una partida a las cartas; 9. A esa edad me afeité por primera vez.

[2]

◗ ¿Cómo? ¿Que os iréis a la selva? ¿Y por qué? Bueno, Marta, ya sé que tú irás porque va Víctor, pero Víctor, ¿tú? Si a ti te encanta la ciudad...

D No te creas, Mario... Pienso que en el futuro en la ciudad habrá más contaminación y no me gusta mucho la idea.

◗ Oye, Mario, ¡no te pases! Ya sabes que a mí me encanta la naturaleza, el contacto con los animales y, además, ¿qué mejor lugar que la selva para una ecologista como yo?

◗ Hombre, yo creo que estáis exagerando, vale que nuestra ciudad no es precisamente la selva, pero hay muchos parques... y, además, el nuevo alcalde ha prometido que construirá más zonas verdes y que trabajará para un consumo responsable del agua y...

◗ Vamos a ver, Mario, que estás hablando de políticos, ¿no ves que solo saben hacer promesas para ganar las elecciones?

D Tiene razón Marta. Anda Mario, no te lo pienses y vente con nosotros a la selva...

◗ Bueno, si mi padre me deja, me iré con vosotros.

D Si tu padre te deja y si a mí me toca la lotería...

◗ Eso, eso, ja, ja, ja.

[3]

◗ Oye, Carlos, ¿qué planes tienes para este finde?

D Pues la verdad es que todavía no lo sé, mi madre decía que quería ir a la sierra, que va a hacer muy buen tiempo y que hace mucho que no vamos, pero no sé si mi padre tendrá que trabajar. Si no me voy, igual voy a jugar al tenis con Jaime el domingo.

◗ Bueno, pues si te quedas puedes salir con nosotros el sábado.

D Perfecto. ¿Qué tenéis pensado hacer?

◗ Pues Mario y Berta decían de ir a la discoteca a la que fuimos la última vez.

D Ah, sí, estaba muy bien.

◗ Mira, por ahí viene Ana.

D Oye, por cierto, que solo quedan dos semanas para su cumple.

◗ ¡Hala, sí!, se me había olvidado.

D Voy a hablar con el dueño del local donde celebramos el cumple de Nacho.

◗ Bueno, pero ya hablamos en otro momento que se acerca...

D Vale, Santi, ya hablamos.

Unidad 1

[4]

◗ ¿Te has enterado de los talleres de este curso? He oído que van a ser totalmente diferentes.

D ¿Y eso?

◗ Pues parece que han contratado a dos famosos para organizar un taller con el Departamento de Literatura.

D ¡No me lo puedo creer! Dos famosos trabajando en un instituto...

◗ Ya, tía, pero, según dicen, a estos los han elegido por su relación con la cultura y por su carrera profesional. He oído que son amigos de Paco, el de Literatura, parece que se conocieron cuando trabajaban juntos en una escuela de idiomas, creo que enseñaban español.

D ¡Anda ya! Dos profesores famosos, ¡imposible!... Pero, dime, dime, que estoy intrigadísima. ¿De qué es el taller? ¿Quién lo va a impartir?

◗ Al parecer, es un taller de cine y teatro...

D ¡Qué guay!

◗ La parte de cine la va a impartir la directora y guionista Anamar Orson y la parte de teatro el actor Cristian Pascual.

D ¿En serio? Pero si los dos son conocidísimos... ¡Cristian Pascual en el instituto! ¡Qué fuerte! ¿Hablas en serio?

◗ Sí, Daniela, sí, hablo en serio, aunque si quieres, llamamos para preguntar al Departamento de Literatura, porque no estoy demasiado seguro.

[5]

¡Anamar! Te he llamado mil veces esta semana. ¿Todavía no has vuelto de Berlín? Mira, te llamo para contarte que el otro día quedé con Paco para tomar una caña y me propuso colaborar en un taller de cine y teatro en su instituto. Yo acepté y entonces me sugirió organizarlo contigo. En ese momento dije que estabas muy ocupada, pero luego pensé: Solo van a ser cuatro semanas y siempre te ha encantado trabajar con jóvenes... Ah, otra cosa, la respuesta tiene que ser urgente. Paco necesita confirmar nuestra colaboración para empezar a organizarlo.

[6]

a. Mónica ha vuelto a Madrid; b. Ven a ver estos libros de cine tan chulos, creo que los van a vender todos y no va a haber más hasta el próximo mes; c. ¡Ay Isaac! Quita el portátil de ahí, ¿no ves que no hay espacio suficiente?; d. ¡Hola Sergio! ¿Has visto qué olas tan buenas hay hoy para hacer surf?; e. Otra vez he hecho una tortilla horrible, siempre le echo demasiada sal.

[7]

a. ▶ Niña, dame un abanico.

▷ Tome usted. (*Le da un abanico redondo con flores rojas y verdes.*)

▶ (*Tirando el abanico al suelo*) ¿Es este el abanico que se da a una viuda? Dame uno negro y aprende a respetar el luto de tu padre.

▷ Tome usted el mío.

▶ ¿Y tú?

▷ Yo no tengo calor.

▶ Pues busca otro, que te hará falta. En ocho años que dure el luto no ha de entrar en esta casa el viento de la calle. Haceros cuenta que hemos tapiado con ladrillos puertas y ventanas. Así pasó en casa de mi padre y en casa de mi abuelo.

b. ¡Ay, qué prado de pena!
¡Ay, qué puerta cerrada a la hermosura!,
que pido un hijo que sufrir, y el aire
me ofrece dalias de dormida luna.
Estos dos manantiales que yo tengo
de leche tibia, son en la espesura
de mi carne, dos pulsos de caballo
que hacen latir la rama de mi angustia.
¡Ay, pechos ciegos bajo mi vestido!
¡Ay, palomas sin ojos ni blancura!
¡Ay, qué dolor de sangre prisionera
me está clavando avispas en la nuca!
Pero tú has de venir, amor, mi niño,
porque el agua da sal, la tierra fruta,
y nuestro vientre guarda tiernos hijos
como la nube lleva dulce lluvia.

Unidad 2

[8]

▶ Mira las fotos que trae esta semana la *SuperEspacio*. ¡Hay una entrevista a Maxi Castro!

▷ ¿Maxi Castro? Déjame ver... Yo estoy enamoradísima de ese actor... Es tan guapo y tan simpático.

▶ Mira... también viene un test para saber si conoces bien la vida de Maxi... Y si aciertas todas las preguntas, participas en el sorteo de un viaje a París, la ciudad del amor. ¿Podrías ayudarme?

▷ Claro, yo conozco todos los secretos de la vida de Maxi. De todos modos, yo que tú, primero leería la entrevista y después contestaría el test. Seguro que esa entrevista contiene mucha información.

▶ ¿Has visto que aparece que Mario Medina y Mónica Pérez están juntos?

▷ ¿Mónica Pérez es la actriz de la película *La soga*?

▶ Carla, deberías estar más informada... Es la actriz de la serie *Sombras*. Es la que hace el papel de mala.

▷ Bueno, vale. También sale la cocinera esa de *Salud al día*, el programa de televisión... A mi madre le encanta y en casa nos lo pone todos los días.

▶ A mí no me saques de las hamburguesas y las patatas fritas. Odio las verduras.

▷ ¿En serio? No me lo puedo creer. Pues deberías comer más verdura. Es muy buena para la salud.

[9]

a. ▶ Maruchi, te veo todos los días, mi problema es que últimamente estoy engordando mucho, ¿tú qué harías para adelgazar?

▷ Yo que tú, comería con moderación y prepararía las comidas con aceite, preferentemente crudo. También disminuiría el consumo de azúcar y de sal.

▶ Uf... todo eso ya lo hago, pero engordo...

▷ A lo mejor consumes más calorías de las que necesitas. En este caso, yo en tu lugar, practicaría ejercicio diariamente.

b. ▶ Hola, Maruchi, me encanta tu programa. Mira, mi problema es que últimamente me encuentro muy cansada y, a veces, me duele la cabeza. El médico dice que estoy sanísima, pero yo me siento sin energías, ¿podrías darme algunos consejos?

▷ Alicia, querida. ¿Seguro que te alimentas bien? En primer lugar, deberías incluir legumbres y frutos secos en tu dieta. Para el dolor de cabeza, yo que tú, tomaría abundante cantidad de agua durante todo el día.

[10]

▶ He engordado dos kilos. Estoy desesperada, próximamente tengo el rodaje de una película en la que tengo que estar fantástica y no sé qué hacer.

▷ Pero, recuerda Mónica, que debes continuar alimentándote bien... No dejes de comer de todo, tienes que estar fuerte y bien alimentada. Primero, vamos a analizar qué es lo que comes habitualmente. A ver, ¿qué sueles desayunar?

▶ Tomo un vaso de leche desnatada.

▷ ¿Y qué más?

▶ Pues, nada más.

▷ ¿Solo eso? Bueno, ¿y luego? ¿A la hora de la comida?

▶ Como una hamburguesa con patatas fritas, pan de molde y una Coca-Cola.

▷ ¿Tomas postre?

▶ Sí, un trozo de pastel de chocolate.

▷ ¿Y para cenar?

▶ Para cenar tomo una merluza empanada con una ensalada mixta, y de postre, un yogur desnatado.

▷ Bien. En realidad, creo que tenemos que hacer algunos cambios, sobre todo en el desayuno y la comida. Para desayunar, yo tomaría café o té, con leche desnatada, pero lo acompañaría con un trozo de pan integral con mermelada o una magdalena. Lo que yo cambiaría bastante es la comida. Para empezar lo haría más variado, incorporando verduras y legumbres de todo

>>>

tipo. Por otro lado, yo en tu lugar abandonaría completamente el pan de molde y lo sustituiría por pan integral, y de postre, dejaría el pastel de chocolate y lo cambiaría por una fruta del tiempo. ¡Ah! y olvídate también de las bebidas con gas, mucho mejor beber agua del grifo.

[11]

a. ◗ Sí, si eso lo sabemos todas las madres, pero, ¿qué harías si a tu hijo no le gusta el sabor de casi ninguna?

D Entonces, amiga mía, deberías usar tu imaginación, hay muchas salsas que disimulan el sabor de los alimentos. ¿Has probado con el kétchup, la mayonesa o la miel con mostaza? A ellos les encanta...

b. ◗ Bueno, sería la primera vez que venía a la tele y le daría muchísima vergüenza, pero eso no significa que no te quiera conocer.

D ¿Y tú qué harías entonces, Luz?

◗ Mira, yo esperaría. Hemos tenido muchos casos de invitados que no vienen al primer programa y que después se lo piensan mejor y cambian de opinión.

c. ◗ Eso quiere decir que casi empezaste a actuar antes que a hablar.

D ¡Ja, ja! Sí, podríamos decir que sí.

◗ ¿Y no te cansa tener que ensayar y rodar durante tantas horas?

D Bueno, forma parte de mi trabajo, es verdad que es la parte menos divertida, pero creo que no sabría hacer otra cosa, provengo de una familia de actores y para mí la vida sin el cine es inimaginable.

◗ ¿Te importaría firmarme un autógrafo para mi hija?

D Sí, claro, cómo no.

◗ Es que si le digo que te he entrevistado y llego sin un autógrafo... ¡no entro en casa!

D ¡Ja, ja, ja!

d. ◗ Entonces... ¿podrías decirnos cuándo nació esa bonita amistad?

D Mira, de verdad, es que no me gusta hablar de mi vida privada.

◗ Pero entonces reconoces que Mario Medina formaría parte de tu vida privada...

D No, yo no he dicho eso, deberías limitarte a escribir lo que digo y no buscar dobles sentidos a mis palabras.

◗ Bueno, no te enfades, pero piensa que los lectores quieren saber más de tu vida, y si realmente no hay nada serio entre vosotros, yo que tú lo dejaría claro de una vez.

[12]

◗ Queridos oyentes, estamos aquí para hablar de un tema candente. Hemos reunido a varios seguidores de nuestro programa para que participen en este debate abierto sobre nuestro sistema social de salud. La pregunta que genera y empieza el debate es la siguiente: ¿Es bueno nuestro sistema social de salud?

D España tiene un sistema gratuito de salud pública que es para todos por igual, independientemente de si estás trabajando o no.

◗ ¿Gratuito? La salud pública la pagamos todos los trabajadores con las retenciones que nos hacen en los sueldos.

D Sí, y no solo para los españoles. También es gratuito para los extranjeros que viven y trabajan aquí.

◗ Por otro lado, ¿qué factor destacaríais como el más positivo del sistema sanitario español?

D Bueno, hay que destacar que es el primer país en el mundo en trasplantes y donación de órganos y que el sistema de vacunación cubre al 97% de los ciudadanos.

D Sí, pero hay que esperar dos meses para operarse y 50 días para ver a un especialista.

◗ Bueno, a pesar de las esperas, algo tendrá de bueno nuestro sistema sanitario si tenemos en cuenta que España tiene una esperanza de vida de 81 años y que es la más alta de la Unión Europea y la cuarta más alta del mundo.

D Bueno, sí, pero tenemos un problema importante: la tasa de natalidad es muy baja y si la cosa no cambia, ¿quién asegurará nuestra cobertura sanitaria cuando nosotros lleguemos a los sesenta años?

[13]

Los mayores solo probaron algunas lascas del pavo, pero no perdonaron el relleno, que estaba elaborado con unas almendras que se deshacían y con unas ciruelas que parecían crecer de nuevo con la provocada segregación del paladar.

Los garzones, un poco huidizos aún al refinamiento del suflé, crecieron su gula habladora en torno al almohadón de la pechuga, donde comenzaron a lanzarse tan pronto el pavón dio un corto vuelo de la mesa de los mayores a la mesita de los niños, que cuanto más comían, más rápidamente querían ver al pavón todo plumado, con su pachorra en el corralón.

Al final de la comida, doña Augusta quiso mostrar una travesura en el postre. Presentó en las copas de champagne la más deliciosa crema helada. Después que la familia mostró su más rendido acatamiento al postre sorpresivo, doña Augusta regaló la receta: Son las cosas sencillas –dijo–, que podemos hacer en la cocina cubana, la repostería más fácil, y que enseguida el paladar declara incomparables. Un coco rallado en conserva, más otra conserva de piña rallada, unidas a la mitad de otra lata de leche condensada, y llega entonces el hada, es decir, la viejita Marie Brizard, para rociar con su anisete la crema olorosa. Al refrigerador, se sirve cuando está bien fría.

Luego la vamos saboreando, recibiendo los elogios de los otros comensales que piden con insistencia el bis, como cuando oímos alguna pavana de Lully.

Al mismo tiempo que se servía el postre, doña Augusta le indicó a Baldovina que trajese el frutero, donde mezclaban sus colores las manzanas, peras, mandarinas y uvas.

Repaso - Unidades 1 y 2

[14]

1. He suspendido otra vez Matemáticas..., no sé cómo voy a aprobar esta asignatura, estudio un montón pero es que soy muy malo para los números.
2. ¡Qué horror! ¡¡¡Esta fotografía queda fatal!!! Se la ve desde muy lejos y borrosa, casi no se reconoce que es ella.
3. Estoy hecha un lío, no sé qué hacer... Por un lado, quiero seguir con la tradición familiar de ser médico y no quitarles la ilusión a mis padres, pero por otro pienso que es mi futuro lo que está en juego y que a mí lo que me apasiona es el periodismo.
4. Estoy aburrida de hacer siempre lo mismo el fin de semana: o película o discoteca. ¿Es que a nadie se le ocurre algún plan más interesante?
5. Nunca conseguiré que me seleccionen para el papel, cuando piso un escenario se me olvida todo y no me salen ni las palabras.
6. No sé qué hacer para aprobar Historia: es demasiada información y no consigo retener nada.

[15]

1. ◗ He suspendido otra vez Matemáticas..., no sé cómo voy a aprobar esta asignatura, estudio un montón pero es que soy muy malo para los números.
D No te preocupes, tu problema tiene solución. Es evidente que te esfuerzas, pero creo que no estás dando los pasos acertados. Yo en tu lugar, buscaría un profesor particular.

2. ◗ ¡Qué horror! ¡¡¡Esta fotografía queda fatal!!! Se la ve desde muy lejos y borrosa, casi no se reconoce que es ella.
D ¿Y si le pedimos una suya? Es tan maja que seguro que nos da alguna.

3. ◗ Estoy hecha un lío, no sé qué hacer... Por un lado, quiero seguir con la tradición familiar de ser médico y no quitarles la ilusión a mis padres, pero por otro pienso que es mi futuro lo que está en juego y que a mí lo que me apasiona es el periodismo.
D ¿Por qué no hablas sinceramente con ellos? Seguro que te entenderán.

4. ◗ Estoy aburrida de hacer siempre lo mismo el fin de semana: o película o discoteca. ¿Es que a nadie se le ocurre algún plan más interesante?
D ¿Por qué no echas un vistazo a las sugerencias para el finde de la revista? Proponen un montón de planes alternativos: desde rutas turísticas por la ciudad, hasta intercambios de idiomas, excursiones a la sierra... Seguro que encuentras algo interesante.

5. ◗ Nunca conseguiré que me seleccionen para el papel, cuando piso un escenario se me olvida todo y no me salen ni las palabras.
D Eso se llama pánico escénico. Yo que tú, intentaría aprender algunas técnicas de relajación y centraría mis esfuerzos en prepararme bien el guion.

6. ◗ No sé qué hacer para aprobar Historia: es demasiada información y no consigo retener nada.
D Deberías organizarte, estudiar un poco todos los días y hacerte resúmenes y esquemas, porque si lo dejas todo para antes del examen, te agobiarás más.

Unidad 3

[16]

◗ ¡Hola, Paula! Oye, ¿has hablado ya con Ana? Es que esta mañana me ha dicho que quiere que vayamos este verano a la casa que tienen sus tíos en la Costa Brava, y que si queremos, podemos pasar todo el mes de julio allí. Ellos ya no van nunca y la casa está vacía.
D Sí, precisamente te llamo por eso. Es que me han ofrecido la posibilidad de ir a Guatemala para ayudar a construir un colegio. Así que yo no podré ir con vosotras.
◗ ¡Qué me dices! Eso es estupendo, Paula. ¿Y vas tú sola?
D Bueno, voy a través de una ONG que se llama *Ayuda en acción*. La verdad es que no conozco mucho a la gente pero, antes de irnos, nos van a dar un curso durante dos semanas para saber lo que tenemos que hacer allí, conocer la situación, su cultura... y también para que nos conozcamos entre nosotros. ¡Vamos a estar un mes conviviendo y trabajando! Espero llevarme bien con todos.
◗ Ya verás como sí. ¿Y cuándo te vas?
D En cuanto terminemos las clases. De hecho, el avión sale el mismo día por la noche. ¡Ay, Irene! Son doce horas de avión y ¡odio volar! ¡Ojalá me quede dormida pronto en el avión!
◗ ¡Uf! ¡Doce horas! Bueno, tú llévate el libro que nos ha recomendado el profesor de Filosofía y seguro que te duermes enseguida. Yo lo intenté empezar el otro día pero, en cuanto lo abrí, me quedé dormida. Oye, ahora en serio, me parece genial tu idea de ir a Guatemala, creo que va a ser toda una experiencia y te deseo de todo corazón que te vaya muy bien y ojalá que tu esfuerzo sirva para que esos niños puedan vivir mejor.
D Muchas gracias. Ya te contaré cuando vuelva. ¡Ah! y yo también espero que os lo paséis muy bien en la Costa Brava. Daos un bañito en la playa por mí.
◗ ¡Eso seguro! Pero bueno, nos veremos antes de que te vayas, ¿no?
D ¡Claro! ¡Faltaría más!

[17]

a. ◗ ¡Oh! ¡Qué colgante tan bonito!

D Gracias, me lo ha regalado Marina. Dice que si me lo pongo cuando haga el examen de Química, me dará suerte.

◗ Uf... yo no creo en esas supersticiones. Lo que tienes que hacer es estudiar antes de hacer el examen.

b. ◗ ¡Que tengas buen viaje, cariño! ¡No te olvides de llamarme cuando llegues al hotel!

D Descuida. Te llamaré en cuanto llegue.

◗ Eso espero, porque la última vez no me llamaste.

D ¡Cómo que no! Sí te llamé.

◗ Sí, me llamaste, pero tres días después de llegar.

D No, también te llamé antes, pero no me cogiste el teléfono. De todas formas, no te preocupes, esta vez no dejaré de llamarte hasta que me contestes.

[18]

◗ Pedro, vamos a pedir unas pizzas para cenar y a ver una película, ¿te unes?

D ¡Uf!, que va, me voy a la cama, estoy supercansado y, además, mañana tengo un examen y me quiero levantar pronto para repasar.

◗ Bueno, pues que descanses.

◗ ¡Hola Daniel! ¿Qué tal las clases?

D Bien, bien, mamá. Ha venido Carlos para que le deje unos apuntes.

◗ Vale, pero no os entretengáis mucho que la comida está ya lista.

◗ Hola, señora Carmen. Ummm, ¡qué bien huele!

◗ Hola, Carlos. ¿Te quieres quedar a comer?

◗ No, gracias, que mi madre también me estará esperando.

D Toma, Carlos, aquí están.

◗ Bueno, gracias, nos vemos luego. Adiós, señora Carmen, y que aproveche.

◗ Adiós, mamá, me voy a clase.

D Pero si todavía es muy pronto, ¿no?

◗ Sí, pero es que hoy tenemos la presentación del trabajo y hemos quedado un rato antes para organizarnos.

D Bueno, pues que te vaya bien.

◗ Gracias, mamá. Adiós.

◗ ¡Hola, Irene! Te llamo para despedirme.

D ¡Ay! Hola, Pedro.

◗ ¿Qué?, ¿ya tienes todo preparado?

D Sí, más o menos, solo me falta meter un par de cosas en la maleta y ¡poder cerrarla!

◗ Vosotras, las chicas, siempre igual. Seguro que te llevas media casa para solo dos semanas... Oye, ¿cuándo sale el avión?

D A las 7. Ahora cuando venga mi padre, me lleva al aeropuerto.

◗ Bueno, pues un beso muy grande y ¡que te diviertas!

◗ Mira, por ahí viene Lucas, pobrecillo, está muy triste porque se acaba de morir su perro.

D Hola, chicos.

◗ Hola, Lucas. Oye, que María me acaba de contar lo de Toby, lo siento mucho.

D Gracias, Álex.

◗ ¡Chicos! ¡Me han admitido en el conservatorio! ¡No me lo puedo creer!

D Bueno, ¡felicidades! ¡Esto hay que celebrarlo por todo lo alto!

◗ ¡Enhorabuena! ¿Lo ves? ¡Si es que eres la mejor!

◗ Bueno, aprende mucho inglés y aprovecha tu año en Irlanda, pero no te olvides de nosotros. Cuelga muchas fotos y conéctate al Facebook, anda.

D Claro, eso seguro. Además, hasta que no empiece a conocer a gente me voy a sentir muy solita.

◗ Te voy a echar mucho de menos, sobre todo de camino al insti.

D Yo también. Bueno, ya tengo que entrar. ¡Adiós!

◗ Adiós y ¡cuídate!

[19]

Guion, bonsái, autor, filosofía, huésped, océano, crucial, habláis, veintiún, acuático, limpiéis, Paraguay, vieira, raíz, dehesa.

[20]

Cuando yo muera quiero tus manos en mis ojos: / quiero la luz y el trigo de tus manos amadas / pasar una vez más sobre mí su frescura: / sentir la suavidad que cambió mi destino. / Quiero que vivas mientras yo, dormido, te espero, / quiero que tus oídos sigan oyendo el viento, / que huelas el aroma del mar que amamos juntos / y que sigas pisando la arena que pisamos. / Quiero que lo que amo siga vivo / y a ti te amé y canté sobre todas las cosas, / por eso sigue tú floreciendo, florida, / para que alcances todo lo que mi amor te ordena, / para que se pasee mi sombra por tu pelo, / para que así conozcan la razón de mi canto.

Unidad 4

[21]

◗ ¡Antonio! ¡Antoooonio!

D ¡Ay! Hola, Roberto, no te había visto.

◗ ¿Cómo me vas a ver, con lo distraído que estás?

D Es que estaba escuchando una canción que me encanta y...

◗ ¿Qué canción?

D La nueva de Nerea, ¿la has escuchado?

◗ Sí, claro, si es el tema más descargado de la semana en YouTube. Está bien, ella tiene una voz espectacular, pero... es demasiado romántica, ¿no? Bueno, para ti es perfecta porque con lo enamorado que estás últimamente...

D Anda, ¿pero qué dices?

◗ ¿Que no? Pero si se te nota de lejos que estás loco por Adriana. Cada vez que la ves, pones una cara de tonto...

D Vale, vale, lo que tú digas. Por cierto, he compuesto un temazo. Si quieres, esta tarde lo ensayamos. A ver si nos da tiempo a tocarlo en el concierto.

◗ ¡Genial! Por cierto, mira quién viene por ahí, tu musa...

D ¡Ay, madre, qué corte! Tú ahora no te vayas y no me dejes solo. Es que cuando estoy con ella no sé qué me pasa que nunca sé qué decirle y me da rabia que piense que soy un tonto...

◗ Pues dile, por ejemplo, que le has escrito una canción y que quieres que vaya a nuestro concierto. Seguro que cuando te oiga dedicándole "su" tema subido a un escenario, se queda coladita por ti. Ya sabes, a las chicas les encanta que les demostremos lo que sentimos por ellas...

D ¿Qué dices? No me atrevo... ¿Por qué no se lo dices tú?

◗ ¿Yoooo? ¡Pero si a mí no me gusta!

D ¡Ay! ¡Qué nervios! Ya viene y me está mirando...

◗ Sí, y detrás viene el profe de Música. Así que mejor dejas tu declaración de amor para otro momento y entramos en clase, que cuando nos vea hablando en la puerta...

D Sí, mejor entramos. Por cierto, ¿tienes los apuntes del otro día? Es que no estuve muy atento...

◗ Sí, anda, y a ver si hoy escuchas más al profe y compones menos.

D Bueno, es que la inspiración llega cuando menos te lo esperas.

[22]

a. ◗ Pero, ¿qué te pasa? Desde que has llegado estás muy serio...

D Es que estoy preocupado por el examen de mañana. He estudiado mucho, pero ahora creo que estoy hecho un lío y no entiendo nada.

◗ Bueno, eso es normal, yo también me pongo nervioso antes de un examen. Mira, hazte una infusión y vete pronto a la cama, ya verás como mañana, después de descansar, estás más tranquilo y te acuerdas de todo.

b. ◗ Sergio, ¿has sido tú el que ha usado mi ordenador?

D ¡Ay, sí! Es que le he dejado mi portátil a Santi.

◗ ¿Y por qué no me lo pides? ¡Te he dicho mil veces que no soporto que me cojan las cosas sin pedírmelas!

D Bueno, no te pongas así, ha sido un momento...

◗ Que no, Sergio, que no. Además, sabes de sobra que odio que me toquen el ordenador, pero nada, tú siempre igual...

D ¡Vale, vale, hija! No te pongas histérica...

[23]

◗ ¿Qué tal? ¿Te ha gustado la película?

D Bueno, no demasiado. Ya sabes que me aburren los dramas y las películas de amor.

◗ ¡Pero si ha sido preciosa! Hacía tiempo que no veía una película como esta. Es verdad que te da mucha pena el final, pero bueno, no deja de reflejar la realidad.

D Si tú lo dices...

◗ Venga, Ana, admite que la película era buena, lo que pasa es que tú querías ver la de terror y ya habías entrado sin ganas.

D ¡Pues claro! Es que si no recuerdo mal, esta vez me tocaba elegir a mí.

◗ Ya, Ana, pero es que solo podíamos elegir entre estas dos, y ya sabes que a mí las películas de vampiros me dan miedo. Bueno, miedo no, me dan pánico. ¡Después no duermo por las noches!

D Exagerada...

◗ Bueno, pues las dos siguientes las eliges tú.

D Eso, por supuesto.

◗ ¿Vamos a tomar algo?

D Vale.

◗ ¿Dónde prefieres ir?

D Siempre me lo preguntas, hija, si sabes que a mí me da lo mismo ir a un sitio que a otro.

◗ Pues vamos a San Tomás.

D Vale.

◗ Bueno no, que es sábado y estará muy lleno y me pone muy nerviosa que tarden tres horas en atenderte.

D ¿A La Paloma?

◗ Vale, vamos por aquí. ¡Ay! ¡Me ha pisado! ¡Qué daño! Y encima ¡ni se para a pedirme perdón! ¡Ayyyyyy! ¡Es que me pone enferma que la gente sea tan maleducada!

D Vaya, ¿te duele mucho?

◗ Se me va pasando.

D Bueno, venga, vamos a La Paloma, que ya verás qué contenta te ponen unas buenas tapas.

[24]

- A mí normalmente la inspiración me viene en la ducha. Sí, sí, parece que refrescarme me aclara las ideas, las ordena en mi cerebro. Bueno, y también en cualquier sitio, sin esperarlo, el detalle más insignificante puede convertirse en el origen de una gran obra. Por eso siempre intento llevar algo encima para escribir, por si surge la inspiración, menos en la ducha claro...

- Siempre la llevo conmigo, somos como hermanos siameses, inseparables. Creo que hasta alguna vez me he quedado dormido con ella encima. Y es que las mejores imágenes pueden surgir en cualquier instante, pero desaparecen con la misma velocidad con la que han aparecido. Para sacar las mejores hay que estar siempre alerta, más de una vez me he quedado horas y horas esperando la misma imagen y esta ya no se ha repetido.

- Desde pequeña siempre concebí el mundo como un conjunto de formas que se complementaban y superponían. Cuando me hablaban de algo que no conocía siempre pensaba en qué forma tendría, qué tacto, qué textura. Cuando creas una, el resultado no es algo ajeno a ti, es una extensión de tus manos, de tus dedos. Por eso me cuesta tanto desprenderme de ellas cuando las vendo.

- No podría vivir sin ella. Todos los días me despierto y lo primero que hago es tararear alguna. Después cojo a mi querida amiga y la afino, con mucho cariño, empiezo a tocar, lo que sale de dentro, sin partituras. Entonces me siento transportado a otro mundo, donde empiezo a flotar y todo lo demás no existe. Creo que no podría vivir sin ella, la oigo en todas partes, en el metro, en el tecleo de una oficinista, tan solo hay que cerrar los ojos y escuchar, dejándose llevar.

[25]

◗ Bueno, cuenta, cuenta... ¿Qué tal la fiesta?
D ¡Buah!, genial. Nos lo pasamos superbién. Qué pena que no pudiste venir.
◗ Ya... Bueno, ¿y quién fue?
D Pues prácticamente todos. Bueno, menos tú, Antonio y alguno más.
◗ Y Antonio, ¿por qué no fue?
D Pues es que ya no vive en España. Gustavo nos contó que dejó de estudiar y se fue a Londres. Al principio se puso a trabajar en un restaurante, pero después lo pensó mejor, volvió a estudiar y se hizo profesor de español allí.
◗ ¿Profesor de español? Pero si él quería ser abogado, ¿no?
D Sí, pero por lo visto no le gustaba nada la carrera y cambió el Derecho por la Lingüística y, ya ves, dice Gustavo que está encantado con su nueva profesión.
◗ ¡Qué bien! Oye, y hablando de Gustavo, ¿sigue siendo tan guapo como en el colegio?
D ¡Que va, hija! Si lo ves, no lo reconoces.
◗ ¿Y eso?
D Pues nos contó que tuvo una lesión y dejó de hacer deporte, así que se puso más gordo y, además, se está quedando calvo.
◗ ¡No me digas! Con lo guapo que era...
D Eso sí, sigue siendo tan simpático como siempre, fue la alegría de la fiesta. ¡Ah! y ¿sabes? Se ha casado y acaba de tener un niño.
◗ ¡Qué bien! Me alegro por él.
D ¡Ah! Pero, ¿sabes quién sí se ha puesto guapísimo?
◗ ¿Quién?
D Martín.
◗ ¿¡Martín!?
D Sí, hija, Martín...
◗ Pero si era muy poquita cosa...
D Ya, ya, pues ahora mide 1,80 por lo menos, y él sí que no ha dejado de hacer deporte. Madre mía, cuando lo vimos, ¡nos quedamos alucinadas! ¡Qué guapo!
◗ Bueno, ¿y él está casado?
D Casado no, pero tiene novia. Una pena porque la verdad es que se ha vuelto mucho más sociable y hablador que en el instituto.
◗ Vaya... ¡Ah! y hablando de guapos, ¿y Carolina?
D Bueno, ella también ha cambiado mucho.
◗ ¿Sí?
D A ver, guapa, sigue siendo igual de guapa que antes, lo que pasa es que se fue unos años al Tíbet y se hizo budista. Ahora trabaja para una organización humanitaria y, claro, dejó de ser una esclava de la imagen como antes.
◗ Pues si ella quería ser modelo...
D Sí, sí, se hizo modelo. Estuvo trabajando en Nueva York y todo, pero le cansó ese mundo y decidió cambiar de vida de forma radical.
◗ ¡Qué fuerte! Oye, ¿y fue Elena?
D ¡Claro!
◗ ¿Sigue saliendo con Dani?
D Qué va, hija, lo dejaron hace un año. Elena me contó que Dani empezó a trabajar por las noches en una discoteca y que cambió mucho, que se volvió más irresponsable y despreocupado y que al final casi no se veían, y lo dejaron. Creo que él se ha hecho empresario de la noche y tiene varias discotecas.
◗ ¿Sí? No me lo imagino, pero... y Elena, ¿cómo está?
D Ella muy bien. Al principio lo pasó mal, pero ahora se ha puesto muy guapa. Me contó que se hizo vegetariana y que a partir de entonces se quedó mucho más delgada.
◗ Qué bien, oye y...

[26]

Escáner, *boutique*, máster, *stock*, *marketing*, *ranking*, espaguetis, estatus, yogur, *playback*, espray, *software*, *ballet*, pádel, *blues*, cruasán.

[27]

Creo que lo que más me ha impresionado de este viaje ha sido la variedad de músicas e instrumentos. En el primer lugar en que estuve, en Aragón, pude escuchar una jota cantada a la Virgen del Pilar, mira, es esta [*fragmento de jota*]. Después bajé a Cádiz y, por las noches, me gustaba ir a algún tablao, para escuchar flamenco como este [*fragmento de flamenco*]. En Buenos Aires conocí a una mujer preciosa que bailaba el tango como nadie y cada vez que oigo esta canción me acuerdo de ella [*fragmento de un tango*]. Otra experiencia maravillosa fue oír la quena en mitad del Machu Picchu [*fragmento de música andina*], ¡qué relajante! También, en Guatemala, asistí a un entierro y me sorprendí muchísimo al escuchar la alegre melodía de la marimba [*fragmento de marimba*]. Y luego Cuba, un daiquiri, algunos amigos y mucha salsa, mucha alegría [*fragmento de salsa*]. En México, me encantaron las rancheras y los boleros, que tocaban los grupos de mariachis a la hora de la cena [*ranchera*]. Y me sentí como en casa al escuchar la gaita en una posada de Santiago de Compostela [*música celta*]. Al final de mi viaje, cuando escuché este chotis con música de organillo, comprendí por qué todo el mundo dice que los madrileños son unos chulos [*música de chotis*]. Y desde Las Vistillas a Barajas, donde cogí el avión de vuelta a casa, con mil ritmos dando vueltas en mi cabeza.

[28]

La música de las emociones

"La música une a las personas y desata emociones allí donde se escucha". Tal vez esta afirmación suena exagerada pero, en realidad, el impacto de la música en nosotros es tan grande que cuando oímos música esta afecta a nuestra memoria, nuestros movimientos y nuestras emociones.

La música es un sentimiento universal y está por encima de la cultura en la que hemos crecido o que conocemos. Así, estudios realizados por científicos, demostraron que, tanto un aborigen como un moderno ingeniero procedentes de zonas del mundo totalmente distintas, cuando escuchaban la misma música, reaccionaban de la misma forma. Otra investigación, realizada en Camerún entre personas que no habían oído nunca música occidental antes, demostró que estas eran capaces de reconocer en ella la alegría, la tristeza o el terror... Todos son sentimientos comunes que provoca una misma melodía a personas de diferentes culturas. Por eso hay canciones universales, que consiguen ponernos tremendamente tristes y otras que, en cambio, nos contagian alegría y buen humor seamos de donde seamos.

Cuando la música entra por nuestros oídos y sus sonidos llegan a nuestro cerebro, estos adquieren significado y se convierten en algo reconocible, gracias, en gran parte, a las emociones, ya que el ser humano entiende el mundo que le rodea y le da sentido a partir de patrones guardados en el cerebro.

Otra de las grandes cualidades de la música es su inmenso poder de unión social. Hay sociedades sin escritura, pero ninguna sin música. Las melodías nos unen, nos hacen compartir estados de ánimo. Como humanos, somos una especie social y no habríamos sobrevivido a lo largo de la evolución sin cooperar ni comunicarnos. En algunas culturas, la música se usa incluso como forma de rebajar tensiones y para solucionar diferencias entre personas. De esta forma, podemos sentir el dolor de los otros, su alegría, su tristeza, imitar sus acciones..., en definitiva, ponernos en su lugar y entenderlos mejor.

A lo largo de la historia los seres humanos nos hemos unido para bailar, cantar y celebrar rituales. De hecho, no hay celebración que merezca este nombre si no va acompañada de música, y eso ha sido así desde las primeras tribus hasta los conciertos actuales de *rock*, en los que un solo cantante es capaz de conseguir que un gran número de espectadores sean parte de un sentimiento común al mismo tiempo.

[29]

Platero es pequeño, peludo, suave; tan blando por fuera, que se diría todo de algodón, que no lleva huesos. Solo los espejos de azabache de sus ojos son duros cual dos escarabajos de cristal negro.

Lo dejo suelto y se va al prado, y acaricia tibiamente con su hocico, rozándolas apenas, las florecillas rosas, celestes y gualdas... Lo llamo dulcemente: "¿Platero?", y viene a mí con un trotecillo alegre que parece que se ríe, en no sé qué cascabeleo ideal...

Come cuanto le doy. Le gustan las naranjas mandarinas, las uvas moscateles, todas de ámbar; los higos morados, con su cristalina gotita de miel...

Es tierno y mimoso igual que un niño, que una niña...; pero fuerte y seco por dentro, como de piedra... Cuando paso sobre él, los domingos, por las últimas callejas del pueblo, los hombres del campo, vestidos de limpio y despaciosos, se quedan mirándolo:

– *"Tien' asero..."*

Tiene acero. Acero y plata de luna, al mismo tiempo.

[30]

Diálogo 1

¿Sabes si Marga sigue estudiando en la biblioteca?

a. Sí, ha empezado a estudiar.

b. No, acaba de terminar.

c. Sí, ha dejado de estudiar.

Diálogo 2

¿Cómo te sientes antes de un examen?

a. Me pongo muy nerviosa.

b. No soporto nada.

c. Me siento de buen humor.

Diálogo 3

¿Qué tal la presentación?

a. Me he vuelto nerviosa.

b. Me quedé nerviosa.

c. Me puse roja.

Diálogo 4

Para contar una buena historia, ¿qué me recomiendas?

a. Estar siempre en alerta.

b. Esperar a la inspiración.

c. Cerrar los ojos y escuchar la melodía.

[31]

1. ◗ Has estado hoy en clase con Juan, ¿no? ¿Le has dicho que hemos quedado en el bar de la esquina?

D No, no ha venido, ha vuelto a faltar. Se lo diré después en la biblioteca.

¿Dónde creía el chico que la chica había hablado con Juan?

2. ◗ Perdona, me quiero probar estos vaqueros en la talla M, esta camiseta y este jersey, pero en verde.

D A ver... Es que camisetas solo nos quedan en la talla S y los vaqueros no nos quedan en ninguna talla, acaban de llevarse los últimos. El jersey aquí lo tienes y resulta que es el último que hay en la tienda.

¿Qué prenda está agotada en la tienda?

[32]

Atención a todos los alumnos. Recordad que el próximo 19 de abril, como viene siendo habitual en los últimos años, nuestro instituto celebrará, en colaboración con la editorial Edinumen, su tradicional concurso para jóvenes escritores. Las bases del mismo, que estarán colgadas tanto en los tablones informativos del centro como en nuestro portal de internet, son las siguientes: podrán participar todos los alumnos matriculados en el centro durante el curso 2011-2012, solo se admitirán trabajos en la modalidad de cuento, el tema será libre y las composiciones deberán ir firmadas con un pseudónimo. Además, los trabajos deberán introducirse en un sobre grande que facilita la Consejería del centro, y se entregarán al Departamento de Lengua y Literatura. El plazo de presentación de los trabajos finalizará el día 19 de marzo, un mes antes del fallo del jurado, que dará a conocer el nombre del ganador y de los finalistas del concurso el mismo día de la celebración, durante la cual, además de la entrega de premios, se realizarán actividades como la lectura de fragmentos de las obras participantes y diferentes talleres de creación literaria impartidos por miembros de la editorial.

Repaso - Unidades 3 y 4

[33]

◗ ¡Oye, Carlos! ¿Te apetece ir este sábado al concierto de Huecco con Raquel y conmigo?

D Uf, no sé, es que a mí los conciertos no me gustan mucho. Odio que la gente empiece a cantar, ahí, gritando... Prefiero oír el disco tranquilamente en mi casa.

◗ ¡Hombre, pero no es lo mismo! A mí no me importa que la gente cante, porque yo también lo hago, *je, je*. Lo que sí me molesta es que la gente me pise y me empuje, pero ya se sabe, los concierto son así. Además, es un concierto benéfico, y ya sabes que a Raquel le encanta todo lo relacionado con las ONG, así que le hace mucha ilusión que vayamos.

D ¿Y para qué ONG es?

◗ No lo sé muy bien, solo sé que es para recaudar fondos para fabricar unos balones que producen electricidad y llevarlos después a los países pobres.

D ¡¿Qué?! ¿Un balón que produce electricidad?

◗ Sí, es un balón que dentro tiene una batería. Al jugar con él, el movimiento del balón produce energía y esta energía se guarda dentro de la batería. Después le puedes enchufar una bombilla y, ¡ya tienes luz!

D ¿En serio? ¡Cómo mola! Entonces el balón funciona como una pila, ¿no?

◗ Exactamente.

D Pero tendrás que jugar durante mucho rato para que produzca energía, ¿no?

◗ No, con 15 minutos es suficiente para tener unas cuantas horas de luz.

D ¿Y este balón se puede comprar en las tiendas?

◗ Todavía no, porque lo han inventado unas estudiantes americanas y necesitan dinero para poder fabricarlo. Yo, en cuanto salga a la venta, me compro uno; porque además de ayudar a la gente, la verdad es que es algo muy práctico. Por ejemplo, nos lo podremos llevar cuando vayamos de acampada y así por la noche tendremos luz.

D ¡Qué buena idea! Ojalá inventen más aparatos como estos. ¿Te imaginas? ¡Podríamos tener energía gratis!

◗ Sí, esta idea es genial, porque no solo van a ayudar a personas que viven en la pobreza y no tienen luz, sino que además es bueno para el medioambiente... y para que la gente haga deporte.

D Estoy completamente de acuerdo contigo. Espero que este proyecto tenga mucho éxito y ojalá Huecco venda muchos discos para que gane mucho dinero y se puedan fabricar muchos balones.

◗ Bueno, entonces, ¿te animas a venir al concierto?

D Pues mira, sí, ¡todo sea por una buena causa!

[34]

Buenos días queridos radioyentes, hoy tenemos el placer de hablarles de un gran proyecto solidario que conseguirá que a través del deporte familias de todo el mundo puedan disponer de luz eléctrica en sus hogares.

El proyecto Dame vida cuenta con la colaboración de numerosos rostros famosos del mundo del deporte, como nuestro querido bicampeón del baloncesto de la NBA con Los Ángeles Lakers, quien declaró que la grandeza de un deportista no se mide solo por los títulos que consigue, sino también por cómo ayuda y colabora con los que más lo necesitan, y por eso, ellos, admirados por tantos jóvenes, deben dar ejemplo con acciones solidarias como la de este fantástico balón. Por su parte, una de las inventoras del *soccket* nos confesó que, cuando recibió la llamada del cantante y le propuso colaborar con su invento, fue tal su sorpresa que tardó unos minutos en reaccionar, claro que después contestó que sí inmediatamente.

Pero Dame vida no es solo el nombre de este fantástico proyecto, es también una fundación que colabora en otros proyectos sociales como, por ejemplo, el de la lucha contra la violencia de género, donde llevan una activa labor en contra de los malos tratos y diversos programas de integración social. Un joven madrileño de 23 años nos contaba que, por desgracia, este es un tema del que se habla casi todos los días en las noticias, que muchos conocemos algún caso de cerca y que, por eso, no podemos mirar hacia otro lado y que tenemos que ayudar a estas personas para que recuperen su vida anterior lo antes posible.

Otro de los proyectos en los que trabaja es el de la Ayuda a Haití, donde tanto queda por hacer a pesar de haber pasado ya dos años desde aquel terrible terremoto que conmocionó al mundo. Claro que no podíamos cerrar este programa sin acordarnos de los principales protagonistas de estos proyectos, aquellos para los que, sin la acción solidaria de personas como Huecco, su vida sería todavía mucho más difícil. Nos referimos a personitas como esta niña de 11 años, que nos contaba que después del terremoto estaba muy triste, porque este destruyó su casa y también su escuela, pero que ahora, gracias a la ayuda de personas buenas, ha podido volver a estudiar. O el testimonio de un chico de 13 años, quien nos contaba que todos están muy contentos en su aldea porque, haciendo lo que más les gusta, pueden ayudar en casa para tener luz por las noches.

Unidad 5

[35]

◗ ¿Qué os parece el cartel de *Adbusters*? ¡Es una obra de arte!

D Yo creo que es increíble que esté en un centro comercial, ¿no os parece?

◗ Pues yo no pienso que sea para tanto. Solo es más publicidad, ¿no?

D Es terrible que intenten confundirnos. ¿El cartel significa que no compremos? ¡Puf!... No lo entiendo y no me gusta. Por cierto, ¿qué es *Adbusters*?

◗ ¿¡No los conoces!? Es una organización anticonsumista que ataca a los medios de comunicación. Su objetivo es utilizar la publicidad para criticar la manipulación que esta hace sobre la sociedad. También tienen una revista.

D Bueno, en mi opinión, la publicidad trata de informar a un público objetivo sobre lo que hay.

D Sí, estoy de acuerdo con que trata de informar; pero para cambiar nuestras opiniones y deseos, ¡claro!

◗ Por supuesto, la publicidad lleva muchos años vendiéndonos el mensaje de la juventud, de la salud, de la virilidad, de la feminidad... La imagen siempre es la misma: jóvenes, ricos y guapos.

◗ Lo que quiere, desde luego, es provocar. Y tienes razón, a veces incorrectamente, y es racista, sexista, e incluso machista...

D ¡Y que lo digas! ¿Y qué pasa con la protección de la juventud, con el derecho a la intimidad y con el respeto?

D ¡Claro, claro! ¿Y con la libertad de expresión? Pero, vale, está claro que debe haber límites. En cualquier caso, creo que la gente no le hace tanto caso a la publicidad, hay demasiada: en la calle, en la tele, en los periódicos, en las revistas, en internet...

◗ ¡Uf! Sí, es ridículo que las redes sociales estén tan llenas de anuncios, no es lo que vas a ver allí. Me preocupa que utilicen nuestra información personal para vender. Y en muchas páginas te atacan las ventanas emergentes que se te abren todo el tiempo.

D Pues, a mi modo de ver, no pienso que toda sea mala y, como has dicho antes, es arte, creación... Son iconos de nuestra cultura, por ejemplo, mira algunas obras de Andy Warhol.

◗ En eso todos estamos de acuerdo, siempre hay cosas bien hechas.

[36]

a. ◗ Me encanta el anuncio del perfume *FreeMan*.

D Es increíble que tú digas eso. Hace unos días le decías a Elena que odiabas las marcas y mencionaste precisamente *FreeMan*.

◗ Bueno, lo que pasa es que Elena me gusta un montón...

D No, si está claro que tú por Elena haces lo que sea, pero me parece un poco triste que tengas que mentir para impresionarla.

b. ◗ Me parece fatal que en la publicidad se muestre una imagen tan poco real de los jóvenes: todos frívolos y de fiesta continua.

D Tienes razón, y... ¡¿qué me dices de las chicas?! Es ridículo que nos reduzcan a una cara o a un cuerpo. Y casi siempre anoréxico. ¡Qué triste!

◗ ¡Y que lo digas! ¿A quién le gusta eso?

D Pues no lo sé, la verdad, pero es preocupante que nadie haga nada por cambiarlo, es una mala influencia para los más jóvenes.

[37]

En la actualidad, Yahoo y Google tienen un sistema propio de publicidad en internet, en el que la página web se coloca en los buscadores de la web portal y por cada clic del usuario pagamos el costo en publicidad; por eso, el uso de estas páginas es gratis para los usuarios. Nuestro movimiento, entrar y hacer clic en los enlaces, logra la publicidad y el dinero. Como segundo sistema tienen los anuncios de textos, que consisten en un pequeño recuadro, con un título del producto o empresa, un texto corto de descripción y la dirección web con enlace a la página, este puede aparecer tanto en las barras laterales, como en la superior e inferior de la web. Por lo que la publicidad en internet está en los clics que realiza el usuario y la información de imagen y texto que recibe. Existen otros muchos fenómenos que se suelen aprovechar, por ejemplo, el blog o bitácora, páginas en las que se publica desde un diario hasta artículos sobre cualquier tema de interés para su autor o autores y que a veces permiten conversaciones a través de comentarios entre los lectores y el autor. Pues aquí aparecen a menudo anuncios Google, *banners*, botones y logos que llevan a la página en promoción.

Por lo tanto, no debemos pensar que la publicidad en internet solo puede existir en algunos sitios, sino que todo sitio es potencialmente comercial. En los últimos años, las grandes protagonistas han sido las redes genéricas, tipo Facebook, en las que el usuario comparte todo tipo

>>>

de información con sus contactos, y sin ser muy conscientes, con las compañías que utilizan y acceden a estos datos para generar su publicidad en estas mismas páginas.

Internet es un gran mundo lleno de posibilidades para todos, para la publicidad por supuesto. Es barato, atractivo, fácil y con un alcance extraordinario. Si nos molesta, solo podemos obviarla porque nos permite acceder a muchos servicios e información gratis.

[38]

La campaña *City Cup* de Nike fue más que un anuncio publicitario; logró comunicarse con los jóvenes apasionados del fútbol de México D.F., poniéndolos a competir en un torneo para que defendieran la bandera de su barrio. Así, Nike alcanzó el 9% de recordación de marca y se convirtió en uno de los 13 monstruos de la mercadotecnia de la revista *Expansión* en 2011. La estrategia de publicidad de Nike combinó dos vías: mercadotecnia de guerrilla (en las calles) y una campaña en redes sociales. El vídeo que Nike se subió a YouTube para promocionar su torneo *City Cup* como parte de la campaña, mostraba a un par de adolescentes que jugaban en la calle: "El fútbol es diversión, juegues donde juegues", decía uno de ellos.

A través de las redes sociales, convocaron a los chicos del D.F. a participar en el torneo y defender a su barrio. En tres días reclutaron a 4000 jóvenes de entre 16 y 19 años. La razón de hacer una campaña con enfoque digital era obvia, pues Nike es la marca de productos de consumo en México con más seguidores en Facebook, casi 811000. El torneo *City Cup* tenía la ventaja de que los adolescentes son leales a su barrio y a sus vecinos, así que solo había que explotar esas cualidades con una propuesta que fortaleciera su orgullo. Así que crearon mascotas inspiradas por la cultura prehispánica, cada una representando a las 32 casas en que fue dividido el México D.F. para esta competición. "El joven encontró identidad inmediata con una marca global que le rinde tributo directamente a su cuadra", comenta Reynoso. La mejor estrategia para destacar es volverse parte de la vida del consumidor, y Nike llegó hasta la puerta de su casa. El *mix* de medios incluye mercadotecnia de guerrilla (en las calles) y redes sociales. No solo fue digital, sino que hubo un torneo detrás. "Lo interesante es que lo *online* se fue a lo *offline*, es decir, al mundo real, para masificar e intensificar la experiencia de la marca", dice Alvarado. Además de los contenidos en redes sociales, el *branding* de calle apuntaló la campaña para manifestar un sentido de pertenencia. Las mascotas oficiales del torneo aparecieron en grafiti sobre 144 metros cuadrados de muros y en 32000 plantillas plasmadas sobre bancos, bases de postes de luz o en estaciones de autobuses en todo México.

[39]

Comisiones Obreras, Adena, ADN, Ave, Varios Autores, Boe, CD, ESO, FIFA, pyme, número, vip, señor, IES, láser, Juegos Olímpicos, NBA, GPS, DVD.

[40]

1. En 1996 se celebraron los Juegos Olímpicos en Atlanta, Estados Unidos; 2. El señor García, miembro de la Federación Internacional de Fútbol Asociación, se trasladó ayer a Sevilla en el tren Alta Velocidad Española; 3. Yo estudio tercero de Educación Secundaria Obligatoria en el Instituto de Educación Secundaria Lorca.

[41]

Preámbulo a las instrucciones para dar cuerda al reloj

Piensa en esto: cuando te regalan un reloj te regalan un pequeño infierno florido, una cadena de rosas, un calabozo de aire. No te dan solamente el reloj, que los cumplas muy felices y esperamos que te dure porque es de buena marca, suizo con áncora de rubíes; no te regalan solamente ese menudo picapedrero que te atarás a la muñeca y pasearás contigo. Te regalan –no lo saben, lo terrible es que no lo saben–, te regalan un nuevo pedazo frágil y precario de ti mismo, algo que es tuyo pero no es tu cuerpo, que hay que atar a tu cuerpo con su correa como un bracito desesperado colgándose de tu muñeca. Te regalan la necesidad de darle cuerda todos los días, la obligación de darle cuerda para que siga siendo un reloj; te regalan la obsesión de atender a la hora exacta en las vitrinas de las joyerías, en el anuncio por la radio, en el servicio telefónico. Te regalan el miedo de perderlo, de que te lo roben, de que se te caiga al suelo y se rompa. Te regalan su marca, y la seguridad de que es una marca mejor que las otras, te regalan la tendencia de comparar tu reloj con los demás relojes.

No te regalan un reloj, tú eres el regalado, a ti te ofrecen para el cumpleaños del reloj.

Unidad 6

[42]

- No sé qué libro comprarle a Felipe para su cumpleaños, ¡estoy hecho un lío!
- La verdad es que es bastante complicado, tienes razón.
- Creo que finalmente voy a regalarle uno de estos dos, pero no sé por cuál decidirme. Son muy diferentes.
- Me parece que a Felipe le gusta leer novelas. Pero quizás no le guste el *Quijote*, es un poco antiguo para él.
- Es verdad que es un poco antiguo, pero Felipe lee toda clase de libros. En su casa tiene una colección enorme de novelas de todas las épocas. Es increíble que a un chico de 17 años le guste tanto leer.
- ¿Y sabes si también lee tebeos? A lo mejor el libro de Mafalda es un poquito infantil.
- ¿Infantil? Todo lo contrario. En mi opinión deberían leerlo los adultos, es un poco filosófico. En estas historietas aparece una niña preocupada por la paz del mundo y por la humanidad. Yo, cuando era pequeño, tenía un montón de tebeos de Mafalda, pero no los entendí del todo hasta que no fui adulto.
- Pues quizás sea esa una buena opción. Me parece que es más atractivo y más original como regalo.

▶ Pues ya está decidido. ¡Me lo llevo! Le voy a decir al dependiente que me lo envuelva. Oye, ¿y tú qué le vas a comprar?
▷ Ni idea, voy a darme una vuelta por aquí a ver si encuentro algo.

[43]

▶ Pedro, esta mañana he estado con Elena y me ha contado un montón de cosas.
▷ ¿Sí? Cuéntame.
▶ Elena me ha dicho que se va a cambiar de casa. Que está muy contenta porque ayer encontró trabajo.
▷ Vaya, qué suerte.
▶ Me ha confesado que realmente no está enamorada de su novio y que quiere dejarlo.
▷ La verdad es que no hacen buena pareja.
▶ Tienes razón. Por lo visto el otro día discutieron en el cine... Por cierto, me ha recomendado la película que vio, dice que es muy buena.
▷ Pues si quieres, vamos a verla este viernes.
▶ Bueno... ¡Ah! y también me ha dicho que cree que el mes que viene va a Ámsterdam a visitar a su hermano y a su cuñada, y me ha preguntado si quiero ir con ella. Pero le he dicho que no puedo. Por desgracia tengo muchísimo trabajo.

[44]

▶ Señor Marín.
▷ Dígame.
▶ Hemos recibido una carta de uno de nuestros mejores clientes, se llama Juan Mora y dice que el nuevo terminal que le regalamos no para de darle problemas. Dice que la pantalla táctil no funciona bien, que en muchos lugares no tiene cobertura y no puede llamar; que cuando llama, la conversación siempre se corta en el minuto dos. También dice que la batería no dura más de cinco horas.
▷ Muy bien, no se preocupe. Yo mismo me pondré en contacto con el Departamento Comercial. Le escribiremos un correo electrónico para pedirle disculpas. Además, le ofreceremos un nuevo teléfono móvil mucho más moderno. Yo lo tengo y no creo que con él tenga problemas. Gracias por la información.

[45]

a. ¡No me lo puedo creer, Nacho! ¡Eres lo peor y me parece fatal lo que has hecho! ¿Es que no sabías que lo había preparado todo para hoy?

b. ¡Que no! ¡Ya te he dicho mil veces que no! No me importa si es grande o pequeño o si se ve o no. Cuando tú seas mayor haces lo que quieras, pero mientras vivas en casa, no.

c. Se acabó. Te dije que si volvías a hacerlo, no tendrías más oportunidades.

[46]

a. ▶ ¡Pero bueno! ¿Se puede saber dónde están la tortilla y los bocadillos que había en la cocina?
▷ ¿La tortilla y los bocadillos?
▶ Sí, los estuve preparando ayer por la noche porque hoy nos vamos de excursión a la sierra, ¿no te acuerdas que te lo comenté? A ver si alguien los ha metido en la nevera...
▷ No, en la nevera no busques que no están.
▶ ¿No? pero entonces, ¿dónde están?, ¿tú lo sabes?, ¿los has puesto en algún sitio?
▷ No, verás, es que...
▶ ¡Ay, Nacho! ¡Es que ¿qué?!
▷ Pues... es que... yo no sabía que eran tuyos y ayer cuando llegamos del partido teníamos mucha hambre y...
▶ ¿¡Qué!? ¿¡Que te has comido la tortilla entera y todos los bocadillos!?
▷ No, yo solo no, es que vine con Carlos y con Armando y...
▶ ¡No me lo puedo creer, Nacho! ¡Eres lo peor y me parece fatal lo que has hecho! ¿Es que no sabías que lo había preparado todo para hoy?

b. ▶ Por favor, mamá, vamos a comprar uno, si son un amor.
▷ Que no, Carmen, que ya te he dicho que no quiero animales en casa.
▶ Pero mira qué bonito es. Además, seguro que no da apenas trabajo, ¿no ves lo pequeñito que es? Si casi ni se ve...
▷ Desde luego... si casi lo pisan al pobre.
▶ Anda, mamá, te prometo que lo cuido yo.
▷ ¡Que no! ¡Ya te he dicho mil veces que no! No me importa si es grande o pequeño o si se ve o no. Cuando tú seas mayor haces lo que quieras, pero mientras vivas en casa, no.

c. ▶ Tengo que conseguir rescatar a la princesa del castillo antes de que se derrumbe.
▷ Sí, pero necesitamos coger la llave, si no no podemos entrar en el castillo.
▶ Pero es que cada vez que intento coger la llave sale el dragón y me lanza bolas de fuego, no sé cómo esquivarlas.
▷ Es que no tienes que saltar cuando lanzas las bolas sino cuando las tienes más cerca.
▶ A ver, lo intento.
▷ ¡No! ¡Todavía no saltes! ¡Te he dicho que saltes cuando la bola de fuego esté más cerca! Si saltas antes, caes justo encima de la bola. Déjame a mí y yo te lo paso.
▶ No, lo tengo que conseguir yo.
▷ Bueno, pues hazlo justo cuando te digo, solo te queda una vida.
▶ A ver...
▷ ¡No! ¡Aún no! Se acabó. Te dije que si volvías a hacerlo, no tendrías más oportunidades.

[47]

a. ▶ ¿Has visto mis gafas? Es que las estoy buscando por todas partes y no las encuentro.
▷ Pero, ¿estás seguro de que has vuelto a casa con ellas? Posiblemente te las has vuelto a dejar en la oficina.

>>>

◗ ¡Jo!, pues me parece que sí, ahora que lo dices creo que me las quité para lavarme la cara y seguramente estén en el baño de la oficina.

b. ◗ ¡Jo! No me funciona internet en el móvil.
D A ver..., pues a mí sí me funciona, quizás sea un problema de conexión de tu compañía.
◗ No, yo creo que es mi móvil, me da problemas desde que me lo compré.
D Pero es bastante nuevo, está en garantía aún, ¿no?
◗ Sí.
D Pues llévalo a la tienda, posiblemente sea una tontería y sino, seguramente te lo cambien por otro móvil.

c. ◗ Qué raro, Juan no está en la biblioteca.
D Bueno, quizás se ha quedado estudiando en casa.
◗ No creo, me dijo que vendría a estudiar aquí si yo venía también, que tenía algunas dudas y que así las comentábamos juntos.
D No sé, puede que llegue más tarde, todavía es pronto.
◗ Voy a llamarlo.
D ¿Qué?
◗ Salta el contestador, dice que no tiene cobertura, probablemente esté en el metro y viene de camino.

d. ◗ ¿Te has enterado de lo de Santi?
D No...
◗ Pues me contó que es posible que a su padre lo destinen a trabajar a Alemania.
D ¡Hala! Y si lo destinan, ¿él que haría?
◗ Pues me dijo que lo están pensando en casa y que tal vez se vaya toda la familia con él.
D ¡Pero si él no sabe alemán!
◗ Bueno, irse allí es una buena forma de aprenderlo, ¿no? Además en Alemania todo el mundo habla inglés.
D Sí, seguramente, pero ¿y en el instituto? Las clases serán en alemán, digo yo...
◗ Pues es verdad..., no sé, puede que se tenga que apuntar a un curso intensivo de alemán antes de irse.
D Pero el alemán es muy difícil...

[48]

Bilingüe, cigüeña, antiguo, vergüenza, lingüística, Uruguay, antigüedad, juguete.

[49]

◗ ¿Por qué has llegado tan tarde?
D He llegado tarde porque se me olvidó el paraguas en el paragüero de la escuela.
- ¡No era en la parada de Argüelles donde habíamos quedado sino en la de Goya!
- Mi primo es bilingüe porque nació en Alemania donde vivió hasta los 15 años.
- La familia se pregunta dónde se encuentra el antiguo joyero de la bisabuela.

[50]

¡Ay, mísero de mí, ay infelice!
Apurar, cielos, pretendo,
ya que me tratáis así
qué delito cometí
contra vosotros naciendo;
aunque si nací, ya entiendo
qué delito he cometido:
bastante causa ha tenido
vuestra justicia y rigor,
pues el delito mayor
del hombre es haber nacido.
Solo quisiera saber
para apurar mis desvelos
dejando a una parte, cielos,
el delito de nacer,
qué más os puede ofender
para castigarme más.
¿No nacieron los demás?
Pues si los demás nacieron,
¿qué privilegios tuvieron
que yo no gocé jamás?

Repaso - Unidades 5 y 6

[51]

El rey León, el musical que conmueve a todo el mundo.

El rey León transporta al espectador al exotismo africano, con evocadoras músicas, constituye un nuevo hito en el mundo del espectáculo, un punto de inflexión en el diseño artístico, y en general, en el género musical, que a nadie deja indiferente.

El rey León es un espectáculo único, cargado de valores familiares, que demuestra la vinculación de cada uno de nosotros con nuestras raíces. Nos hace recapacitar sobre la importancia de todas nuestras acciones y el efecto que causan en nuestro entorno, así como la importancia de sentir que pertenecemos a un grupo y cómo todo ello conforma nuestro destino. Además, es un canto al respeto y al amor por la naturaleza.

¿Dónde? En el Teatro Lope de Vega de Madrid. Calle Lope de Vega, número 57. Con una duración de 2h. y 30 minutos, incluido el descanso.

¿Cómo puedes llegar? Recomendamos el transporte público, porque la zona es de mucho tráfico. Si vas en metro, las estaciones son Callao y Plaza de España. Encontraréis *parking* público en Plaza de España.

El horario de la función son los martes, miércoles y jueves a las 20:30 h., Viernes y sábados a las 18:00 y a las 20:00 h. Los domingos a las 19:00 h.

El precio de la entrada va desde 20 € a los 80 €, dependiendo de la zona del teatro y del día de la semana. Puedes comprarla en las siguientes páginas web: *www.elreyleon.es*, *ServiCaixa*.com o en el teléfono 902 888 788. También en la taquilla todos los días desde las 12 del mediodía hasta el inicio de la última función.

Descubre con la Butaca de Oro los secretos que esconde este extraordinario musical entre bambalinas. Disfrutarás de una asombrosa visita guiada al *backstage* de *El rey León* y de un recibimiento con cava al inicio de la función y cóctel en el descanso.

¡No esperes más! Ya están disponibles las entradas para los meses de marzo, abril y mayo.

Libro de ejercicios

[1]

1. ¡Qué risa en el cine! Gracias por recomendármela. ¡Me ha encantado! No he parado de reírme en toda la película.
2. He trabajado con muchos directores internacionales, pero todavía no he trabajado con Pedro Almodóvar. Creo que es el director que mejor dirige a los personajes femeninos, el que mejor refleja la sociedad española actual.
3. Cuando era pequeño estaba todo el día jugando con mis amigos a películas de acción. Pensaba que iba a ser un famoso actor y que todo sería muy fácil. Ahora que estoy estudiando interpretación, sé lo difícil que es interpretar algunos papeles.
4. Para mí, hacer cine significa crear obras de arte. No hago una película pensando en el éxito, ese no es mi objetivo.

[2]

1. Deberías estudiar en tu habitación.
2. Yo en tu lugar no la compraría por internet, tendrías que verla y probarla.
3. Te aconsejo dormir más.
4. ¿Por qué no te haces socio de la biblioteca?
5. Yo la llamaría antes por teléfono.
6. Tendrías que consultarlo antes con tus padres.

[3]

El apadrinamiento es una forma de colaboración que junta a los padrinos con los niños de países donde Global Humanitaria realiza su trabajo. Esta colaboración nos permite realizar proyectos de desarrollo que benefician a la población infantil, muy vulnerable, pero también a toda la comunidad en la que viven. Las cuotas de apadrinamiento son las cantidades de dinero que financian, por ejemplo, la construcción de escuelas y el mantenimiento de comedores escolares, la formación de adultos, los hogares de acogida para niños de la calle y las iniciativas comunales. Esta cuota mensual es de 21 euros. Como padrino vas a recibir en tu domicilio una fotografía del niño o la niña apadrinados y una ficha con sus datos personales. A partir de ese momento, puedes establecer correspondencia con ellos.

[4]

▶ Hoy se cumple un año del nacimiento del movimiento 15-M y volvemos al lugar en el que este se originó para comprobar que el espíritu que lo hizo nacer sigue vivo. Entonces, muchos jóvenes decidieron unirse y manifestarse pacíficamente en las calles para mostrar su disconformidad con una clase política que les ignoraba y no entendían la serie de medidas y recortes que se estaban realizando y deterioraban el estado del bienestar... Y vamos a hablar con algunos de los jóvenes que están concentrados en la plaza. Hola, buenos días.

▷ Hola.

▶ ¿Cómo te llamas?

▷ Laura.

▶ ¿Te importa que te haga unas preguntas?

▷ No, claro.

▶ ¿Piensas que después de un año y no conseguir nada, volver a salir a las calles servirá para algo?

▷ Bueno, no sabemos si servirán o no nuestras protestas, lo que sí sabemos es que no podemos quedarnos en casa mientras estos políticos recortan en educación. Me da mucha pena que nosotros, los jóvenes, tengamos que pagar por los errores la mala gestión del gobierno. Nos suben las tasas universitarias, el precio del material escolar, recortan en los programas de estudio...

▶ Bueno, vemos que tienes motivos para protestar... Y aquí vemos a otro chico. ¿Nos podrías decir tu nombre?

▶ Sí, me llamo Carlos.

▶ ¿Qué pides tú, Carlos?

▶ Principalmente, el poder acceder a una vivienda. Como consecuencia de la subida de los precios, muchas familias y los jóvenes que quieren independizarse no podrán nunca comprar una vivienda.

▶ Y la señora que está contigo, ¿es tu madre, por casualidad?

▷ Sí, yo soy su madre.

▶ ¿Y qué protesta usted, señora?

▷ Estoy aquí para poder tener una jubilación digna y para que mis hijos puedan vivir como lo hemos hecho nosotros. Me pongo histérica cuando oigo a estos políticos decir que hay que hacer recortes y que no tienen más remedio, si quieren recortar que empiecen por bajarse el sueldo ellos.

▶ Ahora vemos a otra chica. Hola, ¿cómo te llamas?

▶ Daniela.

▶ Y tú, ¿por qué estás aquí?

▶ Pues para protestar por la situación actual de los jóvenes en nuestro país. No es justo que tengamos que irnos a otro país porque aquí no hay trabajo ni oportunidades. Yo estudié Química, he hecho un máster en Ciencias Medioambientales y, si en unos meses no encuentro trabajo, sí, me iré. Me da mucha pena dejar aquí amigos, familiares y el lugar en el que me gustaría seguir viviendo...

▶ Bueno, como vemos, el espíritu del 15-M sigue muy vivo y los motivos para protestar, desgraciadamente, siguen siendo muchos...

[5]

Los empresarios están incorporando, cada vez más, las redes sociales en sus negocios. Esto hace que los consumidores puedan registrarse en la cuenta de Facebook o Twitter de la empresa, en vez de hacerlo en la página web. Este tipo de registros permite a los empresarios obtener una información mucho más amplia de sus consumidores y así llegar a su público objetivo de una forma más directa. Un estudio recoge los beneficios que los comerciantes obtienen del registro de los consumidores en sus redes sociales. En primer lugar, se encuentra el aumento del compromiso con la marca; en segundo lugar,

>>>

la información del perfil del consumidor es mucho más completa para saber exactamente qué le interesa; y en tercer lugar, supone una mayor facilidad para el envío de recomendaciones de productos, e-mails, promociones y cupones. Pero los empresarios deben tener cuidado con esta forma de hacer publicidad, por ejemplo, cuando hace recomendaciones personalizadas. Esto puede hacer que los consumidores sientan que su privacidad *online* está en peligro y genere una reacción negativa, o sea, que el consumidor potencial deje de serlo.

[6]

◗ Hola, Marta, qué mala cara tienes. ¿Te pasa algo?

D ¡Qué tal! Pues es que no funciona mi ordenador y lo necesito para hacer los trabajos de la universidad.

◗ ¡Oh, no! ¿Y qué le ha pasado?

D Ni idea. Ayer funcionaba con normalidad. Estuve mirando mi correo electrónico y mirando algunas fotos, y sin problema. Pero esta mañana cuando quería encenderlo, no podía. Estoy desesperada porque no sé qué le pasa.

◗ Es posible que tenga un virus. A lo mejor dejó de funcionar al instalar algún programa nuevo.

D No creo. No he instalado nada últimamente. Igual es un problema con la pantalla, porque al intentar encenderlo se escuchan sonidos pero no se ve nada.

◗ Seguramente ya sea muy viejo. ¿Cuántos años tiene?

D Pues no sé, porque antes era de mi hermano, me imagino que tiene siete años como mínimo.

◗ Pues quizás sea el momento para comprar otro, ¿no?

D Eso dice mi hermano. Esta mañana he hablado con él y me ha dicho que mañana va a intentar repararlo, pero cree que va a ser complicado. Me ha recomendado que me compre uno nuevo en una tienda de informática que él conoce, donde los precios son un poco más bajos. Pero creo que voy a comprar uno de segunda mano por internet.

◗ Ah, pues yo necesito algunas cosas, quiero comprar un ratón, un nuevo monitor y una memoria externa. Me tienes que dar la dirección de esa tienda y la semana que viene voy a ver qué hay.

VOCABULARIO

UNIDAD 0

Verbos
- acostumbrarse
- acertar
- acordarse
- coger
- conocer
- consolar
- construir
- darse prisa
- desayunar
- descansar
- despertarse
- divertirse
- encantar
- entrar
- exagerar
- hacer senderismo
- levantarse
- narrar
- ordenar
- parecerse
- reírse
- sentir
- suponer
- tener
- volver

Recuerdos
- curioso/a
- de mal humor
- la experiencia
- inquieto/a
- la memoria
- ojalá
- los recuerdos
- triste

Palabras o expresiones útiles
- la barriga
- la cobertura
- el/la dueño/a
- el local
- el paisaje
- la reserva
- el sobre (de medicamento)

UNIDAD 1

Cine y teatro
- la alfombra de Hollywood
- el aplauso
- el argumento
- la cámara
- el/la cámara
- la carcajada
- la cartelera
- el/la cineasta
- la comedia
- la compañía
- el corto
- el decorado
- el decorador
- el director de cine
- el drama
- los efectos especiales
- la escena
- el escenario
- el/la escritor/a
- el/la espectador/a
- el estreno
- el festival
- el guion
- el/la guionista
- la obra
- la obra de teatro
- el papel (de cine o teatro)
- la película
  - de aventuras
  - de ciencia ficción
  - de denuncia social
  - de terror
  - histórica
  - independiente
  - lacrimógena
- el premio
- el/la protagonista
- el rodaje
- el taller de teatro
- la taquilla
- el telón
- el tema
- la trayectoria

Verbos
- abrir
- acudir
- apoyar
- asesinar
- decidir
- descubrir
- dirigir
- encerrar
- escribir
- estrenar
- exagerar
- filmar
- hacer surf
- interpretar
- narrar
- pertenecer
- protagonizar
- requerir
- rodar
- surgir

Marcadores temporales
- a continuación
- al principio
- después
- el otro día
- en ese momento
- entonces
- hace unos días/meses/años...
- luego
- más tarde
- un día
- una vez
- unos momentos después

Para dar una información
- Pues parece que...
- Al parecer...
- Según dicen...
- He oído que...
- ¿Te has enterado de...?

Para mostrar interés o curiosidad
- Dime, dime...
- Estoy intrigadísimo/a.
- ¿Y eso?

Para expresar sorpresa
- ¡Qué guay!
- ¡Qué fuerte!
- ¡No me digas!

Para expresar incredulidad
- ¡Anda ya!
- ¡No me lo puedo creer!
- ¡Qué raro/extraño!
- ¿(Hablas) En serio?

Coloquialismos
- de cine
- montar un drama
- morirse de miedo
- partirse de risa
- ser peliculero/a
- ser muy protagonista
- ser cómico/a

Palabras o expresiones útiles
- el ámbito
- hermético/a
- el ladrillo
- el prado
- la propaganda
- la reforma
- la represión
- la soledad
- sonoro/a
- la tradición
- vestirse de gala

UNIDAD 2

Verbos
- abonar
- abordar
- acudir
- adelgazar
- alcanzar
- aliñar
- añadir
- apuntarse
- atrapar
- cocer
- congelar
- consumir
- disminuir
- encontrar
- engordar
- escurrir
- imaginar
- incluir
- inventar
- lavar
- moderar
- pedir
- pertenecer
- requerir
- resistir
- segregar
- suscribirse
- triturar

Descripciones de alimentos

a la plancha
crudo
desnatado/a
entero/a
(poner) en remojo
saludable
sano/a
soso/a

Pedir y dar consejos

Deberías...
Es que...
¿Me dejas...?

Para pedir permiso

¿Podría...?
¿Podrías...?
¿Puedo...?
¿Qué puedo hacer?
¿Sería tan amable de...?
¿Te importaría...?
¿Te importa si...?
¿Tú qué harías?
Yo que tú/Yo en tu lugar...

Los alimentos

el aceite de girasol
el aceite de oliva
la berenjena
el bistec
el bizcocho
el calabacín
la carne picada
las cerezas
el chorizo
la chuleta de cerdo
los dulces
los embutidos
las espinacas
los frijoles
los garbanzos
los guisantes
la infusión
la leche condensada
las lentejas
la magdalena
la mantequilla
la pechuga de pollo
la piña
el sabor
la sal
el salchichón
la salsa
el trozo de...
el vinagre

Palabras o expresiones útiles

el acatamiento
el argumento
el autógrafo
el buey
la campaña
el/la consumidor/a
el convoy
el cotilleo
débil
discreto/a
estar dispuesto/a a algo
estar enamorado/a de
estar hecho/a un lío
la faceta
el/la frutero/a
la gula
huidizo/a
el huracán
el/la inmigrante
la lasca
llevarse bien/mal
el madroño
la moderación
el notario
la obesidad
el paladar
el recurso
el relleno
la repercusión
el sobrepeso
la soledad
la sombra
la travesura
la vacunación
el/la virrey/virreina

UNIDAD 3

Verbos

defender
desatender
desear
dormir
esforzarse
esperar
hacerse cargo
imaginar
impactar
independizarse
luchar (por, en, a favor de, contra)
llevarse bien/mal
ofrecer
recaudar
recomendar
requerir
salir adelante
suspirar

Expresiones sociales y de deseo

Cuídate.
Enhorabuena.
Felicidades.
Lo siento mucho.
Ojalá.
Que aproveche.
Que disfrutes.
Que duermas bien.
Que lo pases bien.
Que te mejores.
Que tengas buen viaje.
Que tengas suerte.

Expresiones temporales

dentro de un rato
dentro de... (periodo de tiempo)
el mes que viene
pasado mañana
al
cuando
en cuanto
hasta (que)
mientras (que)

Las ONG

la ayuda desinteresada
la campaña de sensibilización
la catástrofe natural
el comercio justo
el conflicto bélico
los derechos humanos
la desigualdad
los discapacitados
el donativo
la labor social
las labores humanitarias
el maltrato
la orientación laboral
el país subdesarrollado
la protección del medioambiente
los recursos
sin ánimo de lucro
solidario/a
el/la voluntario/a

Palabras o expresiones útiles

el aparato
el asesoramiento
el buey
el buñuelo
el colgante
construir castillos en el aire
el cuero
estar enfocado/a a algo
¡Faltaría más!
fundador/a
la inspiración
la melancolía
la musa
la nostalgia
la pólvora
poner tu granito de arena
salir bien/mal
la sigla
la sombra
la superstición
trabajar codo con codo
el trigo

UNIDAD 4

Verbos

aburrirse
acariciar
alcanzar
adorar
amenazar
apetecer
apuntarse
atreverse
averiguar
colarse
colgar
dar corte
dar igual
dar lástima/pena
dar lo mismo
dar rabia
dar vergüenza

decantarse
descargar
diseñar
ensayar
impresionar
indignar
interpretar
madrugar
molestar
odiar
ponerle enfermo/a
ponerse
quedarse embarazada
relajarse
rozar
sentirse
surgir
teclear

Descripciones

abandonado/a
alucinado/a
agotado/a
atento/a
blando/a
débil
despreocupado/a
distraído/a
egoísta
falso/a
gran
histórico/a
leal
mimoso/a
peludo/a
preocupado/a
reservado/a
seguro/a
sensitivo/a
sincero/a
sociable
tierno/a
tolerante
tranquilo/a
vegetariano/a

Las artes

el acorde
el acueducto
el arreglo
las aventuras
el/la bailarín/bailarina
el/la compositor/a
el cuadro
la escultura
la estatua
la galería de arte
el género
el/la guitarrista
el lienzo
la melodía
la musa
el músico
el/la novelista
la obra
la orquesta
el paisaje
la pintura
el poema
el poeta
el retrato
el solfeo
el tema
el/la violinista

Los instrumentos musicales

el arpa
la flauta
la guitarra
los platillos
el saxofón
el tambor
el violín

Palabras o expresiones útiles

el acero
el algodón
el/la boxeador/a
el/la burro/a
el collar
el ejemplar
los ensueños
el eslogan
estar hecho/a un lío
estar loco/a por alguien
la faceta
el guerrero/a
el guion
hacer cola
el hueso
la humanidad
la infusión
el/la inmigrante
la inspiración
el/la juez/a
la lástima
la melancolía
natal
las palomitas
el pánico
la pelea
el prado
la pulsera
puntero/a (coloq.)

UNIDAD 5

Verbos

abrir ventanas
apoyar
atacar
atarse
consumir
cumplir
descargar
escapar
exagerar
generar
hacer caso
impresionar
interactuar
narrar
provocar
reducir
sucumbir
tratar de
tuitear
utilizar

La publicidad

la campaña
el cartel
la cartelera
la competencia
el/la consumidor/a
la creatividad
el derecho a la intimidad
la encuesta
el eslogan
la libertad de expresión
la manipulación
la marca
la mercadotecnia
la novedad
la propaganda
el público
el punto de vista
las rebajas
las redes sociales
el respeto
el valor

Descripciones

anticonsumista
anticuado/a
machista
precario/a
preocupante
goloso/a

Internet

la amistad virtual
el archivo
la banderola
el botón
el buscador
la dirección web
el enlace
el fichero
el foro
el icono
el logo
la página web
el perfil
la piratería
el portal web
el sitio (web)
el usuario
las ventanas emergentes

Palabras o expresiones útiles

el acoso
el áncora
el argumento
el banco (asiento)
el bienestar
el calabozo
la convocatoria
la correa
los cosméticos
la derogación
estar dispuesto/a a algo
el estatuto
la estrategia
la intimidad
el picapedrero
el rubí
(no) ser para tanto
la sombra
el sueldo
la tentación
la vitrina

UNIDAD 6

Verbos

aconsejar
averiguar
comentar
confesar
convertirse
dirigir
discutir
durar
encerrar
envolver
escapar
estornudar
explotar
generar
imaginar
impresionar
madrugar
merecer
ordenar
pertenecer
premiar
recomendar
retirarse
sugerir
suponer

Cartas formales

a continuación
cordial (un saludo)
la despedida
el destinatario
las disculpas
el emisor
la fecha
la finalidad
la firma
la molestia
el motivo
ponerse en contacto (con alguien)
la queja
el remitente
el saludo

Telecomunicaciones

el aparato
la arroba
la barra
la batería
el cargador
cargar
dos puntos
el guion
el guion bajo
hacer clic
la pantalla táctil
pinchar (el enlace)
punto com
se corta
la señal
tener cobertura
la triple uve doble/tres uves dobles

Expresiones para expresar hipótesis

a lo mejor
es probable
igual
lo mismo
posiblemente
probablemente
puede ser/puede que
seguramente
tal vez

Palabras o expresiones útiles

abandonado/a
alérgico/a
el canapé
la cigüeña
la comedia
cuñado/a
defecto
discreto
el dueño/a
el/la encargado/a
el globo
el guion
la guirnalda
el/la heredero/a
la humanidad
la lengüeta
el local
marchoso/a (coloq.)
masivo/a
el paragüero
perder de vista
la perrera
el pingüino
el piragüista
la reclamación
el/la sucesor/a
la superstición
el tebeo
la torre
la tortita
el trono
vegetariano/a

Notas

Notas